ENGLISH
FOR EVERYONE

비주얼 영문법

YBM

Original Title:
English for Everyone English Grammar Guide
Copyright © Dorling Kindersley Limited, 2016
A Penguin Random House Company

A WORLD OF IDEAS:
SEE ALL THERE IS TO KNOW
www.dk.com

ENGLISH
FOR EVERYONE
비주얼 영문법

발행인	허문호
발행처	YBM
편집	정윤영
디자인	김혜경
마케팅	정연철, 박천산, 고영노, 김동진, 박찬경, 김윤하
초판발행	2019년 1월 21일
6쇄발행	2023년 8월 16일
신고일자	1964년 3월 28일
신고번호	제 300-1964-3호
주소	서울시 종로구 종로 104
전화	(02) 2000-0515 [구입문의] / (02) 2000-0463 [내용문의]
팩스	(02) 2285-1523
홈페이지	www.ybmbooks.com

ISBN 978-89-17-23057-4

ENGLISH FOR EVERYONE 비주얼 영문법 © Dorling Kindersley Limited and YBM 2019

Contents

01 영어 문장의 걸음마는 be동사로!

'나 원빈이야.'를 기호로 표현해볼까요? '나=원빈'이죠? 영어에서는 be동사가
'='의 역할을 해요. 또 주어의 '감정·상태·상황' 등을 나타내는 역할을 하기도 해요.
be동사를 활용해 '나 잘 생겼어.'라는 말도 할 수 있는 거죠.

1.1 ~예요 / ~해요 (be동사 평서문)

우리말에서는 '저 학생이에요.', '쟤네들 학생이에요.'처럼 주어와 상관없이
'예요/이에요'이지만, 영어에서는 주어에 따라 be동사의 모습이 달라져요.
be동사는 am, are, is와 같이 3가지 모습을 가졌어요.

I am a chef.
나는 요리사예요.
↖ I가 주어일 땐 am

You are 25 years old.
당신은 스물다섯 살이에요.
↖ you, we, they가 주어일 땐 are

He is happy.
그는 행복해요.
↖ he, she, it이 주어일 땐 is

한눈에 보는 문장공식

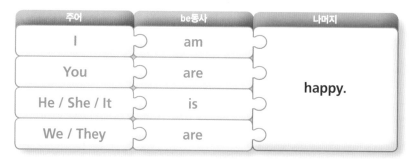

주어	be동사	나머지
I	am	
You	are	happy.
He / She / It	is	
We / They	are	

문장으로 이해하기

We are를 줄여 씀(p.258)

I am a doctor.
나는 의사예요.

He's American.
그 사람 미국인이에요.

My grandma is 92 years old.
할머니는 92세예요.

We're late for work.
우리 출근 늦었어.

They are students.
그들은 학생이에요.

Ruby's seven years old.
루비는 일곱 살이에요.

'나 원빈 아니야.'와 같이 '~ 아니야'라고 말하는 형태를 부정문이라고 해요.
부정문을 만들려면 not이 필요한데 not은 be동사 뒤에 들어가요.

I am **a farmer. I am not a doctor.**

저 농부예요.   의사 아니에요.

한눈에 보는 문장공식

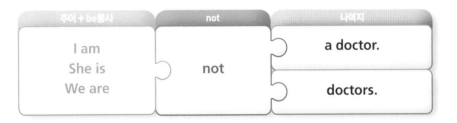

주어 + be동사	not	나머지
I am She is We are	not	a doctor. doctors.

1.3   **be동사 부정형의 축약형**

be동사 부정형은 줄여서 더 많이 쓰는데 두 가지 방식으로
줄일 수 있어요. 의미상 차이는 없어요.

You are **not a doctor.**

당신은 의사가 아니에요.

You are를 You're로 줄이고
not을 붙이는 방식

You're not
You aren't } **a doctor.**

are not을 aren't로 줄이는 방식

문장으로 이해하기

I'm **not a teacher.**

저 교사 아니에요.

He's **not**
He isn't } **a farmer.**

그 사람 농부 아니에요.

They're **not**
They aren't } **American.**

저 사람들 미국인 아니에요.

～인가요? (be동사 의문문)

우리말은 끝까지 들어봐야 '원빈이야.'인지 '원빈이니?'인지 알 수 있죠. 영어는 첫
단어에 be동사가 나오는 것만 들어도 묻는 말이라는 걸 알 수 있어요.

주어와 be동사의
순서만 바꾸면
의문문이 돼요. 문장
끝에 물음표까지
붙이면 완성!

평서문은 주어의 위치가 be동사 앞

You are Canadian. 당신은 캐나다 사람이에요.

Are you Canadian? 당신은 캐나다 사람인가요?

의문문을 만들 때는
be동사가 문장 맨 앞으로!

주어 you의 위치는 be동사 뒤

한눈에 보는 문장공식

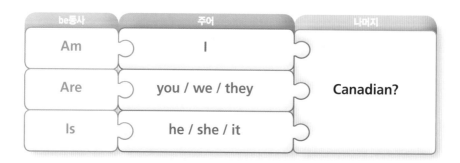

be동사	주어	나머지
Am	I	
Are	you / we / they	Canadian?
Is	he / she / it	

문장으로 이해하기

 Am I on time? 늦지 않았나요?

Are they friendly? 강아지들이 온순한가요?

Is he your brother? 쟤가 네 형제니?

Is it time to leave? 갈 시간인가요?

02 현재시제는 '항상'시제

'아침마다 뭐 해?', '아침마다 수영 다녀요.' 이렇게 반복되는 습관이나 변하지 않는 사실을
말할 때가 있죠? 이럴 때 사용하는 시제가 바로 현재시제예요.

2.1 항상 ~해요 (현재 평서문)

현재시제의 애칭은 '항상'시제예요. 일상적으로 반복되는 일을 표현하는 시제이기
때문이죠. 특히 현재형은 동사를 기본 형태로 쓰기 때문에 활용이 간단해요.

I eat lunch at noon every day.

전 매일 12시에 점심을 먹어요.

'얼마나 자주' 그 행동을 하는지
빈도를 나타내는 부사가
현재시제와 함께 자주 쓰임

She eats lunch at 2pm every day.

그녀는 매일 오후 2시에 점심을 먹어요.

주어가 he, she, it일 때는
동사 기본형에 -s가 붙는 게 규칙

한눈에 보는 문장공식

주어가 I, you, we,
they일 땐 기본형

주어	동사	나머지
I / You / We / They	eat	lunch at 2pm every day.
He / She / It	eats	

주어가 he, she, it일 땐
'기본형 + -s'

문장으로 이해하기

We drink coffee every morning.
우리는 아침마다 커피를 마셔요.

We start work at 9am.
우리는 오전 9시에 일을 시작해요.

They leave work at 5pm.
그들은 오후 5시에 퇴근해요.

She drinks coffee every morning.
그녀는 아침마다 커피를 마셔요.

He starts work at 11am.
그는 오전 11시에 일을 시작해요.

Rob leaves work at 7pm.
롭은 오후 7시에 퇴근해요.

2.2 -s를 붙이는 규칙

현재시제에서 he, she, it이 주어일 땐 동사의 기본형에 -s를 붙이기로 했죠?
그런데 -s 대신 -es를 붙여야 하는 동사들도 있어요.

He goes to bed.
그는 자러 가요.
-o로 끝나는 동사

She crosses the road.
그녀는 길을 건너요.
-ss로 끝나는 동사

He finishes work.
그는 일을 마쳐요.
-sh로 끝나는 동사

She fixes cars.
그녀는 차를 고쳐요.
-x로 끝나는 동사

She watches TV.
그녀는 TV를 봐요.
-ch로 끝나는 동사

His phone buzzes all day.
그의 전화가 종일 울려요.
-z로 끝나는 동사

문장으로 이해하기

Tom does the dishes every evening.
톰은 저녁마다 설거지를 해요.

She teaches English to six students.
그녀는 여섯 명의 학생들에게 영어를 가르쳐요.

He washes the windows on Fridays.
그는 금요일마다 창문을 닦아요.

The earth goes around the sun.
지구는 태양 주위를 돌아요.

⚠️ **왕초보의 흔한 실수: he, she, it이 주어인데 -s를 빠뜨리는 것**

주어가 he, she, it 또는 사람이나
사물의 이름이면 현재형 동사에
반드시 -s를 붙여야 해요.

주어가 he니까 기본형 + -s
He starts work at 11am. ✅
그는 오전 11시에 일을 시작해요.

He start work at 11am. ❌
-s를 안 붙이면 땡!

우리가 잘 아는 동사 have는 주어가 he, she, it일 때 -s나 -es를
붙이는 규칙이 적용되지 않고 형태가 has로 바뀌어요.

I have **a garage.**
나는 차고가 있어요.

주어가 he, she, it일 땐
have가 아닌 has로!

She has **a yard.**
그녀는 정원이 있어요.

한눈에 보는 문장공식

주어	have	목적어
I / You / We / They	have	**a garage.**
He / She / It	has	

문장으로 이해하기

I have a car.
차 있어요.

You have a sister.
너 여동생 있잖아.

I have a painful back.
등이 아파.

They have the same dress.
쟤네들 옷 똑같네.

They have a new baby.
저분들 새 아기가 생겼네요.

The cat has a new collar.
고양이에게 새 목걸이가 생겼어.

have는 '가지다'라는
뜻 외에 다양한 의미로
쓰이는 동사

He has a cold.
그 사람 감기 걸렸어.

**Thomas has a driving
lesson today.**
토마스는 오늘 운전 연수 받아.

Jack has a bad headache.
잭은 두통이 심해.

**Sarah has coffee with
Tom every Tuesday.**
사라는 화요일마다 톰과 커피를 마셔.

11

2.4 ~하지 않아요 (현재 부정문)

'먹지 않아요.'처럼 어떤 행동을 하지 않는다고 말하려면
동사 앞에 do not 또는 does not만 붙이면 돼요!

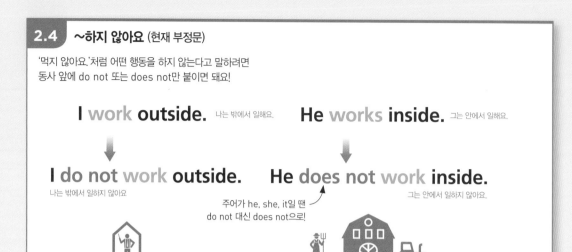

I work outside. 나는 밖에서 일해요.

He works inside. 그는 안에서 일해요.

I do not work outside.
나는 밖에서 일하지 않아요

He does not work inside.
그는 안에서 일하지 않아요.

주어가 he, she, it일 땐
do not 대신 does not으로!

한눈에 보는 문장공식

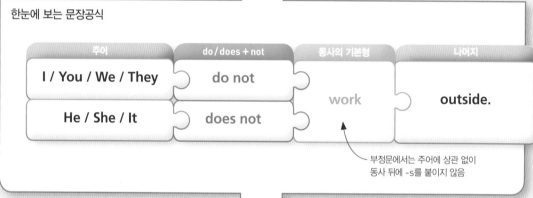

주어	do / does + not	동사의 기본형	나머지
I / You / We / They	do not	work	outside.
He / She / It	does not		

부정문에서는 주어에 상관 없이
동사 뒤에 -s를 붙이지 않음

문장으로 이해하기

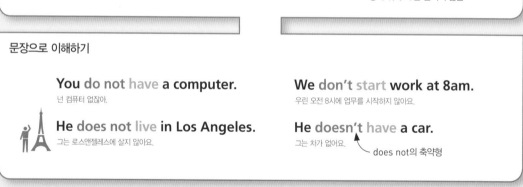

You do not have a computer.
넌 컴퓨터 없잖아.

We don't start work at 8am.
우린 오전 8시에 업무를 시작하지 않아요.

He does not live in Los Angeles.
그는 로스앤젤레스에 살지 않아요.

He doesn't have a car.
그는 차가 없어요. ← does not의 축약형

⚠ 왕초보의 흔한 실수: does not 뒤에 -s를 붙이는 것

부정문에서는 주어가 he, she, it일
때도 동사 뒤에 -s를 붙이지 않아요.
does에 이미 -s가 포함되었으니 두 번
쓸 필요가 없다고 생각하면 간단하죠?

He does not work outside. ✓
그는 밖에서 일하지 않아요.

He does not works outside. ✗

2.5 ~하나요? (현재 의문문)

be동사가 아닌 동작을 나타내는 일반동사가 포함되는 문장에서는
do나 does를 앞에 붙이고 마지막에 물음표를 넣으면 질문이 완성돼요!

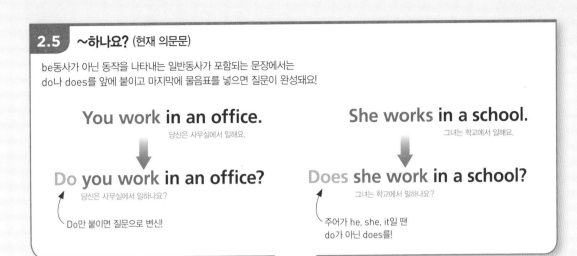

You work in an office.
당신은 사무실에서 일해요.

Do you work in an office?
당신은 사무실에서 일하나요?

Do만 붙이면 질문으로 변신!

She works in a school.
그녀는 학교에서 일해요.

Does she work in a school?
그녀는 학교에서 일하나요?

주어가 he, she, it일 땐
do가 아닌 does를!

한눈에 보는 문장공식

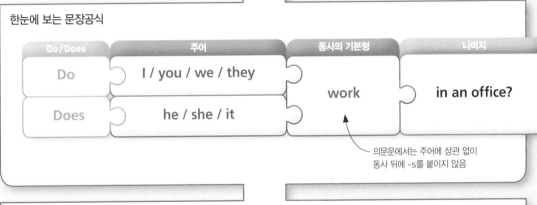

Do / Does	주어	동사의 기본형	나머지
Do	I / you / we / they	work	in an office?
Does	he / she / it		

의문문에서는 주어에 상관 없이
동사 뒤에 -s를 붙이지 않음

문장으로 이해하기

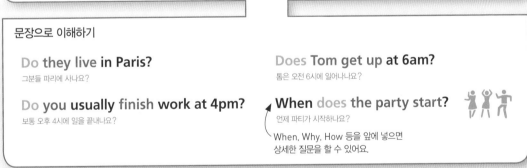

Do they live in Paris?
그분들 파리에 사나요?

Do you usually finish work at 4pm?
보통 오후 4시에 일을 끝내나요?

Does Tom get up at 6am?
톰은 오전 6시에 일어나나요?

When does the party start?
언제 파티가 시작하나요?

When, Why, How 등을 앞에 넣으면
상세한 질문을 할 수 있어요.

⚠ 왕초보의 흔한 실수: 현재 의문문에서 동사에 -s를 붙이는 것

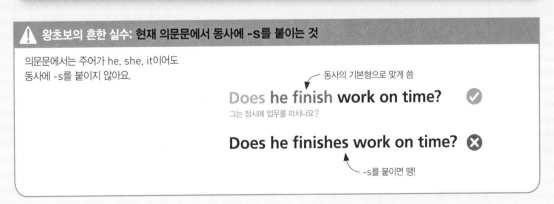

의문문에서는 주어가 he, she, it이어도
동사에 -s를 붙이지 않아요.

동사의 기본형으로 맞게 씀

Does he finish work on time? ✓
그는 정시에 업무를 마치나요?

Does he finishes work on time? ✗

-s를 붙이면 땡!

13

O3 '지금 이 순간'은 현재진행형

지금 뭐 하세요? 영어공부 중이시죠? 항상 하는 행동은 아니지만, '지금 이 순간' 하고
있다면 'be동사 + -ing' 형태로 표현할 수 있어요.

3.1 ~하고 있어요 (현재진행 평서문)

현재 일어나고 있는 일에 대해 쓸 수 있는 시제예요.
그래서 이름도 '현재진행형'이에요.

늘 일어나는 일은 현재시제로

Julie usually wears jeans, but today
she is wearing a dress.
줄리는 보통 청바지를 입는데.
오늘은 드레스를 입고 있어.

be동사를 쓰고

동사의 기본형에 -ing를
붙이면 현재진행형 완성

한눈에 보는 문장공식

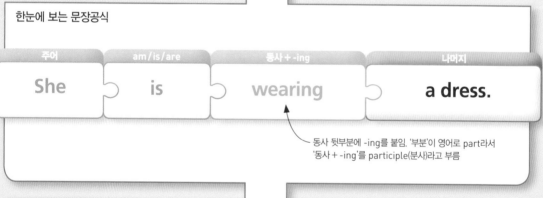

주어	am / is / are	동사 + -ing	나머지
She	is	wearing	a dress.

동사 뒷부분에 -ing를 붙임. '부분'이 영어로 part라서
'동사 + -ing'를 participle(분사)라고 부름

문장으로 이해하기

We are walking the dog.
우린 개를 산책시키고 있어.

He is washing the dishes.
그는 설거지 하고 있어.

They are talking on their phones.
그들은 통화하고 있어.

They're fighting with each other.
그들은 서로 싸우고 있어.

She's relaxing at the moment.
그녀는 지금 휴식 중이야.

It's raining a lot outside.
밖에 비가 많이 내리고 있어.

3.2 -ing를 붙이는 규칙

기본 규칙은 '동사의 기본형 + -ing'이지만
몇 가지 예외적인 동사들이 있어요.

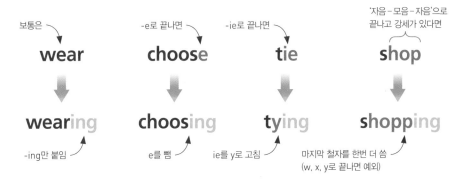

보통은

wear

⬇

wearing

-ing만 붙임

-e로 끝나면

choose

⬇

choosing

e를 뺌

-ie로 끝나면

tie

⬇

tying

ie를 y로 고침

'자음 – 모음 – 자음'으로
끝나고 강세가 있다면

shop

⬇

shopping

마지막 철자를 한번 더 씀
(w, x, y로 끝나면 예외)

문장으로 이해하기

'자음 – 모음 – 자음'으로 끝났지만
강세가 없어서 -ing만 붙임

 They're opening **a store next week.** 다음주에 가게를 연대.

Harry is tying **his shoes.** 해리는 신발 끈을 묶고 있어.

 I am cutting **some apples.** 사과를 몇 개 자르고 있어.

My uncle is writing **a novel.** 삼촌은 소설을 쓰고 있어.

 Terry is mopping **the floor.** 테리는 걸레로 마루를 닦고 있어.

⚠ 왕초보의 흔한 실수: 상태동사를 현재진행형으로 쓰는 것

be동사를 제외한 일반동사는 동작을 나타내는 동사와 상태를 나타내는 동사로 나뉘어요.
그런데 상태동사는 -ing 형태로 잘 쓰지 않아요.

동작동사	상태동사

 I read every day.  **I own** two cars. ✔

나는 매일 독서해. 나 차가 두대 있어.

I am reading right now. ✔ **I am owning two cars.** ✘

나 지금 책 읽고 있어.

15

〜하고 있지 않아요 (현재진행 부정문)

현재진행형의 부정문을 만들려면
be동사 뒤에 not을 넣어주세요.

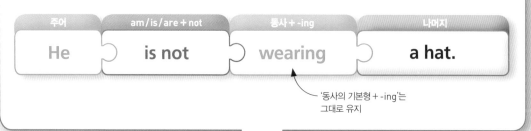

He is wearing **a tie, but** he { is not / isn't } wearing **a hat.**
그 사람 넥타이는 매고 있는데, 모자는 쓰고 있지 않아요.

not이 be동사 is 뒤에 들어감
줄여서 말하면 isn't

부정문을 만들어도
진행형은 유지됨

한눈에 보는 문장공식

주어	am / is / are + not	동사 + -ing	나머지
He	is not	wearing	a hat.

'동사의 기본형 + -ing'는
그대로 유지

문장으로 이해하기

 He **isn't** walking **the dog.** 그는 개를 산책시키고 있지 않아.

 They **aren't** singing **well today.** 저분들 오늘 노래 잘 못하네요.

 You **aren't** doing **your job!** 너 오늘 일 안 하고 있네!

 She **isn't** cleaning **up her bedroom.** 그녀는 침실 청소 안 하고 있어.

 James **isn't** reading **his book.** 제임스는 책 안 읽고 있어.

 He **isn't** playing **football today.** 그는 오늘 축구 안 하고 있어.

 We **aren't** eating **out this week.** 우리 이번 주에 외식 안 하고 있어.

be동사의 의문문과 마찬가지로 be동사와
주어의 위치만 바꾸면 묻는 말이 돼요.

평서문에선 주어 He가
맨 앞에 위치

He is playing **tennis.** 그는 테니스 치고 있어.

Is he playing **tennis?** 그는 테니스 치고 있니?

의문문에선 be동사
Is가 맨 앞에 위치

지금 일어나고 있는 일은
'동사의 기본형 + -ing'

한눈에 보는 문장공식

Am / Is / Are	주어	동사 + -ing	나머지
Is	**he**	**playing**	**tennis?**

'동사의 기본형 + -ing'는
그대로 유지

문장으로 이해하기

Are they going **to the park?**
쟤네들 공원 가고 있어?

Is he cycling **to work?**
그 사람 자전거로 출근하고 있나요?

Is she eating **pizza?**
그 여자 피자 먹고 있어?

Are they working**?**
저분들 일하고 있나요?

What **are you eating for dinner?**
저녁으로 뭐 먹고 있어?

Is it raining **outside?**
밖에 비 와?

한눈에 보는 현재시제

1 현재 vs. 현재진행

현재시제는 영구적으로 지속되는 상황, 정기적으로 일어나는 일, 변함없는 사실, 반복되는 행동 등을 나타내요.

변함없는 사실

The sun rises in the East.

해는 동쪽에서 떠.

현재진행시제는 일시적인 상황, 최근에 반복하고 있는 행동, 현재 진행 중인 행동을 나타내요.

일시적인 상황

It is raining in San Francisco right now.

샌프란시스코엔 지금 비가 내리고 있어.

2 현재 부정문 vs. 현재진행 부정문

같은 현재시제라 해도 동사가 be동사일 경우와 그 외 동사일 경우의 부정문 만드는 방법이 달라요.

I ⌒ **am** ⌒ **not** ⌒ **French.**

저 프랑스인 아니에요.

not의 위치는 be동사 뒤

I ⌒ **do not** ⌒ **speak** ⌒ **French.**

프랑스어 못해요.

do not 또는 does not이 주어와 동사 사이에 위치

현재진행형의 부정문 만드는 방법은 항상 동일해요.

It ⌒ **is** ⌒ **not** ⌒ **raining.**

비 안 와요.

not의 위치는 be동사 뒤

⚠ 왕초보의 흔한 실수: 주어가 he/she/it일 때 -s를 빠뜨리거나 잘못 붙이는 것

현재시제에서 주어가 he, she, it이라도 부정문이나 의문에는 -s를 붙이지 않아요.

긍정문

he, she, it이 주어일 땐 '동사 기본형 + -s'

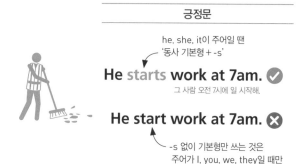

He starts work at 7am. ✅

그 사람 오전 7시에 일 시작해.

He start work at 7am. ❌

-s 없이 기본형만 쓰는 것은 주어가 I, you, we, they일 때만

반복되는 행동

Giorgio plays golf every weekend.

조르지오는 주말마다 골프를 쳐.

계속되는 상황

Robert lives in London.

로버트는 런던에 살아.

최근에 반복하고 있는 행동

Julia is playing lots of golf these days.

줄리아는 요즘 골프 많이 치고 있어.

At the moment, Robert is watching TV.

현재 진행 중인 행동
로버트는 지금 TV 보고 있어.

---

3   현재 의문문 vs. 현재진행 의문문

같은 현재시제라 해도 동사가 be동사일 경우와 그 외 동사일 경우의 의문문 만드는 방법이 달라요.

Are) you) English?
be동사가 주어 앞으로 이동
영국인인가요?

Do) you) speak) English?
Do나 Does가 주어 앞에 위치
영어 할 줄 알아요?

현재진행형의 의문문 만드는 방법은 항상 동일해요.

Is) it) raining?
be동사가 주어 앞으로 이동
비 오나요?

부정문	의문문
부정문에서 본동사의 형태는 기본형	의문문에서 동사는 항상 기본형
He does not work weekends. ✓	**Does he finish work on time?** ✓
그 사람 주말에 일 안 해.	그 사람 제시간에 일 끝내?
He does not works weekends. ✗	**Does he finishes work on time?** ✗
부정문에서 -s나 -es를 동사 뒤에 붙이면 틀림	의문문에서 -s나 -es를 동사 뒤에 붙이면 틀림

04 '명령'도 '요청'도 모두 명령문

명령문은 '앉아', '일어섯!' 하는 명령이나 지시뿐 아니라 요청이나 경고를 할 때도 사용해요.

4.1 ~해(라)! (명령문)

명령문을 만드는 건 매우 간단해요. 주어 없이 동사의 기본형만 말하면 돼요.

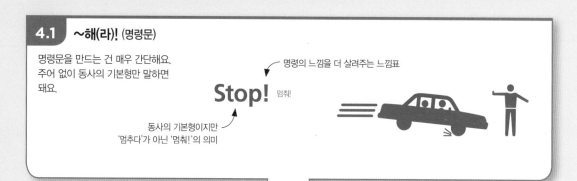

명령의 느낌을 더 살려주는 느낌표

Stop! 멈춰!

동사의 기본형이지만 '멈추다'가 아닌 '멈춰!'의 의미

문장으로 이해하기

Get up.
일어나.

Eat your breakfast.
아침 먹어.

Be careful!
조심해!

Help!
도와주세요!

Give that to me.
그거 나한테 줘.

Read this book.
이 책 읽어봐.

4.2 ~하지 마! (부정 명령문)

어떤 행동을 하지 말라고 말할 땐 동사의 기본형 앞에 Do not 또는 줄임말 Don't를 붙여요.

Do not
Don't } **turn right.**
우회전 금지

문장으로 이해하기

Don't eat that cake.
저 케이크 먹지 마.

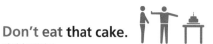

I've just painted that door.
Don't touch it.
지금 막 문에 페인트칠 했으니까 거기 손대지 마.

Don't rush. I'm not in a hurry.
서두르지 마. 급한 거 아니야.

Don't sit there. That chair is broken.
거기 앉지 마. 그 의자 망가졌어.

4.3 주어가 있는 명령문

명령문에는 보통 주어가 없지만, 누구한테 하는 명령이나 지시인지 분명히 하기 위해 주어를 붙이기도 해요. '야, 이민호 나와!'라고 말하는 것처럼 말이죠.

Everybody sit down.
모두 앉아요.

문장으로 이해하기

Phillip, come **here.**
이리 와, 필립.

You stay there.
너 거기 그대로 있어.

'거기 있어!'보다 '너, 거기 있어!'라고 you를 넣었을 때 더 강조된 느낌을 줌

Someone open the window.
누가 창문 좀 열어주세요.

Have fun, Anne.
좋은 시간 보내, 앤.

← 주어가 뒤에 위치하는 것도 가능

4.4 ～해주세요 (정중한 요청)

명령문 자체만으로도 요청의 의미를 갖지만 무례하게 들릴 수도 있어요. 이럴 땐 몇 가지 단어를 붙여 말하기만 해도 정중하게 들려요.

명령문 앞에 Please를 붙이면 정중한 요청

Please close the door.
문 좀 닫아주세요.

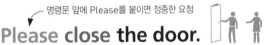

명령문 앞에 Do를 붙이면 좀 더 격식을 갖춘 요청

Do come in.
들어오세요.

Just를 명령문 앞에 붙이면 강조

Just give me a minute, please.
그냥 제게 시간을 좀 주세요.

please는 문장 뒤에 붙여도 됨

4.5 ～하자 (제안의 표현 Let's)

명령문 앞에 Let's를 붙이면 상대방에게 어떤 행동을 함께 하자는 '제안'의 의미가 돼요.

Let's 다음엔 동사의 기본형

It's sunny today. Let's go out.
오늘 날씨 좋다. 나가자.

It's cold. Let's not go out.
춥다. 나가지 말자.

'～하지 말자'고 할 땐 Let's와 동사 기본형 사이에 not을 붙임

05 '지난 감정 · 상태'는 be동사 과거형

'어젯밤 너무 외로웠어.', '10년 전엔 나도 평범한 회사원이었어.' 이렇게 과거의 특정 시점에
느꼈던 감정이나 상태를 표현하고 싶다면 be동사의 과거형을 활용해 말해보세요.

5.1 ~였어요 / ~했어요 (be동사 과거 평서문)

be동사의 과거형도 주어에 따라 형태가 달라져요. 과거의 감정이나
상태를 표현할 때 am, is는 was로, are는 were로 바뀌죠.

> **The traffic was bad, so we were late for school.**
> 차가 막혀서 학교에 지각했어요.

과거 ──────────────────────── 현재

한눈에 보는 문장공식

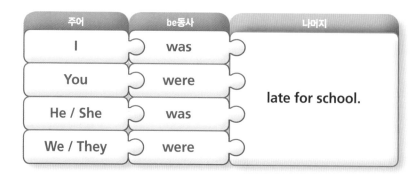

주어	be동사	나머지
I	was	
You	were	late for school.
He / She	was	
We / They	were	

문장으로 이해하기

He was a doctor for 40 years.
그분은 40년동안 의사였어.

We were very busy yesterday.
우리는 어제 아주 바빴어.

She was a Broadway star in the 1960s.
그녀는 1960년대 브로드웨이 스타였어.

They were at the movies last week.
걔네 지난주에 영화관에 있었어.

5.2 ~ 아니었어요 / ~하지 않았어요 (be동사 과거 부정문)

be동사 과거 부정문을 만들려면
be동사 was / were 뒤에 not만 붙여주면 돼요.

The book was interesting,
but the movie was not.
책은 재밌었는데 영화는 그렇지 않았어.

The books were great,
but the movies were not.
책들은 훌륭했는데 영화들은 그렇지 않았어.

한눈에 보는 문장공식

주어	was / were	not	나머지
The movie	was	not	interesting.
The movies	were	not	interesting.

문장으로 이해하기

 Kate was not **feeling well.** 케이트는 컨디션이 좋지 않았어.

 The cat wasn't **in the house.** 고양이가 집에 없었어.
⌐ was not을 줄이면 wasn't

 My parents were not **pleased.** 부모님은 기뻐하지 않으셨어.

 The computers weren't **working.** 그 컴퓨터들 고장나 있었어.
⌐ were not을 줄이면 weren't

23

be동사 과거 의문문은
주어와 was/were의
위치를 서로 바꾸기만
하면 돼요.

평서문에서는 주어 She가
be동사 앞에 위치

She was excited.
개 신났어.

You were excited.
너 신났었어.

Was she excited?
개 신났었니?

Were you excited?
신났었니?

의문문에서는 be동사가
앞으로 나오고

주어가 be동사 뒤에 위치

한눈에 보는 문장공식

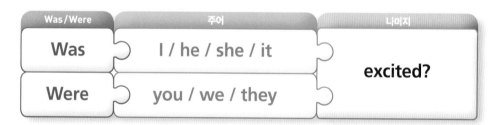

Was/Were	주어	나머지
Was	I / he / she / it	**excited?**
Were	you / we / they	

문장으로 이해하기

Was he good at playing tennis? 개 테니스 잘 쳤어?

Were they surprised by you? 개네들 너 때문에 놀랐어?

What were the lectures about? 뭐에 관한 강의였어?

 Why was she late for the party? 개는 왜 파티에 늦은 거야?

What was the weather like? 날씨 어땠어?

06 '지난 행동'은 일반동사 과거형

'어젯밤 남자친구와 싸웠다. 그래서 울었다.'를 영어로 쓰려면 과거의 특정 시점에 했던
행동이나 사건을 표현할 수 있어야겠죠. 이럴 때 일반동사의 과거형을 활용해요.

6.1 ~했어요 (일반동사 과거 평서문)

일반동사로 '~했다'라는 과거 행동을 나타낼 때는
동사의 기본형 뒤에 -ed를 붙여요.

화요일

오늘

Walter washed his car on Tuesday.

월터는 화요일에 세차했어.

동사의 기본형 + -ed

과거의 특정 시점

한눈에 보는 문장공식

현재시제와 달리
주어가 달라져도
동사의 형태가
바뀌지 않아요.

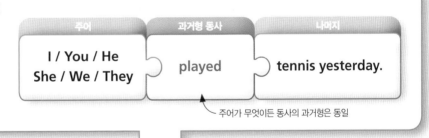

주어	과거형 동사	나머지
I / You / He She / We / They	played	tennis yesterday.

주어가 무엇이든 동사의 과거형은 동일

문장으로 이해하기

Last night, I watched a documentary about Italy.
어젯밤에 이탈리아에 관한 다큐멘터리를 봤어.

 Heather cleaned her bedroom last weekend.
헤더는 지난 주말에 침실 청소를 했어.

Tom usually drives to work, but yesterday he walked instead.
톰은 주로 운전해서 출근하는데 어제는 걸어갔어.

Nia listened to music and started reading a new book.
니아는 음악도 듣고, 새로운 책도 읽기 시작했어.

-ed를 붙이는 규칙

과거형을 만드는 기본 규칙은 '동사의 기본형 + -ed'이지만
몇 가지 예외적인 동사들이 있어요.

-e로 끝나면 →

'자음 + y'로
끝나면 →

'자음-모음-자음'으로
끝나고 강세가 있다면 →

wash → **washed**
-ed만 붙이는 게
기본 규칙

dance → **danced**
-d만 붙임

try → **tried**
y를 i로 고치고
-ed 붙임

stop → **stopped**
마지막 철자를 한번
더 쓰고 -ed 붙임

대표적인 규칙형 동사들

jump → jumped

arrive → arrived

carry → carried

drop → dropped

work → worked

save → saved

cry → cried

hop → hopped

play → played

decide → decided

hurry → hurried

step → stepped

-ed를 붙이는 규칙들이 적용되지 않고 불규칙한 과거형을 갖는 동사들이 있어요. 우리가 잘 알고 있는 많은 기본 동사들이 여기에 해당돼요.

went는 go의 과거형

I went swimming yesterday.
어제 수영 갔어.

어제 ———————————————————→ 오늘

대표적인 불규칙형 동사들

go	have	do	put	come	see
↓	↓	↓	↓	↓	↓
went	had	did	put	came	saw

문장으로 이해하기

I swam in the 500m race.
500m 수영 경기를 했어.

I came to the US in 1980.
1980년에 미국에 왔어.

We saw some rare birds.
우리는 희귀새를 봤어.

I did really well in school.
학교생활 꽤 잘했어.

Steve put his cup on the table.
스티브가 탁자에 잔을 올려놨어.

Sam ate two pizzas.
샘은 피자를 두 판 먹었어.

We went to the zoo last week.
우리 지난주에 동물원에 갔어.

They drank all the lemonade.
걔네들이 레몬에이드를 다 마셔버렸어.

They had a great vacation.
걔네들 휴가 잘 보내고 왔어.

Sheila drove to the park.
쉴라는 공원까지 운전해 갔어.

27

6.4 ～하지 않았어요 (과거 부정문)

'～하지 않았다'는 말을 하려면 did not 또는 그 줄임말인
didn't를 동사의 기본형 앞에 붙이면 돼요.

부정문이라 didn't가
들어가서 동사의 기본형

I played tennis last week, but I didn't play yesterday.

지난주에는 테니스 쳤는데, 어제는 안 쳤어요.

과거 평서문이라
-ed가 붙음

지난주   어제   오늘

한눈에 보는 문장공식

주어	did not / didn't	동사의 기본형	나머지
I	**didn't**	**go**	**swimming.**

주어에 관계 없이
didn't나 did not

동사는 기본형으로!

문장으로 이해하기

You didn't like the beach. 너 그 해변 안 좋아했잖아.

I didn't eat all the chocolate! 내가 초콜릿 다 먹은 거 아니야!

They didn't buy the big, expensive car. 걔네 그 크고 비싼 차 산 거 아니야.

Emily didn't enjoy the theme park as much as Zara. 에밀리는 자라만큼 놀이공원을 즐기지 않았어.

She did not talk to anyone before the exam. 그녀는 시험 전에 아무와도 이야기 안 했어.

보통 didn't 라고 더 많이 씀
did not은 강조하거나 격식을 차릴 때

Hugh did not cycle to work today. 휴는 오늘 자전거로 출근 안 했어.

〜했나요? (과거 의문문)

Did를 넣어서 과거 행동에 대한
질문을 만들수 있어요.

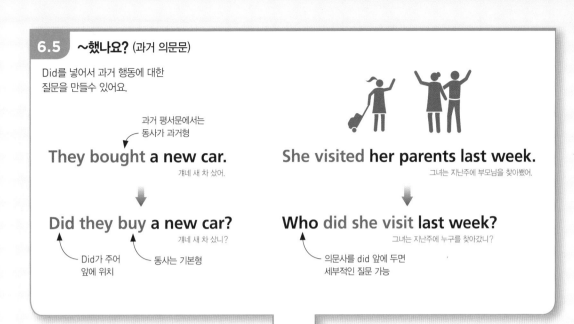

과거 평서문에서는
동사가 과거형

They bought a new car.

걔네 새 차 샀어.

Did they buy a new car?

걔네 새 차 샀니?

Did가 주어
앞에 위치

동사는 기본형

She visited her parents last week.

그녀는 지난주에 부모님을 찾아뵀어.

Who did she visit last week?

그녀는 지난주에 누구를 찾아갔니?

의문사를 did 앞에 두면
세부적인 질문 가능

한눈에 보는 문장공식

Did	주어	동사의 기본형	나머지
Did	they	buy	a new car?

문장으로 이해하기

Did they have a good time? 걔네들 재미있게 놀았대?

Did you read a book on the beach? 바닷가에서 책 읽었어?

Did Ray drink all the milk? 레이가 우유 다 마신 거야?

 When did he go to the gym? 그 사람 언제 체육관에 갔어?

Where did she meet her friends? 그녀는 어디서 친구 만났어?

Why did you buy so much food? 먹을 걸 왜 이렇게 많이 샀어?

07 '하는 중이었던 일'은 과거진행형

'내 전화 왜 안 받았어?'라는 상대의 말에 '미안해~ 밥 먹는 중이었어.' 하고 변명할 수 있죠.
'밥 먹는 중이었어.'라는 말처럼 과거의 어느 시점에 진행 중이었던 행동이나 사건을
나타내는 시제를 과거진행형이라고 하고, 형태는 'was/were -ing'예요.

7.1 ~하고 있었어요 (과거진행)

과거의 어느 시점에
어떤 행동이 지속적으로
진행되고 있었을 때
과거진행형으로
표현해요.

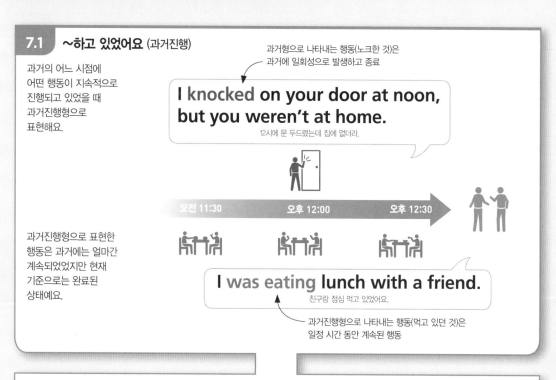

과거형으로 나타내는 행동(노크한 것)은
과거에 일회성으로 발생하고 종료

I knocked on your door at noon, but you weren't at home.

12시에 문 두드렸는데 집에 없더라.

오전 11:30   오후 12:00   오후 12:30

과거진행형으로 표현한
행동은 과거에는 얼마간
계속되었었지만 현재
기준으로는 완료된
상태예요.

I was eating lunch with a friend.

친구랑 점심 먹고 있었어요.

과거진행형으로 나타내는 행동(먹고 있던 것)은
일정 시간 동안 계속된 행동

한눈에 보는 문장공식

현재진행형의 is/are 대신 과거진행형에서는 was/were를 써요.

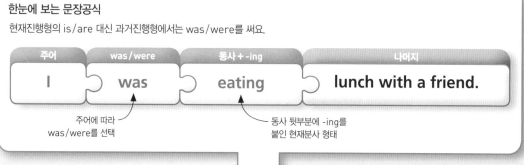

주어	was/were	동사 + -ing	나머지
I	was	eating	lunch with a friend.

주어에 따라
was/were를 선택

동사 뒷부분에 -ing를
붙인 현재분사 형태

문장으로 이해하기

We were swimming in the sea.
우리 바다에서 수영 중이었어.

He was working late.
걔 야근하고 있었어.

He was washing his car.
걔 세차하고 있었어.

This time last week, we were hiking in Peru.
지난주 이 시간에 우린 페루에서 하이킹 하고 있었지.

7.2 과거진행형을 활용한 스토리텔링

누군가에게 책을 읽어주거나 영화 속 한 장면을 설명해준다고 생각해보세요. 이럴 때 과거진행형을
활용하면 그 장면이나 상황이 눈앞에 펼쳐지듯 생동감있게 전달하는 데 효과적이에요.

It was a beautiful day.
화창한 날이었어요.
The sun was shining and the birds were singing.
태양은 빛나고 새들은 지저귀고 있었어요.
Children were laughing and playing in the street.
아이들은 거리에서 웃기도 하고 놀기도 하고 있었죠.

7.3 ~하고 있는데 …했어 (한 문장 속 '과거진행 + 과거')

뭔가 한참 하고 있는 중인데, 갑자기 어떤 일이 툭 끼어들 때가 있죠? 이런 경우 한 문장 안에서
과거진행형으로는 하고 있던 동작을, 과거형으로는 뒤에 일어난 일을 나타낼 수 있어요.

진행 중이던 행동   중간에 끼어든 사건

I was taking a photo when a monkey grabbed my camera.
사진을 찍고 있는데 원숭이 한 마리가 내 카메라를 잡았어.

문장으로 이해하기

He was sunbathing when it started to rain.
그가 일광욕을 하고 있는데 비가 내리기 시작했어.

She was sleeping when the phone rang.
그녀가 자고 있는데 전화가 울렸어.

I was mowing the lawn when you called.
잔디를 깎고 있는데 네가 전화했어.

I was having a bath when you knocked.
목욕을 하고 있는데 네가 문을 두드렸어.

31

08 과거와 현재의 모호한 경계, 현재완료

방금 막 숙제를 끝냈다면, 이건 과거일까요? 현재일까요? 이처럼 과거와 현재로 딱 잘라
구분하기 모호한 일을 표현할 때 현재완료시제를 사용하며 'have + 과거분사'의 형태로
나타내요.

8.1 ~했어요 (현재완료)

현재완료시제는 아래 3가지 경우를 포함하여
다양한 방식으로 과거의 일을 표현하는 데 사용돼요.

상대방이 몰랐던
정보나 소식을 전할 때

**Hi! I have arrived in London!
My plane landed five minutes ago.**
안녕! 나 런던에 도착했어. 비행기가 5분 전에 착륙했어.

일정 기간을 두고
반복적으로 일어나는
일을 이야기할 때

**I have visited California every
summer since I was 18.**
18세 때부터 매년 여름 캘리포니아에 갔어.

과거에 시작되어
지금도 영향이 있는 일을
이야기할 때

Olivia has gone on a trip to Egypt.
올리비아는 이집트로 여행 갔어.

한눈에 보는 문장공식

주어	have / has	과거분사	나머지
I	have	arrived	in London.

he, she, it이
주어일 땐 has

문장으로 이해하기

Look! I've cooked dinner for us. 이거 봐! 우리가 먹을 저녁을 내가 만들었어.

You haven't cleared the table. It's a mess! 탁자 정리 안 했네. 엉망이잖아!

John has just washed the dishes. 존은 방금 설거지를 했어.

Have you cleaned up your bedroom? 침실 정리했니?

8.2 규칙적인 과거분사형

동사의 기본형에 -ing를 붙인 형태를 현재분사라고 하고, 동사의 기본형에 -ed를 붙인 형태를 과거분사라고 해요. 이 형태가 바로 과거분사를 만드는 기본 규칙이에요.

ask	➡	asked
call	➡	called
help	➡	helped
need	➡	needed
play	➡	played
talk	➡	talked
walk	➡	walked
want	➡	wanted
watch	➡	watched
work	➡	worked

8.3 불규칙한 과거분사형

동사의 과거형을 만들 때와 마찬가지로 과거분사형을 만들 때도 -ed를 붙이는 규칙이 적용되지 않는 동사들이 있어요.

be	➡	been
buy	➡	bought
come	➡	come
do	➡	done
have	➡	had
give	➡	given
go	➡	gone
make	➡	made
say	➡	said
see	➡	seen

⚠ **왕초보의 흔한 실수: 과거분사 자리에 과거형을 쓰는 것**

동사의 과거형과 과거분사형을 혼동하면 안 돼요!

┌─ 동사 see의 과거분사형

I have seen lots of great things here. ✓

여기에서 훌륭한 것을 많이 봤어.

I have saw lots of great things here. ✗

└─ see의 과거형. 현재완료는 'has / have + 과거분사'

33

8.4 갔어요 vs. 갔다 왔어요 (gone vs. been)

have/has gone은
'~로 떠나서 지금
여기 없다'는 뜻이고,
have/has been은
'~에 갔다 왔다'는
뜻이에요. 초급자들이
자주 혼동하기 쉬워요.

I haven't seen Joan recently. Where is she?
요즘 조앤을 못 봤는데 어디 갔어?

She's gone to Florida.
걔 플로리다 갔어.

She has를   플로리다에 가서
She's로 축약   아직 그곳에 있다는 의미

Hi, Joan. You're looking well.
안녕, 조앤. 좋아 보인다.

Yes, I've been to Florida.
응, 플로리다 갔다 왔어.

I have를   플로리다에 갔었는데
I've로 축약   지금은 돌아왔다는 의미

문장으로 이해하기

Where's Ben?
벤 어디 있어?

He's gone to the mall.
걔 쇼핑몰 갔어.

You look relaxed.
너희들 편안해 보여.

Yes, we've been in Bermuda. We had a great time.
응, 우리 버뮤다 갔다 왔거든. 즐거운 시간이었어.

Where's Ariana?
아리아나 어디 있어?

She's gone windsurfing.
윈드서핑 하러 갔어.

Your hair looks great!
머리 예쁘다!

Thanks! I've just been to the hair salon.
고마워! 방금 미용실 갔다 왔거든.

Where have you been?
어디 갔다 왔어?

Where are Julie and Jack?
줄리랑 잭 어디 있어?

They've gone to see a play.
걔네들 연극 보러 갔어.

We've been to visit Joan in the hospital. She's not very well.
조앤 병문안 하러 갔다 왔어. 몸이 많이 안 좋대.

8.5 ～했어요 vs. ～해봤어요 (과거 vs. 현재완료)

문장 속에서 구체적인 시점을 밝히는 경우에는 과거형을,
시점을 명시하지 않는 경우 현재완료를 사용해요.

2010년이라는 구체적인
시점이 있어서 과거형

Have you ever been to France? 프랑스 가봤어요?

Yes, I visited Paris in 2010. 네, 2010년에 파리에 갔어요.

2010   현재

구체적인 시점이 없이 지금까지 수 차례
방문했다는 의미이므로 현재완료형

Yes, I have visited Paris many times.
네, 파리에 여러 번 가봤어요.

2003   2008   2010   2014   현재

문장으로 이해하기

과거	현재완료
I saw a great movie last week. 지난주에 재있는 영화 봤어.	**I haven't seen that movie.** 그 영화 아직 못 봤어.
Jo didn't climb Mount Fuji last year. 조는 작년에 후지산 등반 안 했어.	**Saki has climbed Mount Fuji twice.** 사키는 후지산을 두 번 등반했어.
Madison ate too much last night. 메디슨은 어젯밤에 과식했어.	**Jack hasn't eaten curry before.** 잭은 전에 카레를 먹어본 적이 없어.

O9 '과거부터 현재까지 하고 있는' 현재완료진행

'페인트칠 하고 있는 중이야.'는 현재진행형이죠. 그런데 '3시간째'라는 말이 붙으면
3시간 전인 과거부터 현재까지 계속 하고 있는 동작이므로 현재진행형과 구분되는
다른 시제가 필요한데요. 이때 쓸 수 있는 시제가 바로 현재완료진행이에요.

9.1 계속 ~하고 있어요 (현재완료진행)

과거에 발생하여 현재까지 영향을 미치는 행동은 '현재완료(have + 과거분사)'로 표현하죠.
그런데 그 동작이 일정 기간동안 계속되었다는 '진행'의 의미까지 전달하려면 현재완료형에
-ing까지 추가한 '현재완료진행(have been -ing)'의 형태로 말해야 해요.

현재완료진행

과거의 행동(페인트칠)이
현재에 미친 영향(지침)

I have been painting the house all day. I'm exhausted!

종일 집에 페인트칠 하고 있어. 완전 지쳤어!

한눈에 보는 문장공식

주어	has / have	been	동사 + -ing	목적어
I	have	been	painting	the house.

주어에 따라
have나 has를 선택

been은 주어에
상관없이 동일

동사의 기본형에
-ing를 붙임

문장으로 이해하기

I've been cooking this evening.
Now I have to do the dishes.

오늘 저녁 계속 요리하고 있어. 이제는 설거지 해야 해.

He's been waiting for the bus for an hour.
He is going to be late for work.

그 사람 1시간째 계속 버스를 기다리고 있어. 회사 지각하겠어.

계속 ~하고 있어요 vs. 다 ~했어요 (현재완료진행 vs. 현재완료)

현재완료진행은 과거에 발생한 일이 어느 기간 동안
진행되어 말하는 시점까지 계속되기도 해요.

현재완료진행

I've been fixing my car. I'm covered in oil.

계속 차 수리하고 있어. 온몸이 오일 범벅이야.

현재완료는 과거에 발생한 일이 말하는
시점에는 끝나 있는 상태예요.

현재완료

I've fixed my car. Now I can drive to work again.

차 수리 다 했어. 이제 다시 운전해서 출근할 수 있어.

문장으로 이해하기

**I've been cooking dinner.
It will be ready soon.**
계속 저녁 준비하고 있어. 곧 준비될 거야.

**I've cooked dinner.
It's ready now.**
저녁 다 만들었어. 지금 준비되어 있어.

**Vicky has been running
today. Now she's really tired!**
비키가 오늘 계속 뛰고 있어서 지금 완전 지쳐 있어.

**Vicky has just run a race.
Now she's receiving a medal.**
비키가 막 경주를 마쳤어. 지금 메달 받고 있어.

**I've been eating too
much cake. I must eat less!**
케이크를 너무 많이 먹고 있네. 덜 먹어야겠어!

**I've eaten all the cake.
The plate is empty.**
내가 그 케이크를 다 먹어버려서 접시가 비었어.

**We've been looking at
houses. We want to move.**
우리는 계속 집을 알아보고 있어요. 이사하려고요.

**We've bought a new house.
We're moving in June.**
새 집을 샀어요. 6월에 이사 예정이에요.

10 같은 과거라도 먼저 일어났다면 과거완료

'집에서 나오기 전에 이를 닦았어.'라는 문장처럼 과거에 순차적으로 일어난 두 가지 이상의
일을 이야기할 때가 있죠? 이럴 땐 과거와 과거완료시제를 함께 써서 그 순서를 명확히
보여줄 수 있어요.

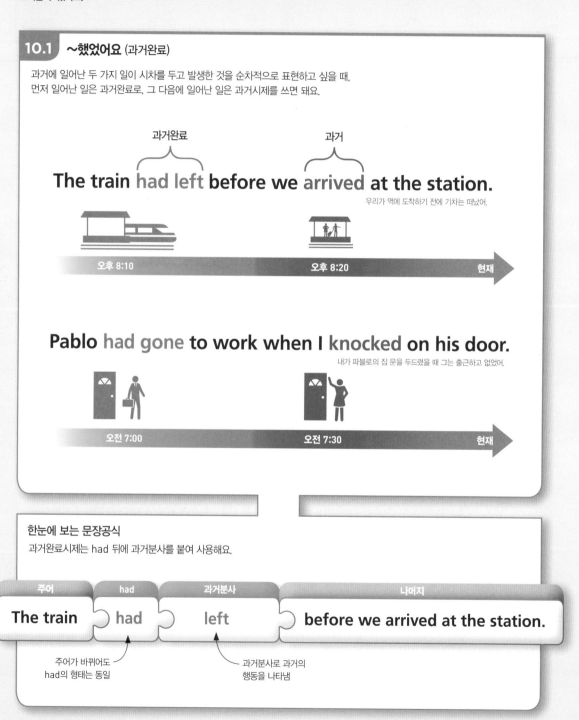

10.1 ~했었어요 (과거완료)

과거에 일어난 두 가지 일이 시차를 두고 발생한 것을 순차적으로 표현하고 싶을 때,
먼저 일어난 일은 과거완료로, 그 다음에 일어난 일은 과거시제를 쓰면 돼요.

과거완료

과거

The train had left before we arrived at the station.

우리가 역에 도착하기 전에 기차는 떠났어.

오후 8:10   오후 8:20   현재

Pablo had gone to work when I knocked on his door.

내가 파블로의 집 문을 두드렸을 때 그는 출근하고 없었어.

오전 7:00   오전 7:30   현재

한눈에 보는 문장공식
과거완료시제는 had 뒤에 과거분사를 붙여 사용해요.

주어	had	과거분사	나머지
The train	had	left	before we arrived at the station.

주어가 바뀌어도
had의 형태는 동일

과거분사로 과거의
행동을 나타냄

문장으로 이해하기

He had cooked dinner before Sally got back from work.
샐리가 퇴근해서 오기 전에 그는 저녁을 만들었어요.

과거형으로 쓰인 부분이 문장의 앞으로 와도, 실제 일이 일어난 순서는 바뀌지 않음

The traffic was bad because a car had broken down on the road.
한 차가 도로에서 고장나는 바람에 길이 막혔어요.

She had already read the play by the time she went to see it.
그녀가 그 연극을 보러 갔을 땐 이미 그 각본을 읽은 상태였어요.

When we arrived at the stadium, the game had already started.
우리가 경기장에 도착했을 땐 이미 경기가 시작한 후였어요.

10.2 ~했어요 vs. ~했었어요 (현재완료 vs. 과거완료)

현재완료

최근에 일어난 일이면서, 현재에 여전히 영향을 미치는 일을 설명할 때 현재완료를 사용해요.

I'm so excited. I have just passed my driving test.
나 정말 신나. 방금 운전시험에 합격했거든.

과거완료

과거의 어떤 시점 이전에 일어난 또 하나의 일을 설명할 때 과거완료를 사용해요.

I was so excited. I had just passed my driving test.
나 정말 신났어. 그때 막 운전시험에 합격했었거든.

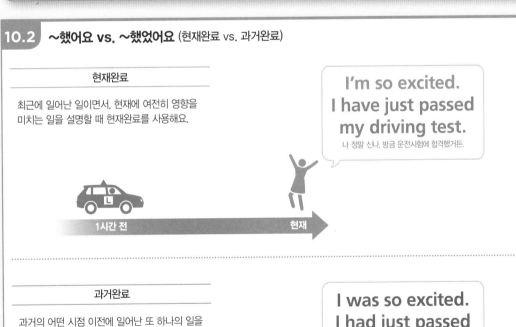

1시간 전 / 현재

1시간 전 / 과거 / 현재

39

과거에서 다른 과거까지 쭈욱~ 과거완료진행

'집에서 나오기 전에 이를 닦았어.'라는 문장엔 과거완료를 쓴다고 했죠. 그럼 '내가 집에서
나올 때 개는 30분째 계속 이를 닦고 있었어.'는 어떨까요? 이렇게 과거의 어떤 시점 이전에
일어난 일이 그 시점에도 계속 진행 중이라면 과거완료진행시제로 표현해요.

11.1 계속 ~하고 있었어요 (과거완료진행)

과거와 과거완료진행시제가
함께 있는 문장 안에서
과거시제는 과거에 이미
완료된 어떤 일을 표현하고,
그 일이 있기 전부터 발생하여
계속되고 있던 다른 일은
과거완료진행으로 표현해요.

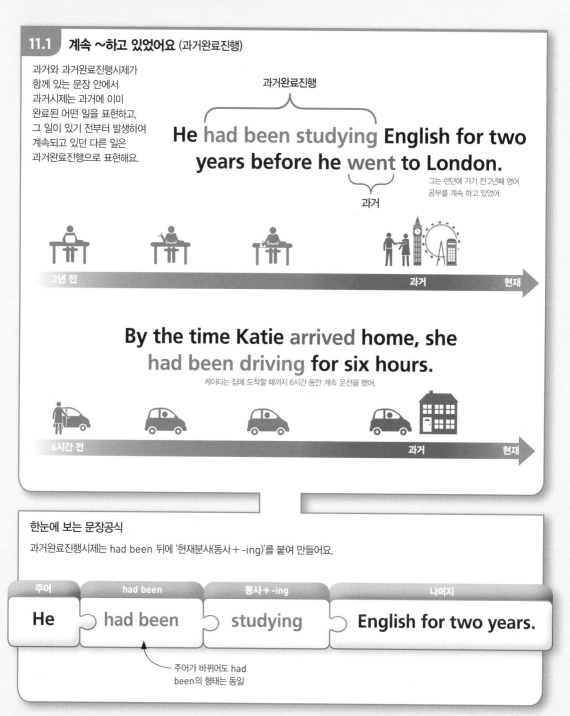

과거완료진행

He had been studying English for two years before he went to London.

과거

그는 런던에 가기 전 2년째 영어
공부를 계속 하고 있었어.

2년 전 · · · 과거 · · · 현재

By the time Katie arrived home, she had been driving for six hours.

케이티는 집에 도착할 때까지 6시간 동안 계속 운전을 했어.

6시간 전 · · · 과거 · · · 현재

한눈에 보는 문장공식

과거완료진행시제는 had been 뒤에 '현재분사(동사 + -ing)'를 붙여 만들어요.

주어	had been	동사 + -ing	나머지
He	had been	studying	English for two years.

주어가 바뀌어도 had
been의 형태는 동일

문장으로 이해하기

She decided to buy a new car because her old one hadn't been working for weeks.

그녀는 오래된 차가 몇 주 동안 계속 작동하지 않고 있어서 새 차를 사기로 했어.

I went to see the doctor after I'd been feeling unwell for a few days.

며칠동안 계속 몸이 안 좋아서 병원에 갔어.

The band had been rehearsing every day, so they won the competition.

그 밴드는 매일 연습해서 대회에서 우승했어.

I had been training to be a dancer until I broke my leg.

다리가 부러지기 전까지 댄서가 되려고 계속 훈련하고 있었어.

11.2 계속 ~하고 있어요 vs. 계속 ~하고 있었어요 (현재완료진행 vs. 과거완료진행)

현재완료진행

과거에 발생하여 최근까지 진행 중이었거나 반복적으로 일어났던 일을 표현할 땐 현재완료진행시제를 사용해요.

I'm really thirsty. I have been cycling for two hours.

너무 목말라. 2시간째 자전거를 타고 있거든.

2시간 전   현재

과거완료진행

이전에 발생하여 과거의 어느 시점까지 진행 중이었거나 반복적으로 일어났던 일을 표현할 땐 과거완료진행시제를 사용해요.

I was really thirsty. I had been cycling for two hours.

너무 목말랐어. 2시간째 자전거를 타고 있었거든.

2시간 전   과거   현재

12 '과거의 습관·상태'는 used to/would

과거를 회상할 때 '그땐 그랬지.'라며 이야기하잖아요. 이렇게 과거를 회상하거나 현재와
대비하여 과거의 습관이나 상태를 표현할 땐 used to나 would를 사용해요.

12.1 ~하곤 했어요 / ~했었어요 (used to)

used to에 동사의
기본형을 붙여 과거의
습관을 표현할 수
있어요.

과거의 습관

We used to play tennis every day, but now we prefer golf.

우리는 매일 테니스를 쳤었는데, 지금은 골프를 더 좋아해요.

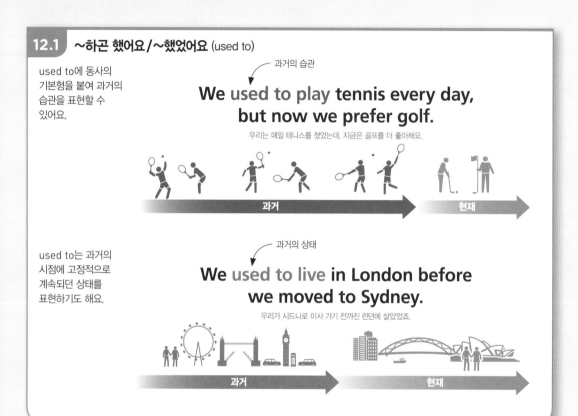

used to는 과거의
시점에 고정적으로
계속되던 상태를
표현하기도 해요.

과거의 상태

We used to live in London before we moved to Sydney.

우리가 시드니로 이사 가기 전까진 런던에 살았었죠.

문장으로 이해하기

의문문이나 부정문에서는
used가 use로 바뀜

Did you use to ride a scooter when you were a student?

학창 시절에 스쿠터를 타고 다녔나요?

I didn't use to believe in ghosts until I visited a haunted house.

흉가에 가기 전엔 귀신을 믿지 않았어요.

I used to eat lunch on my own, but now I sit with friends.

전엔 혼자 점심을 먹었는데 지금은 친구들과 합석해요.

We didn't use to think England was cold until we moved here.

우리가 여기 이사오기 전까진 영국이 춥다고 생각하지 않았어요.

I used to eat meat, but now I'm a vegetarian.

전엔 고기를 먹었는데, 지금은 채식주의자예요.

I didn't use to be afraid of spiders until I visited Australia.

호주에 오기 전까지는 거미를 무서워하지 않았어요.

과거 습관에 대해
말할 땐 used
to를 써야 해요.
이런 경우에
과거진행시제를
쓰면 틀려요.

We used to play lots of board games when we were younger. ✓

우리가 더 어렸을 때는 보드게임을 많이 했었죠.

We were playing lots of board games when we were younger. ✗

↖ 과거진행으로는
과거의 습관을 나타낼 수 없음

12.2 ~하곤 했어요 (would)

would는 과거의 상태를 나타내는 데 사용할 수 없고 과거의 습관을 나타낼 때만 글이나 격식을 갖춘
말하기에서 used to 대신 사용할 수 있어요. 어떤 일이 언제 얼마나 자주 발생했는지 알려주는 시간
표현을 함께 쓰는 경우가 많아요.

과거의 습관

When I was younger, my family would go skiing once a year.

내가 더 어렸을 때 우리 가족은 일 년에 한 번씩 스키를 타러 가곤 했어요.

| 6년 전 | 5년 전 | 4년 전 | 현재 |

문장으로 이해하기

**When I was little, we would go
for a picnic every Saturday.**

내가 어렸을 때, 우리는 토요일마다 소풍을 가곤 했어요.

**Whenever there were sports on TV,
we just wouldn't do our homework.**

TV에서 스포츠 경기가 나올 때마다. 우리는 숙제를 안 하곤 했어요.

**When I was a student in college,
I would spend as little as possible.**

대학생일 때는 가능한 한 돈을 적게 썼었죠.

**Before I moved abroad,
I wouldn't try anything new.**

외국에 나가기 전에는 어떤 새로운 것도 시도하지 않았어요.

과거의 상태를
표현할 때는
would를 쓰지
않고 반드시 used
to를 써야 해요.

We used to live in London before we moved to Sydney.

우리가 시드니로 이사 가기 전까진 런던에 살았었죠.

We would live in London before we moved to Sydney. ✗

↖ 상태를 나타낼 땐
would 사용 불가

한눈에 보는 과거시제

1 과거를 나타내는 8가지 시제

과거시제는 과거에 일회성으로 발생하여 이미 끝난 일을
표현해요.

세차한 행위는
화요일로 이미 종료

Phil washed his car on Tuesday.

필은 화요일에 세차했어.

현재완료는 과거에 시작되어 현재까지 계속되는 일, 또는
과거에 일어난 일로 인해 현재에 어떤 결과가 있는 경우에
사용해요.

이브가 아직도 런던에
있으므로 현재와 관련됨

Eve has arrived in London.

이브가 런던에 도착했어.

과거진행은 과거에 계속되고 있던 일을 표현해요.

The last time I saw Phil, he was washing his car.

마지막으로 필을 봤을 때 그는 세차를 하고 있었어.

마지막으로 필을 봤을 때
그는 세차하는 중이었음

현재완료진행은 과거에 계속되고 있던 일로 인해 현재에 어떤
결과가 있는 경우에 사용해요.

I have been painting the house all day. I'm exhausted!

종일 집에 페인트칠 하고 있어. 완전 지쳤어!

계속 페인트칠을 한
결과 현재 지쳐 있음

2 과거 vs. 현재완료

과거시제로 표현한 과거의 행위 및 사건은 과거에 이미
완료되어 현재에 아무런 영향을 미치지 않아요.

에세이 쓰기가
끝났으므로 과거

I wrote my essay about Ancient Greece.

고대 그리스에 관한 에세이를 썼어.

열쇠를 찾았기 때문에
현재와 전혀 관련이 없으므로 과거

I lost my keys, but I found them on my desk.

열쇠를 잃어버렸지만 책상에서 찾았어.

현재완료로 표현한 과거의 행위 및 사건은 아직 완료되지
않았거나 현재에 영향을 미쳐요.

에세이를 다 쓰지 못해서
더 써야 하므로 현재완료

I have written half of my essay, but I need to finish it.

에세이를 절반은 썼지만 마저 써야 해.

현재까지도 잃어버린
상태이므로 현재완료

I have lost my keys. I can't find them anywhere!

열쇠를 잃어버렸어. 어디에서도 찾을 수가 없어.

과거완료는 과거에 일어난 어떤 일보다 더 이전에 일어난 또 다른 일을 표현할 때 사용해요.

The game has started when I arrived at the stadium.
내가 경기장에 도착했을 땐 경기가 시작됐었어.

과거완료진행은 과거에 일어난 어떤 일이 있기 전부터 발생하여 반복되거나 계속되고 있는 다른 일을 표현해요.

I had been feeling unwell for days, so I went to the doctor.
며칠 동안 계속 몸이 안 좋아서 병원에 갔어.

used to와 would는 더 이상 하지 않는 과거의 반복적인 활동, 즉 습관에 대해 말할 때 사용해요.

 **go to Spain every year.**
나는 스페인에 매년 가곤 했어.

used to는 과거의 어느 시점에 고정적으로 계속되던 상태도 표현하는데, 이때는 would를 대신 쓸 수 없어요.

I used to live in London.
나는 런던에 살았어.

live는 '거주하고 있는' 상태를 표현하므로 would는 사용 불가

3 스토리텔링에 유용한 3가지 시제

스토리텔링에는 몇 가지 과거시제가 유용해요. 그 중 하나인 과거진행은 배경을 설정하는 데, 과거는 이야기 속 행동을 묘사하는 데 사용해요. 또 과거완료는 어떤 스토리 전에 일어났던 일들에 대해 묘사할 때 사용해요.

A crowd of people were celebrating **the New Year when one of the young men** kneeled down **in front of his girlfriend and** asked **her to marry him. He** had planned **everything beforehand.**
많은 사람들이 새해를 축하하고 있는데 젊은 남자들 중 한 명이 여자친구 앞에서 무릎을 꿇고 그녀에게 청혼했어요. 그는 모든 것을 미리 계획했던 거예요.

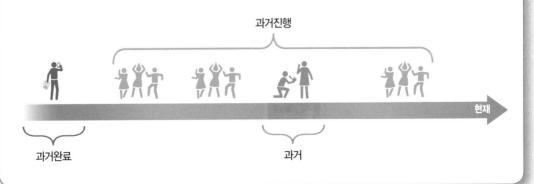

13 '계획된 미래'는 be동사 + going to

영어 초보 시절, 외국인 친구가 '아무거나'라는 말을 계속 쓰길래 알고 봤더니 I'm going to를 빠르게 발음한 것이더군요. '아무거나'처럼 들렸던 'be동사 + going to'가 사실은 미래의 계획을 밝힐 때 쓰는 표현이라는 것 지금부터 알려드릴게요.

13.1 ~할 거예요 ('계획'을 나타내는 be동사 + going to)

사전에 계획한 미래의 일을 말할 때 be동사 + going to를 써요.
이미 계획해 놓은 미래를 향해 나아가고(be going) 있다는 느낌으로
이해하세요.

동사의 기본형

I'm going to buy a new car.

새 차 뽑을 거예요.

We are going to cook dinner tonight.

주어에 따라 be동사   going to는 항상 동일   우리는 오늘 밤 저녁 만들어 먹을 거예요.
(am/are/is) 선택

한눈에 보는 문장공식

주어	be동사	going to	동사의 기본형	나머지
He	is	going to	buy	a new car.

문장으로 이해하기

I'm going to start reading this book soon.
곧 이 책을 읽기 시작할 거야.

Sam's going to get fit before his next birthday.
샘은 다음 생일 전까지 몸을 만들 거야.

부정문에서 not의 위치는
be동사와 going to 사이

I'm not going to eat any chocolate this month.
이번 달은 초콜릿 안 먹을 거야.

We're going to cycle from Boston to Cape Cod next weekend.
우린 다음 주말에 보스턴에서 케이프 콧까지 자전거 일주할 거야.

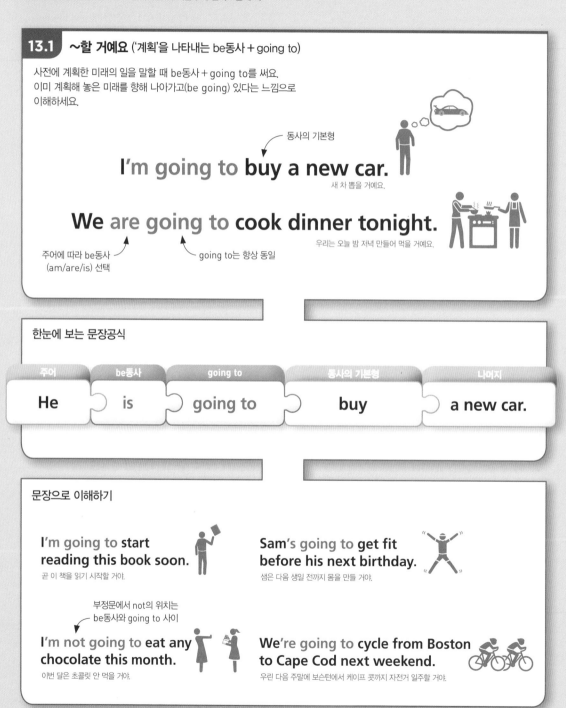

현재 정황적인 증거가 있다면 be동사 + going to를 써서
예측되는 일을 표현할 수 있어요.

be동사 + going to로 미래 예측

Look at those clouds. It's going to rain soon.

예측되는 미래에 대한 증거

구름 좀 봐. 비 오겠다.

문장으로 이해하기

**Oh no! She's going to
slip and fall over.**
어어 안 돼! 쟤 미끄러져서 넘어지겠어.

**That hill is too steep.
Jon is going to crash!**
저 언덕이 너무 가파르네. 존이 추락하겠어.

**Look! The waiter is going to
drop those plates.**
저것 봐! 웨이터가 접시 떨어뜨리겠어.

**He's wearing a raincoat,
so he's not going to get wet.**
걔 비옷 입고 있어서 안 젖겠어.

going to를 활용하여
질문할 때는 주어와
be동사의 위치를
바꿔주기만 하면 돼요.

Michelle is going to be at the meeting.
미셸은 회의에 참석할 거야.

Is Michelle going to be at the meeting?
미셸은 회의에 참석해?

문장으로 이해하기

의문사는 be동사
앞에 위치

**Is Rhian going to come
to work tomorrow?**
리안 내일 출근하나요?

Is Tim going to be at the party?
팀은 파티 와?

**What are you going to
wear to the party?**
파티에 뭐 입고 갈 거야?

When is he going to get here?
그 사람 언제 여기 도착해?

14 '즉흥적인 미래'는 will

will은 계획된 미래를 표현하는 be동사 + going to와 다른 의미로 미래를 표현해요.
우리가 가장 많이 알고 있는 will의 의미는 '~할 거야'라는 '의지'를 담고 있죠. 하지만
will은 더 다양한 의미로 사용되고 있어요.

14.1 다양한 의미의 '미래'를 나타내는 will

will은 미래를 나타낼 때 아래와 같이 4가지 다른 용도를 가져요.

TIP
'구름 좀 봐, 비 오겠다.'처럼
근거 있는 예측, '올해에는
살 뺄 거야.'처럼 사전에
결정한 계획을 표현할 땐
be동사 + going to

미래에 대한
주관적인 추측

Wait a few minutes. I think it will stop raining soon.
잠시만 기다려, 비가 곧 그칠 거야.

근거 없는 추측

즉흥적인 결정

사전에 계획하지 않은 결정

I know! I'll buy Aaron a surfboard for his birthday.
맞다! 애런에게 생일 선물로 서핑보드 사줘야겠다.

다른 사람을 위한
제안 및 제공

I will의 줄임말

You look frozen. I'll make you some hot soup.
너무 추워 보여. 따뜻한 수프 만들어줄게.

약속

We'll be there by eight. Don't worry!
우리 거기 8시까지 갈게, 걱정하지 마!

한눈에 보는 문장공식

주어	will	동사의 기본형	나머지
She	will	love	the new movie.

주어가 무엇이든
will은 항상 동일

14.2 ∼할 거예요 (주관적인 추측의 will)

흔히들 느낌, 감을 '촉'이라고 하죠? 명백한 근거 없이 자기만의 '촉'으로 추측하여
말할 때 will을 사용해요.

This movie is great. You will love it.

이 영화 훌륭해. 너 좋아할 거야.

상대가 그 영화를 좋아할
거라는 확실한 근거는 없음

문장으로 이해하기

**The mall will be so busy
this afternoon.**

쇼핑몰은 오늘 오후에 아주 붐빌 거야.

**They'll enjoy their
trip to Venice.**

걔네 베네치아에서 즐거운 시간 보낼 거야.

'불분명한 추측'의 의미를
더해주는 probably(아마도)

**Jane will probably like the
new house. It's really nice.**

제인은 아마 새 집을 마음에 들어할 거야. 진짜 좋거든.

**She'll be really angry when
she finds out.**

그녀가 알면 정말 화낼 거야.

14.3 ∼할래요 (즉흥적인 결정의 will)

will은 말하는 시점에 바로 내리는 결정 사항을 표현할 때 쓰며,
예상치 못한 문제 상황에 대한 해결책을 나타내기도 해요.

방금 내린 결정이라 will

Oh, it's raining! I'll take my umbrella.

비 온다! 우산 챙겨 갈래.

문장으로 이해하기

부정형(∼하지 않을래)은
will not 또는 won't

**It's midnight. I won't walk
home through the park.**

자정이네. 공원 통해서 집에 가지 않을래.

**This apple is delicious.
I'll have another one.**

이 사과 맛있다. 하나 더 먹을래.

so로 '문제 상황'과
'즉각적인 해결책'을 연결

**There's no juice, so I'll
have some water instead.**

주스 없으니까 대신 물 마실래.

**The car has broken down,
so I'll have to walk to work.**

차가 고장나서 걸어서 출근해야겠어.

49

14.4 ~해줄게요 (제공 · 제안의 will)

'내가 ~해줄게'라고
상대에게 뭔가
해주겠다고 말할 때도
will을 쓸 수 있어요.

You seem busy. I'll pick the kids up from school today.

바빠 보여. 내가 학교에서 애들 데려올게.

문장으로 이해하기

I'll go to the post office for you if you want.

네가 원하면 내가 우체국 갈게.

You must be starving! I'll make you a sandwich.
배고프겠다! 샌드위치 만들어줄게.

Sit down and relax, I'll make you a cup of tea.

앉아서 쉬어. 차 한 잔 만들어줄게.

Since you cooked, I'll do the dishes.
당신이 요리했으니 설거지는 내가 할게요.

14.5 ~할게요 (약속의 will)

will은 '(앞으로) ~하겠다'는
약속의 말에도 사용해요.

Don't worry, I'll be careful.

걱정하지 마, 조심할게.

문장으로 이해하기

We'll let you know as soon as your car's ready.
차 수리 끝나면 바로 알려드리겠습니다.

I'll feed the cat when I get home.

집에 도착하면 고양이 먹이 줄게.

I'll take care of everything while you're away.
안 계신 동안 제가 전부 맡아서 처리하겠습니다.

Don't worry, I'll lock the front door when I leave.
걱정하지 마, 나갈 때 현관 문 잠글게.

14.6 ～할 것 같아요 (I think … will ～)

I think와 will이 문장에서 함께 쓰이면, 개인의 의견이 담긴 추측 또는 아직 확정되지 않은 결정사항을 나타내요.

think 뒤에 나오는
that은 생략 가능

순전히 '내 생각(I think)'인
확실치 않은 추측

I think that we'll have enough food for the party.
파티 음식 충분할 것 같아.

I'm tired. I think I'll go to bed.
잘지 말지 아직 고민 중
피곤해. 잘까 봐.

문장으로 이해하기

It's cold outside, but we don't think it'll snow today.
바깥 날씨가 춥지만 오늘 눈이 올 것 같진 않아.
We think it will not보다 We don't think it will이 많이 쓰임

If we hurry, I think we'll get to the airport on time.
서두르면 공항에 시간 맞춰 도착할 것 같아.

I think I'll cook chicken for dinner this evening.
오늘 저녁 식사로 닭요리를 할까 봐.

I think I'll take the children ice-skating tomorrow.

내일 애들 데리고 아이스 스케이트 타러 갈까 봐.

14.7 ～할까요? (제안의 shall)

상대를 위해 뭔가 해주겠다고 할 때, 혹은 뭔가를 제안할 땐 will 대신에 shall을 사용해요. 미국식 영어에서는 잘 쓰지 않아요.

상대를 위해 뭔가
해주겠다는 말

제안하는 말

Shall I pick you up or shall we meet at the restaurant?
데리러 갈까요, 아니면 식당에서 만날까요?

문장으로 이해하기

Shall I cook chicken or beef tonight?
오늘 밤 닭 요리를 할까요, 소고기 요리를 할까요?

It's so hot in here. Shall I open a window?
이 안이 정말 더워요. 창문 좀 열까요?

I'm bored, shall we go out for a walk?

지루해요, 산책하러 나갈까요?

Shall we try to finish the gardening today?
오늘 정원 손질을 끝내보도록 할까요?

51

15 '미래'를 품은 현재

'1시에 영화가 시작해.'라는 말은 1시라는 미래 시점에 영화가 '시작할 것이다'라는 의미죠.
영어에서도 현재와 현재진행형 동사로 미래의 일을 표현하는 경우가 있어요.

15.1 ~할 예정이에요 (현재형으로 표현하는 미래)

미래의 어느 시점에
일어나기로 이미 예정된
일은 동사의 현재형으로
표현할 수 있어요. 이때
미래의 특정 시점을
나타내는 말이 문장 속에
포함되는 경우가 많아요.

현재형

미래의 특정 시점을
나타내는 말

The train arrives at 10pm tonight.
기차는 오늘 밤 10시에 도착할 예정이에요.

현재   오후 10시

한눈에 보는 문장공식

주어	현재형 동사	미래 시점
The train	arrives	at 10pm tonight.

문장으로 이해하기

Don't forget we have an early meeting tomorrow morning.
내일 아침 일찍 미팅 있는 것 잊지 마.

The next flight to New York departs at 6 this evening.
뉴욕으로 가는 다음 비행기는 오늘 저녁 6시에 출발합니다.

The concert is next Wednesday. I hope we're ready by then!
콘서트는 다음 주 수요일이야. 우리가 그때까지 준비되면 좋겠어.

The bank opens late tomorrow because it's the weekend.
주말이라 은행은 내일 늦게 문 열어.

15.2 ～하기로 되어 있어요 (현재진행형으로 표현하는 미래)

사전에 일정을 잡아 놓은 미래의 행사에 대해 동사의 현재진행형으로 표현할 수 있어요.
문장 속에 있는 시간을 나타내는 말을 보고 미래에 계획된 일을 나타낸다는 걸 알 수 있어요.

현재 시점을 나타내는 말(지금)

데이브가 지금 하고 있는 행동

At the moment Dave is working, but tomorrow he is playing golf.

미래 시점을 나타내는 말(내일)

데이브가 미래에 하기로 계획한 일

데이브는 지금 일하고 있지만,
내일은 골프 치기로 되어 있어요.

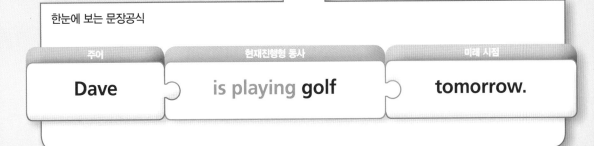

한눈에 보는 문장공식

주어	현재진행형 동사	미래 시점
Dave	is playing golf	tomorrow.

문장으로 이해하기

 Jack's playing soccer tomorrow. 잭은 내일 축구할 거야.

I'm seeing a movie later. 나중에 영화 볼 거야.

 Sue is studying this evening. 수는 오늘 저녁 공부할 거야.

I'm having dinner with Mike next weekend. 다음 주말에 마이크랑 저녁 먹을 거야.

 Tom and Samantha are getting married tomorrow. 톰과 사만다는 내일 결혼할 거야.

Jay is meeting some friends tomorrow evening. 제이는 내일 저녁 친구들 만날 거야.

16 '과거에 꿈꿨던 미래'는 was going to

불과 몇 시간 후의 일도 예측불허인 삶을 살고 있는 우리는 '올해는 여자친구 만들려고 했는데…',
'지각할 줄 알았는데…' 이런 말들을 많이 하게 되죠. 이렇게 과거에 세웠던 계획이나 예측들을
시간이 지난 후 되돌아볼 때 be동사의 과거형이나 would를 사용해 말할 수 있어요.

16.1 ~하게 될 거였어요 / ~하려고 했어요 (was / were going to)

was / were going to라고 말하면 '~하려고 했어',
'~하게 될 거였어'라고 과거에 했던 계획이나 예측을
돌아보는 표현이 돼요. 뒤에 but을 써서 과거에 했던
예측이 빗나간 상황에 대해서도 말할 수 있어요.

이전	현재

This traffic is awful! I think I'm going to be late for work.
교통 정체가 심하네. 오늘 회사 지각하겠어.

I thought I was going to be late, but I'm right on time.
늦을 것 같았는데. 시간 딱 맞췄어.

한눈에 보는 문장공식

주어	was / were	going to	동사의 기본형	나머지
I	was	going to	be	late.

문장으로 이해하기

I was going to start a new book today, but I didn't have time.
오늘 새 책 읽으려 했는데, 시간이 없었어.

Mike was going to have a party, but nobody could come.
마이크는 파티를 하려 했는데, 아무도 올 수 없었어.

They were going to go home, but they went dancing instead.
걔네들 집에 가려다가 대신 춤추러 갔어.

Delia was going to buy a new dress, but she couldn't find one.
딜리아는 새 옷을 사려 했는데, (사고 싶은 걸) 못 찾았어.

We were going to buy a new dog, but we decided to wait.
우리는 새 강아지를 사려다가 기다리기로 결정했어.

Sorry, I interrupted. Were you going to say something?
미안해. 내가 방해했어. 뭐 말하려던 거였어?

16.2 ~할 거였어요 (would + 동사의 기본형)

will로 미래의 일에 대해 말할 수 있었죠?
would로는 과거에 계획 또는 예측했던
미래를 말할 수 있어요.

이전   현재

I think I will finish the gardening today. It shouldn't take too long.

오늘 정원 손질 끝낼 것 같아. 오래 걸리지는 않을 거야.

I thought I would finish today, but there is still a lot left to do.

오늘 끝낼 수 있을 것 같았는데 아직 할 일이 많이 남아 있어.

문장으로 이해하기

I always knew she would be successful.

항상 그녀가 성공할 줄 알았어.

I was told that my car would be fixed by now.
내 차 지금쯤 수리 끝날 거라고 들었어.

Did you ever think you would become a doctor?
의사가 될 거라 생각한 적 있어요?

I don't know where Hilda is. I thought she'd be here by 8pm.
힐다가 어디 있는지 모르겠어. 오후 8시까지 여기 올 줄 알았는데.

16.3 ~하기로 되어 있었어요 (was / were + -ing)

was / were -ing를 활용해서 과거 어느 시점을 기준으로
향후 일정이 잡혀 있던 행사에 대해 말할 수 있어요.

월요일 오전   월요일 오후   현재

Jenny was extremely nervous on Monday morning.
제니는 월요일 오전에 엄청 긴장해 있었어.

She was taking her driving test that afternoon.
그날 오후에 운전면허시험을 치르기로 되어 있었거든.

문장으로 이해하기

They were planning to go to the beach tomorrow, but the weather's terrible.
걔네 내일 바닷가에 갈 계획이었는데, 날씨가 안 좋아.

Michelle had been cleaning all day. Her sister was arriving that evening.
미셸은 종일 청소했어. 여동생이 그날 저녁에 도착하기로 되어 있었어요.

Hugo had to go to bed early because he was flying early the following morning.
휴고는 다음 날 일찍 비행기를 타기로 되어 있어서 일찍 잠자리에 들어야 했어.

한눈에 보는 미래시제

1 미래를 나타내는 3가지 형태

will과 be동사 + going to는 미래의 일을 표현하는 가장 흔한 형태예요.

It $\left\{ \begin{matrix} \text{will} \\ \text{is going to} \end{matrix} \right\}$ **rain tomorrow.**

내일 비가 내릴 거야.

현재형으로 나타내는 미래는 명확한 시간이나 일정이 정해져 있는 일에 대해 사용할 수 있어요.

The train arrives **at 10pm.**

기차는 오후 10시에 도착해.

현재진행형으로 나타내는 미래는 사전에 일정이 잡혀 있거나 계획된 일에 대해 사용할 수 있어요.

I'm traveling to Paris by train later this evening.

이따가 저녁 때 기차로 파리에 갈 거야.

2 be동사 + going to vs. will

will로 미래의 일을 예측할 땐 현재 그 예측에 대한 근거를 가지고 있지 않아요.

근거가 없어서 will

I think Number 2 will win.

2번이 우승할 것 같아.

be동사 + going to로 미래의 일을 예측할 땐 말하는 그 순간에 그 예측을 뒷받침해줄 근거가 있어요.

Look, Number 2 is going to win.

봐, 2번이 우승하겠어.

과거에 예측·계획했던 미래

과거의 어느 시점에 예측·계획했던 미래의 일에 대해서는 3가지 형태로 표현할 수 있어요.

The traffic was terrible, so I knew I was going to be late.
교통 정체가 심해서 늦을 줄 알았어.

과거 기준이라 am going to가 아닌 was going to

과거 기준이라 will이 아닌 would

I thought I would finish the gardening by the end of the day.
저녁까지는 정원 손질을 끝낼 것 같았는데.

I was nervous on Sunday night. I was starting a new job the next day.
일요일 밤에 긴장됐어. 다음날 새로운 업무를 시작하기로 되어 있었거든.

과거 기준이라 am starting이 아닌 was starting

말하는 순간에 즉흥적으로 내리는 결정은 will로 표현해요.

사전에 계획하지 않음

I know! I'll buy Jo a surfboard for her birthday.
맞다! 조에게 생일 선물로 서핑보드 사줘야겠다.

사전에 계획된 결정은 be동사＋going to로 표현해요.

이미 계획함

I'm going to buy her a surfboard that I saw last week.
걔한테 지난주에 본 서핑보드 생일 선물로 사줄 거야.

'목적어를 주어로' 만들어 강조하는 수동태

'선생님, 민호가 창문을 깨뜨렸어요!'처럼 대개 문장은 '누가 무엇을 어떻게 하다'의
형태(능동태)인데, '선생님, 창문이 깨졌어요.'라고 동사의 대상(목적어)인 '창문'을 더
강조하는 경우가 있어요. 이런 문장을 '수동태'라고 해요.

17.1 ~돼요 (현재 수동태)

수동태 문장은 행위를 하는 주체인 주어보다는 행위(동사) 자체나 행위의 영향을
받는 대상(목적어)을 강조하여 표현해요. 그리고 현재 수동형의 형태는 'am/is/
are + 과거분사'예요.

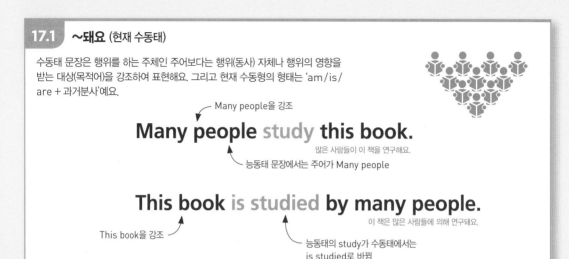

Many people을 강조

Many people study **this book.**
많은 사람들이 이 책을 연구해요.

능동태 문장에서는 주어가 Many people

This book is studied **by many people.**
이 책은 많은 사람들에 의해 연구돼요.

This book을 강조

능동태의 study가 수동태에서는
is studied로 바뀜

한눈에 보는 문장공식

수동태 문장은 'be동사 + 과거분사' 형태예요. by 뒤에 행위자를
붙이기도 하지만 생략하는 경우가 많아요.

주어	am/is/are	과거분사	by + 행위자
This book	**is**	**studied**	**by many people.**

문장으로 이해하기

행동을 한 사람이 누구나 다
알 정도로 명확하거나, 말하는
사람도 모르거나, 중요치 않을
때, 그리고 행위자보다 행동의
결과가 더 중요할 때 수동태를
사용해요.

체포하는 행위는 당연히 경찰이 한 일이므로
행위자를 생략하고 수동태로 표현

Criminals are arrested **every day in this town.**
매일 이 마을에선 범죄자들이 체포돼요.

'인쇄된다'는 과정이 더 중요하여
행위자를 생략하고 수동태로 표현

Are **the posters** printed **on quality paper?**
그 포스터들이 고급 용지에 인쇄되어 있나요?

의문문은 be동사와 주어의 위치가 바뀜

17.2 ~되고 있어요 (현재진행 수동태)

현재진행 수동태로 진행 중인
행동을 표현할 수 있어요.

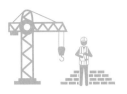

현재진행

Developers are building lots of new houses in the area.
개발업자들이 그 지역에 새 집을 많이 짓고 있어요.

Lots of new houses are being built in the area.
많은 새 집이 그 지역에 지어지고 있어요.

현재진행 수동태

한눈에 보는 문장공식

주어	am / is / are	being	과거분사	나머지
New houses	are	being	built	**in the area.**

행위의 영향을 받는 것   be동사의 현재형   주어에게 행해진 일

문장으로 이해하기

You can't use the pool today because it is being cleaned.
수영장 청소 중이라 오늘은 사용할 수 없어요.

The robbery is being investigated **by the police.**
그 강도 사건은 경찰에 의해 조사되고 있어.

We're living in a trailer while our house is being rebuilt.
집이 재건축되고 있는 동안 우리는 트레일러에서 살고 있어요.

Posters for the concert are being put up **all over town.**
그 콘서트 포스터가 마을 곳곳에 붙여지고 있어요.

The course is being taught **by a well-known scientist.**
그 강좌는 저명한 과학자가 가르치고 있어.

I have to walk to work while my car is being repaired.
내 차가 수리되는 동안 걸어서 출근해야 해.

'과거 행동의 영향'을 강조하는 과거 수동태

과거의 일을 수동태로 표현할 때는 그 행위가 일어난 원인보다는 그것이 미친 영향이나
결과를 강조해서 말하는 데 목적이 있어요.

18.1 ~됐어요 (과거 수동태)

과거에 발생한 일의 영향이나 결과를 보여주기 위해
수동태의 과거형을 사용해요.

과거

The fire destroyed the buildings.
그 화재는 건물을 망가뜨렸어.

과거 수동태

The buildings were destroyed by the fire.
그 건물은 화재로 인해 망가졌어.

한눈에 보는 문장공식

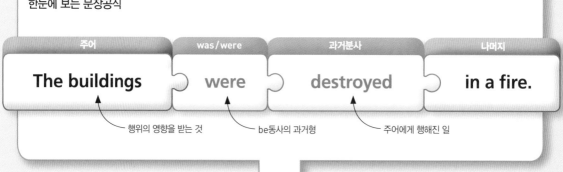

주어	was / were	과거분사	나머지
The buildings	were	destroyed	in a fire.

행위의 영향을 받는 것 → The buildings
be동사의 과거형 → were
주어에게 행해진 일 → destroyed

문장으로 이해하기

The trees were cut down **last year.**
그 나무들은 작년에 베였어.

The rail road was damaged **during the storm.**
폭풍 중에 철로가 파손됐어.

Two people were injured **in the accident.**
그 사고로 두 명이 다쳤어.

18.2 ~되고 있었어요 (과거진행 수동태)

과거진행 수동태로 과거에 진행 중이었던
행동을 표현할 수 있어요.

과거진행

Secret agents were watching **him.**

비밀 요원들이 그를 감시하고 있었어.

과거진행 수동태

He was being watched **by secret agents.**

그는 비밀 요원들에 의해 감시받고 있었어.

한눈에 보는 문장공식

주어	was / were	being	과거분사	by + 행위자
He	was	being	watched	by secret agents.

행위의 영향을 받는 것 ← 주어

be동사의 과거형 ← was

주어에게 행해진 일 ← watched

문장으로 이해하기

The students were being taught **how to write good essays.**

학생들은 좋은 글을 쓰는 방법을 수업받고 있었어.

By the time I got back to my car, it was being taken away.

내 차로 돌아왔을 때, 차가 견인되고 있었어.

I went for lunch while my car was being fixed.

차가 수리되는 동안 점심을 먹으러 갔어.

The new secretary was being shown **how to use the computer.**

새로 온 비서는 컴퓨터 사용법을 안내 받고 있었어.

We bought our house while it was being built.

우리는 집이 지어지고 있는 중에 그 집을 구매했어.

18.3 **~됐어요** (현재완료 수동태)

현재완료 수동태로 현재까지 영향을 미치고 있는
과거의 사건에 대해 표현할 수 있어요.

현재완료

Don't worry, I have fed the cats.

걱정하지 마, 내가 고양이들 밥 줬어.

현재완료 수동태

Don't worry, the cats have been fed.

걱정하지 마, 고양이들은 밥 먹었어.

한눈에 보는 문장공식

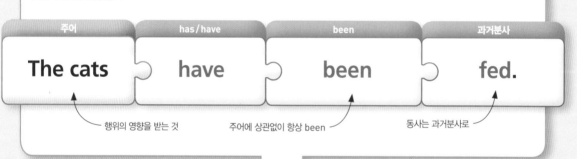

주어	has / have	been	과거분사
The cats	**have**	**been**	**fed.**

행위의 영향을 받는 것 · 주어에 상관없이 항상 been · 동사는 과거분사로

문장으로 이해하기

This door has been painted **beautifully.**
이 문은 예쁘게 칠해졌네요.

Do you know if all the lights have been turned off?
불 다 꺼졌는지 알아요?
Do만 붙이면 질문으로 변신!

Has your computer been fixed **yet? It broke months ago!**
네 컴퓨터 아직 수리 안 됐어? 몇 달 전에 고장 난 거잖아!
의문문이라 has와 주어의 위치가 바뀜

The new parts haven't been delivered **yet, so you'll have to wait.**
새 부품들이 아직 배송되지 않아서 기다리셔야 해요.

All of the smoke detectors have been replaced.
연기 탐지기들이 모두 교체되었어요.

62 The passive in the future

19 '미래 행동의 영향'을 강조하는 미래 수동태

미래의 일을 수동태로 표현할 때는 그 행위가 앞으로 일어나게 될 원인보다는 그것이 미칠
영향이나 결과를 강조해서 말하는 데 목적이 있어요.

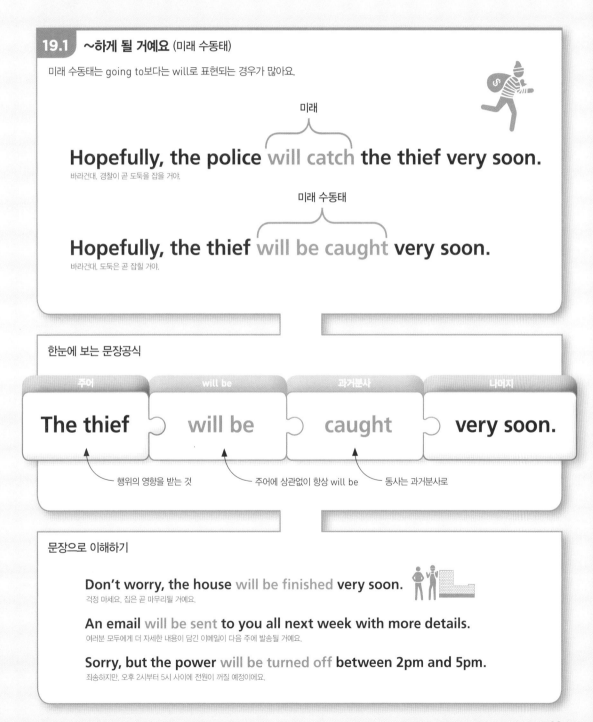

19.1 ~하게 될 거예요 (미래 수동태)

미래 수동태는 going to보다는 will로 표현되는 경우가 많아요.

미래

Hopefully, the police will catch the thief very soon.
바라건대. 경찰이 곧 도둑을 잡을 거야.

미래 수동태

Hopefully, the thief will be caught very soon.
바라건대, 도둑은 곧 잡힐 거야.

한눈에 보는 문장공식

주어	will be	과거분사	나머지
The thief	**will be**	**caught**	**very soon.**

행위의 영향을 받는 것 · 주어에 상관없이 항상 will be · 동사는 과거분사로

문장으로 이해하기

Don't worry, the house will be finished very soon.
걱정 마세요, 집은 곧 마무리될 거예요.

An email will be sent to you all next week with more details.
여러분 모두에게 더 자세한 내용이 담긴 이메일이 다음 주에 발송될 거예요.

Sorry, but the power will be turned off between 2pm and 5pm.
죄송하지만, 오후 2시부터 5시 사이에 전원이 꺼질 예정이에요.

20 '있다', '없다'는 there + be동사

'한 남자가 있어~ 널 너무 사랑한~~' 이런 가사를 영어로 표현하고 싶을 때 꼭 필요한 것이
'there + be동사' 구문이죠. 이 구문으로 사람이나 사물이 '있다', '없다'를 나타낼 수 있어요.

20.1 ~이 있어요 (there + 현재)

뒤에 하나이거나 셀 수 없는 명사가 오면 There is,
두 개 이상인 명사가 오면 There are로 말해요.

There is a hospital in my town.
우리 동네에 병원이 하나 있어.

There are three hospitals in my town.
우리 동네에 병원이 세 곳 있어.

한눈에 보는 문장공식

There	is	단수명사	나머지
There	is	a hospital	in my town.

There	are	복수명사	나머지
There	are	three hospitals	in my town.

문장으로 이해하기

There is a market every
Saturday.
매주 토요일에 시장이 열려.

There are several schools
and colleges.
몇 개 학교와 대학들이 있어.

↙ 셀 수 없는 명사

There is always traffic
in the city.
시내에는 항상 차가 막혀.

There are some restaurants
and bars.
식당과 술집들이 있어.

〜이 있었어요 (there + 과거)

'〜가 있었어'라고 과거에 존재했던
것을 표현할 때는 is/are 대신
과거형인 was/were를 써서 말해요.

There was a party here last night.
어젯밤 여기서 파티가 있었어.

There were 150 people at the party!
그 파티에 150명이 있었어!

한눈에 보는 문장공식

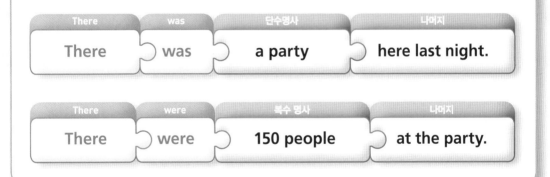

There	was	단수명사	나머지
There	was	a party	here last night.

There	were	복수 명사	나머지
There	were	150 people	at the party.

한눈에 보는 문장공식

**There was singing
and dancing.**
춤추고 노래했어.(춤과 노래가 있었어.)

**There was a clown to
entertain the children.**
아이들을 즐겁게 해줄 광대가 있었어.

**There was a huge mess
to clean afterwards.**
그 후로 청소할 게 산더미였어.

**There were balloons
and flowers.**
풍선이랑 꽃들이 있었어.

**There were speeches
after the meal.**
식사 후 연설이 있었어.

**There were waiters to
refill the guests' drinks.**
손님들 음료를 채워줄 웨이터들이 있었어.

〜이 있어 왔어요 (there + 현재완료)

'몇 년째 나를 따라다니는 한 남자가 있어.'라는 문장처럼 과거부터 현재까지 계속
존재하고 있는 것은 현재완료와 결합한 There has/have been으로 표현해요.

There has been a decrease in client satisfaction.
고객 만족도가 감소해 왔어요.

been은 항상 동일

There have been lots of complaints recently.
최근 많은 항의가 있어 왔어요.

한눈에 보는 문장공식

There	has been	단수명사	나머지
There	has been	a decrease	in client satisfaction.

There	have been	복수명사	나머지
There	have been	lots of complaints	recently.

문장으로 이해하기

There has been **increased pressure on employees.**
직원들에 대한 압박이 증가해 왔어요.

There has been **a steady rise in unemployment.**
실업률이 꾸준히 증가해 왔어요.

There has been **a decrease in petty crime.**
경범죄가 감소해 왔어요.

There have been **many new jobs advertised.**
새로운 일자리들이 많이 광고되어 왔어요.

There have been **more training days for staff.**
직원 교육일이 늘어 왔어요.

There have been **big bonuses this year.**
올해 많은 보너스들을 받아 왔어요.

20.4 ～이 있을 거예요 (there + 미래)

미래에 일어날 일을
예측하기 위해 will을
사용하는 경우 뒤에 오는
명사의 단수, 복수와
상관없이 There will
be라고 말해요.

There will be a fire drill on Monday.
월요일에 소방훈련이 있을 거예요.

There will be fire wardens around to help.
도와줄 소방관들이 주변에 있을 거예요.

is/are going to는 뒤에
오는 명사가 단수이면
There is going to be,
복수이면 There are
going to be로 말해요.

There is going to be a big announcement.
중대 발표가 있을 거예요.

There are going to be big changes!
큰 변화가 있을 거예요!

한눈에 보는 문장공식

There	will be	단수/복수 명사	나머지
There	will be	a fire drill	on Monday.

There	is going to be	단수 명사
There	is going to be	a big announcement.

There	are going to be	복수 명사
There	are going to be	big changes!

문장으로 이해하기

There will be a train strike next week.
다음 주에 열차 파업이 있을 거야.

There will be replacement bus services.
대체 버스 운행이 있을 거야.

There is going to be a meeting at the office.
사무실에서 회의가 있을 거야.

There are going to be severe delays.
심하게 지연될 거야.

21 주어 행세하는 it

문장에 '나', '너', '그녀' 같은 명확한 주어가 없을 때, it이 주어인 척하며 문장 맨 앞에
위치하기도 해요. 그동안 it을 사물을 대신하는 대명사로만 알고 계셨다면 이제 깜짝 놀랄
it의 세계로 고고!

21.1 ~예요 (시간·날짜·거리·날씨를 말할 때 it)

'3시야.', '1월 1일이야.', '가까워.', '더워.'와 같이 시간, 날짜,
거리, 날씨를 말하는 문장에서 it이 주어 역할을 해요.

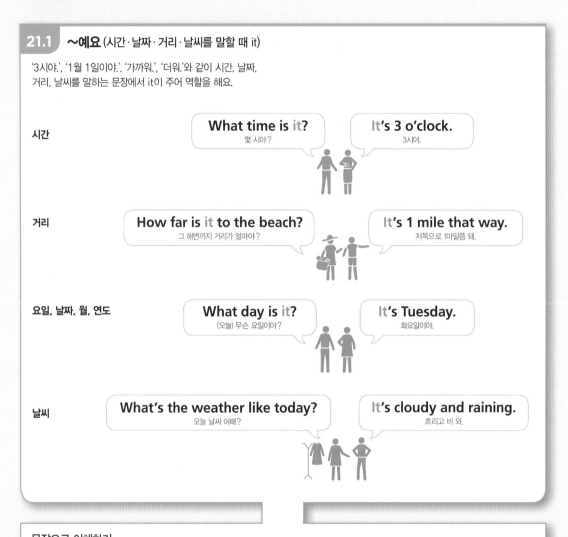

시간

What time is it?
몇 시야?

It's 3 o'clock.
3시야.

거리

How far is it to the beach?
그 해변까지 거리가 얼마야?

It's 1 mile that way.
저쪽으로 1마일쯤 돼.

요일, 날짜, 월, 연도

What day is it?
(오늘) 무슨 요일이야?

It's Tuesday.
화요일이야.

날씨

What's the weather like today?
오늘 날씨 어때?

It's cloudy and raining.
흐리고 비 와.

문장으로 이해하기

It's 2 o'clock in the morning.
Please stop singing!
지금 새벽 2시야. 제발 노래 그만 불러!

I'm going to walk to work.
It's only two miles away.
걸어서 출근할 거야. 거리가 2마일밖에 안 돼.

It's the 21st century. I can't
believe you still use that phone.
21세기인데 아직 그 휴대폰을 쓴다니 놀랍다.

I'm surprised that it's so sunny
in the middle of January.
1월 중순에 이렇게 화창하다니 놀라워.

~하는 것은 …해요 (가주어 it)

'It is'로 시작하는 구문들이 있어요. 이런 구문들은 '~하기 쉽다',
'~하다니 유감이다'와 같이 일반적인 사실이나 생각을 나타내고,
이때 it은 문장을 시작하는 가짜 주어 역할을 해요.

가짜 주어 it이
이끄는 절

말하고 싶은 내용이 있는 to부정사구

It is easy to make mistakes in a new language.

낯선 언어를 사용하면 실수하기 쉬워.

뒤에 'to + 동사의 기본형'이 오는 경우

가짜 주어 it이
이끄는 절

말하고 싶은 내용이 있는 that절

It is a shame that so many people give up.

그처럼 많은 사람들이 포기하다니 유감이야.

뒤에 'that + 주어 + 동사'가 오는 경우

문장으로 이해하기

**It is important to be relaxed
about making mistakes.**

실수하는 것에 대해 느긋해지는 것이 중요해.

**It is essential to give yourself
time to study regularly.**

규칙적으로 공부할 시간을 스스로 갖는 게 중요해.

**It is difficult to remember facts
if you don't write them down.**

적어 놓지 않으면 기억하기 어려워.

**It's unlikely that you will be
comfortable speaking aloud at first.**

큰 소리로 말하는 게 처음부터 편할 수 없어.

**It's true that being able to speak
a second language is useful.**

제2언어를 말할 수 있으면 유용하다는 것은 사실이야.

**It is often said that going to the
country of the language helps.**

그 언어를 사용하는 나라에 방문하는 것이 도움이 된다고들 해.

22 다양한 동사로 의문문 만드는 방법

대화는 주고받는 것이죠. 상대방의 질문에 수동적으로 답변만 하지 말고 적극적으로 질문할
수 있도록 의문문 만드는 방법을 익히고 연습해봐요. 앞에서 배웠던 것처럼 문장에 쓰인
동사에 따라 주어와 동사의 자리가 바뀌기도 하고, do나 does가 들어가기도 해요.

22.1 ~인가요? (be동사 현재 의문문)

be동사가 포함된 문장을
의문문으로 만들 땐
be동사와 주어의 위치를
바꾸기만 하면 돼요.

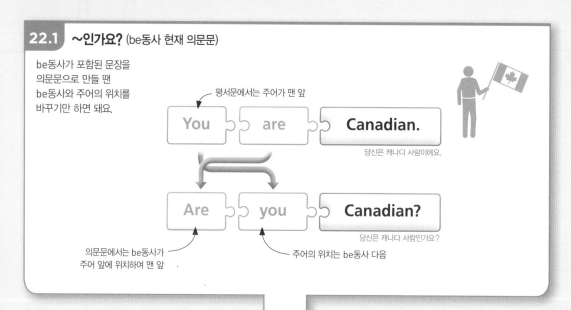

평서문에서는 주어가 맨 앞

You — **are** — **Canadian.**

당신은 캐나다 사람이에요.

Are — **you** — **Canadian?**

당신은 캐나다 사람인가요?

의문문에서는 be동사가
주어 앞에 위치하여 맨 앞 .

주어의 위치는 be동사 다음

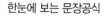

한눈에 보는 문장공식

be동사	주어	나머지
Am	I	
Are	you / we / they	Canadian?
Is	he / she / it	

문장으로 이해하기

Sorry, am I early?
미안, 내가 일찍 온 거야?

Are you tired?
피곤해?

Are they engineers?
저 사람들 기술자인가요?

Is Frieda here yet?
프리다 벌써 왔어?

Is she still a student?
그 여자 아직도 학생이야?

Aren't you bored?
지루하지 않니?

70 Forming questions

22.2 ~였나요? (be동사 과거 의문문)

과거시제 문장도 was나 were를 문장 맨 앞으로 옮기면 의문문이 돼요.

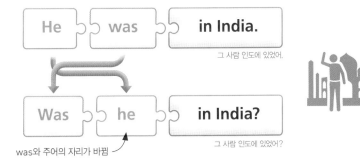

| He | was | in India. |

그 사람 인도에 있었어.

| Was | he | in India? |

그 사람 인도에 있었어?

was와 주어의 자리가 바뀜

문장으로 이해하기

Was it nice and sunny yesterday?
어제 날씨 좋고 화창했어?

Was he good at playing tennis?
그 사람 테니스 잘 쳤어?

Were there any snacks at the party?
파티에 간식거리가 있었어?

Were you at the party last night?
어젯밤에 파티 갔었어?

22.3 조동사 의문문

have + 과거분사의 have나 will, could와 같이 동사의 보조 역할을 하는 '조동사'가 포함된 문장을 질문으로 만들 때 동사는 그대로 두고 조동사를 주어 앞으로 보내세요.

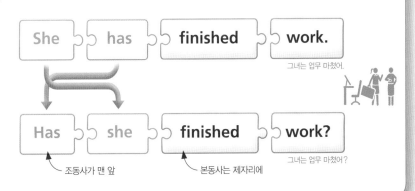

| She | has | finished | work. |

그녀는 업무 마쳤어.

| Has | she | finished | work? |

그녀는 업무 마쳤어?

조동사가 맨 앞

본동사는 제자리에

문장으로 이해하기

Could you tell me where the stadium is, please?
경기장이 어디 있는지 알려주시겠어요?

Have they decided when they're going to get married yet?
걔네 언제 결혼할지 벌써 결정했어?

조동사가 2개 이상일 때 첫 번째 조동사만 문장 앞으로

Should we have called ahead before coming?
우리 오기 전에 전화했어야 했나?

Will you have finished that report by tomorrow?
그 보고서 내일까지 완성 가능하겠어?

22.4 ~하나요? (일반동사 현재 의문문)

be동사나 조동사 외의 일반동사가 들어 있는 문장을 의문문으로 만들 땐 Do나 Does가 주어 앞으로 나오고 주어와 동사는 그대로 있어요.

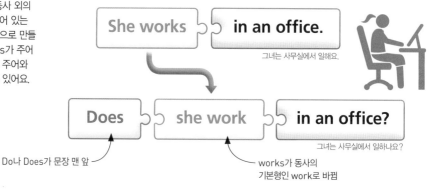

She works ⊃⊂ **in an office.**

그녀는 사무실에서 일해요.

Does ⊃⊂ **she work** ⊃⊂ **in an office?**

그녀는 사무실에서 일하나요?

Do나 Does가 문장 맨 앞

works가 동사의 기본형인 work로 바뀜

한눈에 보는 문장공식

Do / Does	주어	동사의 기본형	나머지
Do	I / you / we / they	**work**	**in an office?**
Does	he / she / it		

문장으로 이해하기

Do they live in Paris?
걔네 파리에 살아?

Do you speak English?
영어 하세요?

Do I know you?
저 아세요?

Don't you have any vegetarian food on the menu?
메뉴에 채식주의자들을 위한 음식이 없나요?

Does he get up very early every morning?
그 사람 매일 아침 아주 일찍 일어나?

Does your father work on a farm?
아버님이 농장에서 일하시나요?

Does she still play the piano?
걔 요즘도 피아노 연주해?

Doesn't this office have air conditioning?
이 사무실에 에어컨 없나요?

22.5 ~했나요? (일반동사 과거 의문문)

과거 행동에 대한 질문을 하려면 Do나 Does 대신 Did를 문장 맨 앞에 써야 해요.

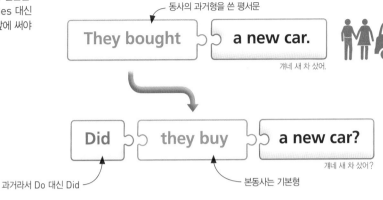

동사의 과거형을 쓴 평서문

They bought **a new car.**

걔네 새 차 샀어.

Did **they buy** **a new car?**

걔네 새 차 샀어?

과거라서 Do 대신 Did ─┘

└─ 본동사는 기본형

문장으로 이해하기

Did they have a good time?
걔네 즐거운 시간 보냈어?

Did you read a book on the beach?
해변에서 책 읽었어?

Did I tell you the good news?
내가 너한테 좋은 소식 말했었나?

Did you swim in the sea?
바다에서 수영했어?

Did she meet her friends in town?
걔 시내에서 친구들 만났어?

Did he go to the gym?
그 사람 체육관 갔어?

Did Jack just get fired?
잭 방금 해고된 거야?

Didn't we meet at the conference last year in Paris?
우리 작년에 파리에서 열린 학회에서 만나지 않았나요?

⚠️ **왕초보의 흔한 실수:** 일반동사 의문문에서 동사를 기본형으로 쓰지 않는 것

Do / Does / Did로 시작하는 일반동사 의문문에서는 뒤에 나오는 동사를 항상 기본형으로 써야 해요.

Does she work in a school? ✅
그녀는 학교에서 일해요?

Did they buy a new car? ✅
걔네 새 차 샀어?

Does she works in a school? ❌

Did they bought a new car? ❌

23 Yes/No를 묻는 질문에 짧게 답하기

'Yes'나 'No'를 묻는 질문에는 상대가 원하는 답변만 짧고 명확하게 해주면 되는데요.
이때 상대의 질문에 쓰인 동사에 맞추어 답변해야 해요.

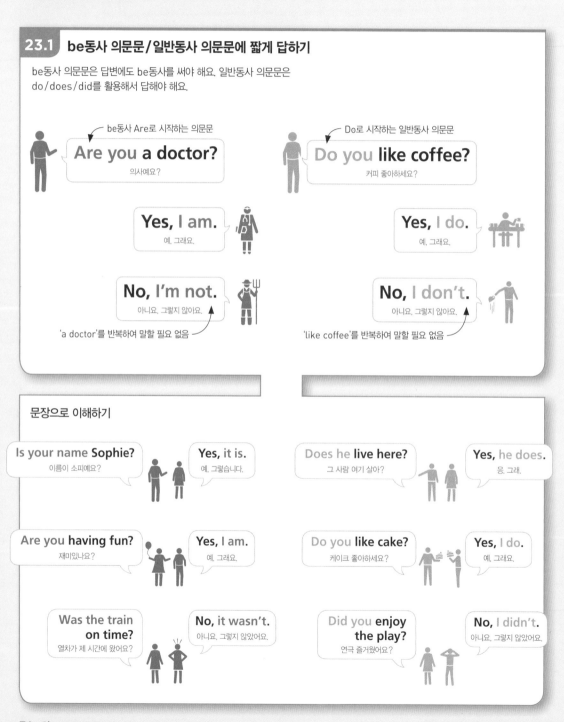

23.1 be동사 의문문/일반동사 의문문에 짧게 답하기

be동사 의문문은 답변에도 be동사를 써야 해요. 일반동사 의문문은
do/does/did를 활용해서 답변해야 해요.

be동사 Are로 시작하는 의문문

Are you a doctor?
의사예요?

Do로 시작하는 일반동사 의문문

Do you like coffee?
커피 좋아하세요?

Yes, I am.
예, 그래요.

Yes, I do.
예, 그래요.

No, I'm not.
아니요, 그렇지 않아요.

'a doctor'를 반복하여 말할 필요 없음

No, I don't.
아니요, 그렇지 않아요.

'like coffee'를 반복하여 말할 필요 없음

문장으로 이해하기

Is your name Sophie?
이름이 소피예요?

Yes, it is.
예, 그렇습니다.

Does he live here?
그 사람 여기 살아?

Yes, he does.
응, 그래.

Are you having fun?
재미있나요?

Yes, I am.
예, 그래요.

Do you like cake?
케이크 좋아하세요?

Yes, I do.
예, 그래요.

Was the train on time?
열차가 제 시간에 왔어요?

No, it wasn't.
아니요, 그렇지 않았어요.

Did you enjoy the play?
연극 즐거웠어요?

No, I didn't.
아니요, 그렇지 않았어요.

23.2 조동사 의문문에 짧게 답하기

조동사로 시작하는
의문문은 답변을 할 때
동일한 조동사를
활용해야 해요.

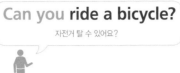

Can you ride a bicycle?
자전거 탈 수 있어요?

Yes, I can.
예, 할 수 있어요.

No, I can't.
아니요, 할 수 없어요.

문장으로 이해하기

Would you like to play chess?
체스 할래요?

Yes, I would.
예, 할래요.

Should I sell my house?
집을 파는 게 좋을까요?

Yes, you should.
예, 그러는 게 좋겠어요.

Have they bought a new car?
걔네 새 차 산 거야?

No, they haven't.
아니요, 그렇지 않아요.

Will he be at the party later?
걔 이따 파티 올까?

No, he won't.
아니, 그렇지 않을 거야.

⚠ **왕초보의 흔한 실수: 조동사 의문문에 일반동사를 써서 답하는 것**

조동사로 시작하는
의문문에는 그 조동사를
활용해 답변해야 해요.
본동사를 그대로 써서
말하면 안 돼요.

Can you ride a bicycle?
자전거 탈 수 있어요?

Yes, I can.
예, 할 수 있어요. ✔

Yes, I ride. ✘

23.3 there 의문문에 짧게 답하기

there가 포함되는 의문문에는 답변을 할 때도
there를 활용해야 해요.

Is there a hotel in the town?
시내에 호텔 있나요?

Are there hotels in the town?
시내에 호텔 있나요?

Yes, there is.
예, 있어요.

Yes, there are.
예, 있어요.

No, there isn't.
아니요, 없어요.

뒤에 'a hotel in the town'을
반복하여 말할 필요 없음

No, there aren't.
아니요, 없어요.

24 꼼꼼히 캐묻는 말, 의문사

'저녁 먹었어?'라는 질문에는 '응.', '아니.'라고 답하면 끝이잖아요. 대화 상대가 신이 나서 떠들도록 만들려면 더 자세한 정보를 물어야 해요. '언제', '어디서', '누구랑', '어떻게', '왜' 먹었냐고 말이죠. 이렇게 물을 수 있는 말을 '의문사'라고 해요.

24.1 9가지 의문사

영어에서 가장 대표적으로 사용되는 9가지 의문사를 이용하면
상세한 질문을 할 수 있어요.

사물에 관해 묻는 what
What is the time?
몇 시예요?

시간에 관해 묻는 when
When is dinner?
저녁식사는 언제인가요?

이유를 묻는 why
Why are you mad?
왜 화 내?

장소나 방향에 관해 묻는 where
Where is the café?
그 카페 어디 있나요?

사람에 관해 묻는 who
Who is Jo's teacher?
어느 분이 조의 선생님인가요?

whom은 who보다 격식을 차린 말
대상(목적어)을 물을 때만 사용 가능
Whom did you give the package to?
누구한테 소포를 줬어요?

상태나 방식에 관해 묻는 how
How are you?
잘 지내?
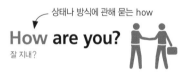

정도를 묻는 how + 형용사/부사
How busy is she?
그녀는 얼마나 바쁜 거야?

2개 이상의 지정된 것 중
어느 것인지 묻는 which
Which car is yours?
어느 차가 네 거야?

누구의 것인지
소유자를 묻는 whose
Whose cat is this?
이 고양이가 누구 고양이야?

24.2 무엇 vs. 어느 것 (what vs. which)

what과 which의 가장 큰 차이점은 질문할 때 선택지를 주느냐, 아니냐예요.
질문을 받는 사람에게 선택할 수 있는 것들을 제시하며 묻는 경우엔 which를 쓰는 것이죠.

질문 속에 선택할 수
있는 것이 불포함

What is the tallest building in the world?

세계에서 가장 높은 건물은 뭔가요?

질문 속에 선택하여 답할
수 있는 것들이 포함

Which building is taller, Big Ben or the Eiffel Tower?

빅벤과 에펠탑 중 어느 건물이 더 높아요?

문장으로 이해하기

What is the highest mountain in the Alps?

알프스 산맥 중 가장 높은 산이 뭔가요?

Which mountain is higher, the Matterhorn or Mont Blanc?

마터호른과 몽블랑 중 어느 산이 더 높나요?

What sort of food do you like?

어떤 음식 좋아하세요?

Which do you prefer, the red skirt or the blue skirt?

빨간색 치마랑 파란색 치마 중 어느 게 더 좋아요?

24.3 얼마나 자주 vs. 언제 (how often vs. when)

how often은 어떤 행동을 '얼마나 자주' 하느냐,
when은 특정한 시점, 즉 '언제' 하느냐를 물어요.

'빈도'를 묻는 how often

How often do you go on vacation?
휴가 얼마나 자주 가세요?

어떤 일이 발생하는 '특정 시점'을 묻는 when

When do you go running?
언제 뛰러 가니?

I usually go on vacation once a year.
보통 일 년에 한 번 휴가를 가요.

I go on Thursday nights.
목요일 밤마다 가.

문장으로 이해하기

How often do you go to the beach?
바닷가에 얼마나 자주 가?

When do you go to the gym?
운동하러 언제 가?

Not very often.
그닥 자주는 아니야.

On Tuesdays and Fridays.
화요일과 금요일마다 가.

25 '정보'를 묻는 의문사 의문문

의문사 의문문은 '네.', '아니오.'로 답변이 제한되지 않고 답변하는 사람의 상황에 따라
다양한 답변이 나올 수 있는 질문으로, 의문사로 시작하며 문장 속 동사에 따라 만드는
방법이 조금씩 달라져요.

25.1 be동사를 포함하는 의문사 의문문

문장 속에 be동사가 있는
의문사 의문문은 의문사를
맨 앞으로 빼고 바로 뒤에
be동사를 붙여요.

My name is Sarah.
What is your name?

저는 사라예요. 이름이 뭐예요?

be동사의 위치는 ─
의문사 바로 뒤

─ Yes나 No 답변 불가

한눈에 보는 문장공식

의문사	be동사	나머지
What	is / was	your name?

문장으로 이해하기

What is Ruby's job?
루비 직업이 뭐야?

How was the concert?
콘서트 어땠어?

Where were you last night?
어젯밤에 어디 갔었어?

Why are we all here?
우리 모두 여기 왜 있는 거야?

What is this thing?
이게 뭐야?

Why aren't you at school?
학교 왜 안 갔어?

25.2 그 밖의 동사를 포함하는 의문사 의문문

문장 안에 should, will 같은 조동사가 있다면 해당 조동사를, be동사나 조동사가 없다면 do, does, did를 의문사 뒤에 붙여서 의문문을 만들어요.

조동사 should가 의문사 뒤로 이동

Who should I call?
누구에게 전화 걸까요?

be동사나 조동사가
없으니 do를 의문사 뒤에

When do you eat lunch?
점심 언제 먹어?

맨 앞에는 의문사   동사는 기본형

한눈에 보는 문장공식

의문사	조동사	주어	동사의 기본형
When	do / did / should	you	eat lunch?

문장으로 이해하기

Where do you go swimming?
수영하러 어디로 가?

Which car do you drive to work?
어느 차로 출근해?

When does he finish work?
그 사람 언제 퇴근해?

Why did you stay up so late?
왜 늦게까지 깨 있었어?

How did this happen?
어쩌다 이런 일이 일어났어?

Who can speak English here?
여기 누구 영어 하시는 분 있나요?

What should I do now?
이제 어쩌면 좋을까요?

When did you get a cat?
고양이 언제 생겼어요?

26 묻고 싶은 게 '주체'냐, '대상'이냐

의문사 의문문에도 두 가지 종류가 있어요. 행동의 '주체'를 묻는 의문문과 행동의 '대상'을 묻는
의문문이죠. 같은 의문사로 묻더라도 이것에 따라 의문문의 형태가 달라지니 유의해야 해요.

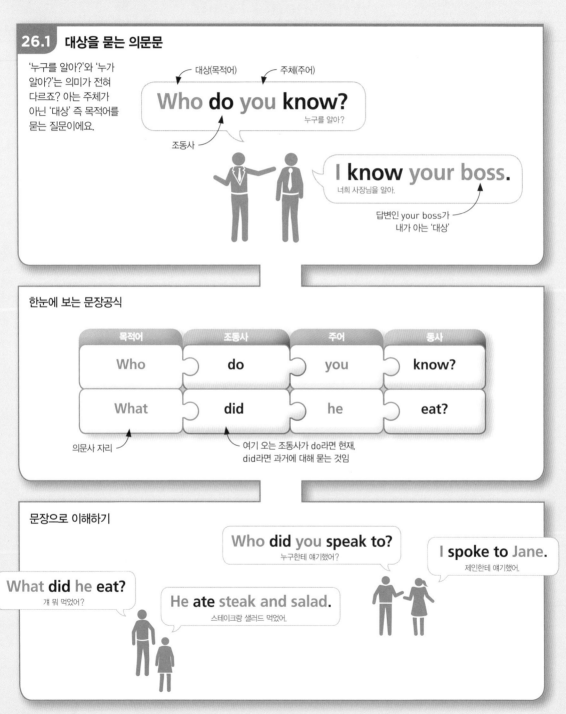

26.1 대상을 묻는 의문문

'누구를 알아?'와 '누가 알아?'는 의미가 전혀 다르죠? 아는 주체가 아닌 '대상' 즉 목적어를 묻는 질문이에요.

대상(목적어)
주체(주어)

Who do you know?
누구를 알아?

조동사

I know your boss.
너희 사장님을 알아.

답변인 your boss가
내가 아는 '대상'

한눈에 보는 문장공식

목적어	조동사	주어	동사
Who	do	you	know?
What	did	he	eat?

의문사 자리

여기 오는 조동사가 do라면 현재,
did라면 과거에 대해 묻는 것임

문장으로 이해하기

Who did you speak to?
누구한테 얘기했어?

I spoke to Jane.
제인한테 얘기했어.

What did he eat?
걔 뭐 먹었어?

He ate steak and salad.
스테이크랑 샐러드 먹었어.

26.2 주체를 묻는 의문문

'누가 전화했어?'는 전화 거는 행동을 한 사람, 즉 행동의 주체(주어)를 묻는 질문이에요. 이렇게 '주체'를 묻는 질문에서는 do/does/did가 쓰이지 않아요.

'주체'를 묻고 있기 때문에 did를 쓰지 않음

Who called the bank?
누가 은행에 전화했어?

Ben called the bank.
벤이 전화했어요.

질문에 대한 답변인 Ben이 바로 전화 거는 행동을 한 '주체'

한눈에 보는 문장공식

who와 what이 주어를 묻는 의문문에서 가장 많이 쓰여요.

주어	동사	목적어
Who	called	the bank?

문장으로 이해하기

Who paid the staff?
직원들에게 누가 월급을 주나요?

The boss paid the staff.
사장님이 월급을 주세요.

What broke the window?
뭐 때문에 창문이 깨졌어?

The ball broke the window.
공 때문에 창이 깨졌어.

⚠ **왕초보의 흔한 실수: '주체' 또는 '대상'을 묻는 의문문에서 do/does/did 사용을 혼동하는 것**

'대상'을 묻는 의문문에는 반드시 do/does/did를 넣어야 해요.

'대상'을 받는 의문문이라 did 사용

What did you see? ✓
무엇을 봤니?

What saw you? ✗

'주체'를 묻는 의문문에서는 do/does/did를 쓰지 않고, 주어와 동사의 위치도 바뀌지 않아요.

주어와 동사의 어순이 평서문과 동일

Who called the bank? ✓
누가 은행에 전화했어?

Who did call the bank? ✗

'대상'을 묻는 의문문에서만 사용

27 | '정중하게' 묻고 싶다면 간접의문문

'화장실이 어디죠?'라고 직설적으로 묻기보다는 '화장실이 어딘지 알려주시겠어요?'라고
묻는다면 훨씬 정중하게 들리겠죠. 호텔이나 식당 등에서 정보를 물어볼 때, 혹은 격식을
갖추어 질문할 때 유용한 것이 바로 '간접의문문'이에요.

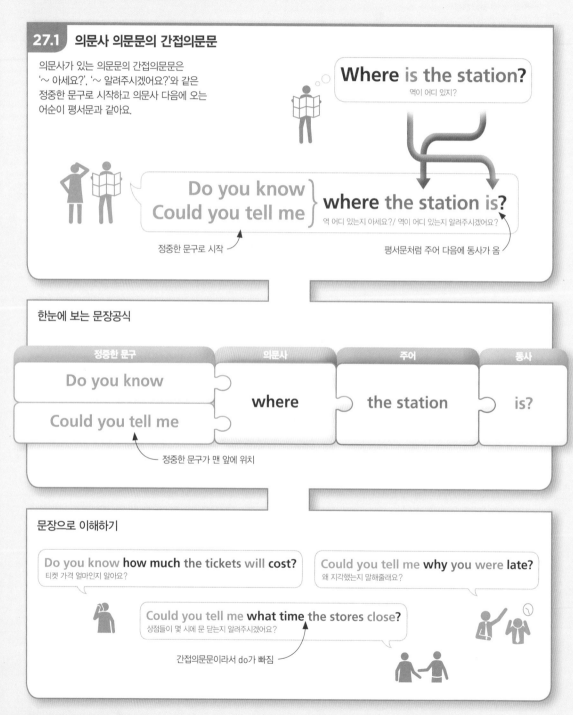

27.1 의문사 의문문의 간접의문문

의문사가 있는 의문문의 간접의문문은
'~ 아세요?', '~ 알려주시겠어요?'와 같은
정중한 문구로 시작하고 의문사 다음에 오는
어순이 평서문과 같아요.

Where is the station?
역이 어디 있지?

Do you know
Could you tell me
where the station is?
역 어디 있는지 아세요?/ 역이 어디 있는지 알려주시겠어요?

정중한 문구로 시작 ⟵

평서문처럼 주어 다음에 동사가 옴

한눈에 보는 문장공식

정중한 문구	의문사	주어	동사
Do you know / **Could you tell me**	**where**	**the station**	**is?**

정중한 문구가 맨 앞에 위치

문장으로 이해하기

Do you know how much the tickets will cost?
티켓 가격 얼마인지 알아요?

Could you tell me why you were late?
왜 지각했는지 말해줄래요?

Could you tell me what time the stores close?
상점들이 몇 시에 문 닫는지 알려주시겠어요?

간접의문문이라서 do가 빠짐

Yes/No를 묻는 의문문의 간접의문문

Yes나 No로 답변하는 의문문을 간접의문문으로 만들 땐,
정중한 문구 다음에 if나 whether가 들어가요.

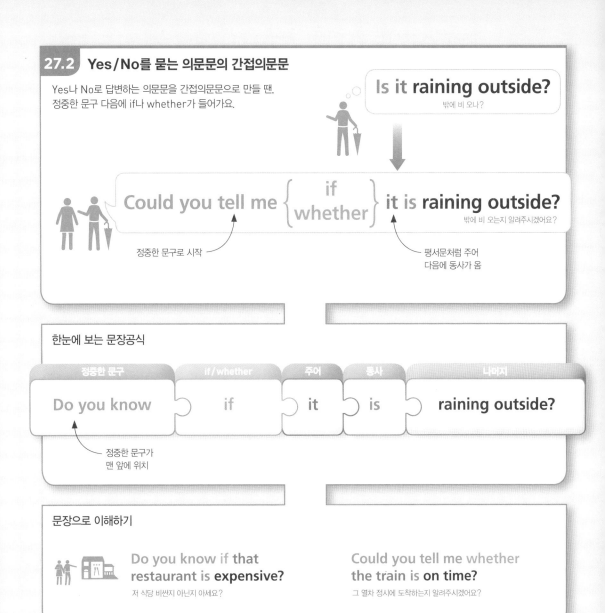

Is it raining outside?
밖에 비 오나?

Could you tell me { if / whether } it is raining outside?
밖에 비 오는지 알려주시겠어요?

정중한 문구로 시작

평서문처럼 주어
다음에 동사가 옴

한눈에 보는 문장공식

정중한 문구	if/whether	주어	동사	나머지
Do you know	if	it	is	raining outside?

정중한 문구가
맨 앞에 위치

문장으로 이해하기

Do you know if **that** restaurant is **expensive**?
저 식당 비싼지 아닌지 아세요?

Could you tell me whether the train is **on time**?
그 열차 정시에 도착하는지 알려주시겠어요?

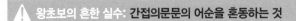

⚠ **왕초보의 흔한 실수: 간접의문문의 어순을 혼동하는 것**

'간접의문문'에서는 보통의
의문문처럼 주어와 동사의
위치를 바꾸거나, do/does/
did가 들어가지 않아요.

Could you tell me **where** the station is? ✔
역이 어디 있는지 알려주시겠어요?

Could you tell me where is the station? ✘

Could you tell me **when** you close? ✔
몇 시에 문 닫는지 알려주시겠어요?

Could you tell me when do you close? ✘

28 상대의 '동의'를 구하는 부가의문문

'날이 춥다. 그렇지?'라는 문장에서 '그렇지?'처럼 상대의 동의를 구하기 위해
마지막에 덧붙이는 짧은 의문문을 '부가의문문'이라고 해요.

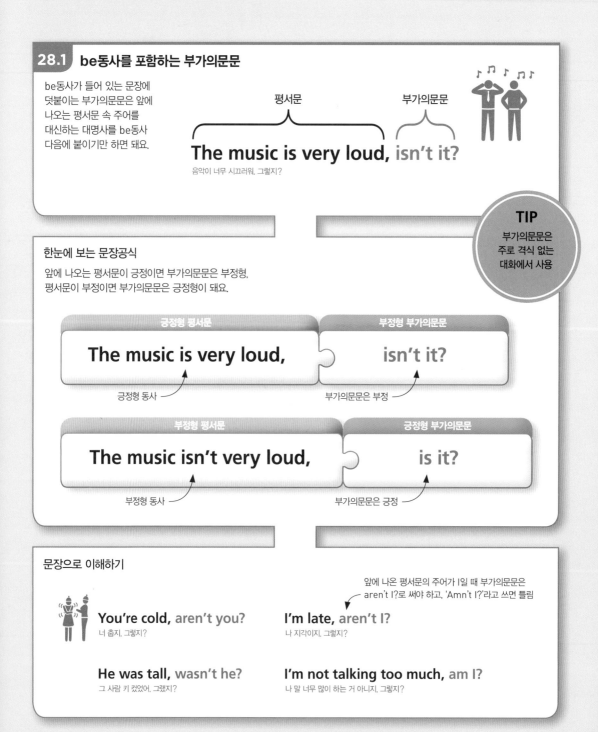

28.1 be동사를 포함하는 부가의문문

be동사가 들어 있는 문장에 덧붙이는 부가의문문은 앞에 나오는 평서문 속 주어를 대신하는 대명사를 be동사 다음에 붙이기만 하면 돼요.

평서문   부가의문문

The music is very loud, isn't it?
음악이 너무 시끄러워. 그렇지?

TIP
부가의문문은 주로 격식 없는 대화에서 사용

한눈에 보는 문장공식

앞에 나오는 평서문이 긍정이면 부가의문문은 부정형,
평서문이 부정이면 부가의문문은 긍정형이 돼요.

긍정형 평서문	부정형 부가의문문
The music is very loud,	**isn't it?**

긍정형 동사   부가의문문은 부정

부정형 평서문	긍정형 부가의문문
The music isn't very loud,	**is it?**

부정형 동사   부가의문문은 긍정

문장으로 이해하기

앞에 나온 평서문의 주어가 I일 때 부가의문문은
aren't I?로 써야 하고, 'Amn't I?'라고 쓰면 틀림

You're cold, aren't you?
너 춥지. 그렇지?

I'm late, aren't I?
나 지각이지. 그렇지?

He was tall, wasn't he?
그 사람 키 컸었어. 그랬지?

I'm not talking too much, am I?
나 말 너무 많이 하는 거 아니지. 그렇지?

28.2 조동사를 포함하는 부가의문문

현재형 일반동사 문장은 do나 does를 활용해 부가의문문을 만들어요.

현재 · 부가의문문

Mel plays the violin, doesn't she?

멜은 바이올린 연주하지, 그렇지?

과거형 일반동사 문장은 did를 활용해요.

과거 · 부가의문문

John studied art, didn't he?

존은 미술 공부했지, 그렇지?

조동사 have가 사용된 문장은 동일하게 have를 활용해요.

조동사 · 본동사 · 부가의문문

You haven't seen my keys, have you?

조동사 · 행동을 설명하는 본동사 · 앞에 나온 조동사를 그대로 활용

내 열쇠 못 봤지, 그렇지?

could, would, should 같은 조동사가 사용된 문장은 동일한 조동사를 활용해요.

조동사 · 부가의문문

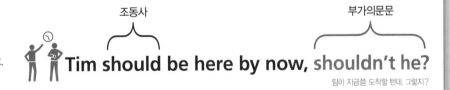

Tim should be here by now, shouldn't he?

팀이 지금쯤 도착할 텐데, 그렇지?

28.3 억양에 따른 부가의문문의 의미

상대방의 답변을 요구하는 경우, 부가의문문 마지막의 억양이 올라가요.

You'd like to move offices, wouldn't you?

[사무실 이전을 원하는지 아닌지를 묻는 거야.]

사무실 옮기고 싶지, 그렇지?

단지 상대의 동의를 구하는 의도라면 부가의문문 마지막의 억양이 내려가요.

You've already met Evelyn, haven't you?

[에블린 만난 거 이미 알고 있어.]

에블린을 이미 만났지, 그렇지?

29 상대의 말에 '호응'해주는 짧은 의문문

대화 중 상대가 하는 말에 '그래?' '진짜야?' 하면서 반응해줄 때가 있죠? 이렇게 상대방에게
'내가 당신의 말을 잘 듣고 있다'는 표시로 하는 말은 짧은 질문의 형식을 취하고 있지만
실제로는 질문의 의도를 가지고 있지 않아요.

29.1 be동사와 일반동사의 짧은 의문문

상대의 말에 맞장구치거나 호응하는 목적의 짧은 의문문은 먼저 상대방이 한
말과 동일한 시제로 맞추고, 그 다음으로 상대방이 한 말이 긍정이면 긍정,
부정이면 부정의 형태로 말해야 해요.

문장으로 이해하기

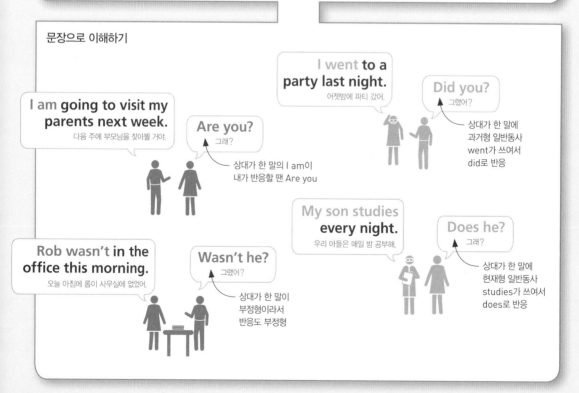

29.2 조동사의 짧은 의문문

상대방이 한 말에 조동사가 있다면 짧은 의문문도 동일한 조동사를 활용해야 해요.

I have just come back from Hawaii.
방금 하와이에서 돌아왔어요.

Have you?
그래요?

have는 상대가 한 말에 포함된 현재완료(have + 과거분사) 형태에서 나온 조동사

문장으로 이해하기

I couldn't wait to come to work today.
오늘 너무 출근하고 싶었어.

Couldn't you?
그랬어?

I've been working since 7am.
아침 7시부터 계속 일하고 있는 중이야.

Have you?
그래?

The train should be here by now.
지금쯤이면 열차가 도착해야 하는데.

Should it?
그래?

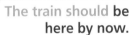

I can't find my car keys.
차 키 못 찾겠어.

Can't you?
그래?

29.3 미국식 영어의 짧은 의문문

미국식 영어에서는 짧은 의문문을 말할 때 어순을 바꾸지 않기도 해요.

Roger is starting a new job tomorrow.
로저는 내일부터 새 직장에 나갈 거야.

He is?
그래?

어순은 그대로인데 억양은 높임

My team didn't win the game last night.
우리 팀은 어젯밤 경기에서 승리하지 못했어.

They didn't?
그랬어?

한눈에 보는 의문문

1 Yes/No를 묻는 의문문

'Yes'나 'No'를 묻는 질문을 만들 때 주어와 동사의 위치만 바꾸거나, 일반동사의 경우 Do/Does/Did를 활용해요.

Tania is **a pharmacist.**
타니아는 약사예요.

Is Tania **a pharmacist?**
타니아는 약사인가요?

be동사와 주어의
위치가 서로 바뀜

2 '주체'를 묻는 의문문 vs. '대상'을 묻는 의문문

행위를 한 '주체(주어)'를 묻느냐, 행위의 영향을 받는 '대상(목적어)'을 묻느냐에 따라 의문문의 형태가 달라져요.

평서문

주체(주어)　　　　　대상(목적어)

Ben called the bank.
벤이 은행에 전화했어.

'주체'를 묻는 의문문은 의문사가 바로 행위를 하는 주어이고 do/does/did를 사용하지 않아요.

'주체'를 묻는 의문문

did를 사용 안 함

Who **called the bank?**
누가 은행에 전화했어?

Ben.
벤이.

'대상'을 묻는 의문문은 의문사가 바로 행위의 영향을 받는 목적어이고 주로 do/does/did를 사용해요.

'대상'을 묻는 의문문

did를 사용

Who **did Ben call?**
벤이 누구한테 전화한 거야?

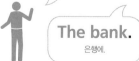

The bank.
은행에.

Joe has **been to Paris.**
조는 파리에 갔다 왔어요.

Has Joe **been to Paris?**
조는 파리에 갔다 왔나요?

↳ 조동사 has와 주어의
위치가 서로 바뀜

Tom **likes pizza.**
톰은 피자 좋아해요.

Does Tom **like pizza?**
톰은 피자 좋아해요?

↳ Does가 주어 앞에 붙고
본동사는 기본형

---

3 | **부가의문문 vs. 짧은 의문문**

부가의문문은 문장 뒤에 덧붙여서 상대방의 동의를 구하는
의문문이에요. 앞에 나오는 말이 긍정이면 부가의문문은
부정, 앞이 부정이면 부가의문문은 긍정형이에요.

짧은 의문문은 상대방의 말을 잘 듣고 있다는 표시로
호응하는 의문문으로 상대방의 말이 긍정이면 긍정,
상대방의 말이 부정이면 부정으로 말해요.

You like skiing, don't you?
스키 타는 거 좋아하지, 그렇지?

Yes, I go skiing twice a year.
응, 일 년에 두 번 스키 타러 가.

Do you?
그래?

---

4 | **Yes/No를 묻는 의문문 vs. 의문사 의문문**

Yes/No 의문문은 Yes나
No로만 답할 수 있고 질문할 때
억양은 끝을 올려서 말해요.

Does Stevie work in an office?
스티브는 사무실에서 일해?

의문사 의문문은 질문의 맨 앞에
의문사가 오고 의문사에 따라
다양하게 답할 수 있어요. 질문할 때
억양은 끝을 내려서 말해요.

Where does Stevie work?
스티브는 어디서 일해?

30 동사에 다양한 '의미를 더해주는' 조동사

영어에서는 우리가 잘 알고 있는 can이나 must 외에도 do/does/did나 완료형에 사용되는 have/has까지 조동사에 포함시키고 있어요. 구분하자면 can이나 must처럼 동사의 기본형 앞에 와서 동사가 가지고 있는 본래 의미에 가능성, 의무 등의 의미를 더해주는 조동사를 '법조동사'라고 하지만, 이 책에서는 모두 '조동사'로 부르기로 해요.

30.1 다양한 의미를 표현하는 조동사

조동사의 종류는 매우 다양하고, 동일한 조동사라도
다른 상황에서 다른 의미로 쓰이기도 해요.

능력	**I can speak three languages.** 3개 국어를 할 수 있어요. **I can't read Latin because it's too difficult.** 라틴어는 너무 어려워서 못 읽어요. **I couldn't study it when I was at school.** 학창 시절에 그건 공부하지 못했어요.
허락	**You can have more cake if you want.** 원한다면 케이크 더 먹어도 돼. **You may take as much as you like.** 원하는 만큼 많이 먹어도 돼. **Could I have another slice of cake?** 케이크 한 조각 더 먹어도 될까요?
요청	**Can/Could you give me a ride home later?** 이따가 집까지 태워다주실 수 있어요? **Would you email James for me, please?** 나 대신 제임스한테 이메일 보내줄래요? **Will you lock up the office tonight?** 오늘 밤에 사무실 문 잠궈줄래요?
제안	**Can I help you with those?** 그거 도와 드릴까요? **May I take one of those for you?** 하나 들어 드릴까요? **Shall I carry some of your bags?** 가방 좀 들까요?
제안·조언	**You should/ought to go to the doctor.** 너 병원 가는 게 좋겠어. **You could try the new medicine.** 새로운 약을 먹어봐.
의무	**You must arrive on time for work.** 회사에 정시 출근 해야 해. **You must not be late for work.** 회사에 지각하면 안 돼.
논리적인 추측	**It can't be Jane because she's on vacation.** 제인은 휴가 중이니까 그녀일 리 없어. **It could/might/may be Dave. I don't know.** 데이브일지도 몰라. 나도 잘 모르겠어. **It must be Tom, since nobody else ever calls.** 톰이 확실해. 왜냐하면 다른 사람들은 전화하는 법이 없거든.

30.2 조동사의 사용법

의미와 상관없이 모든 조동사는 주어나 시제에 따라 형태가 변하지 않아요.
그리고 뒤에 항상 동사의 기본형이 오고, 의문문이나 부정문을 만들 때 do동사가
필요하지 않아요.

주어	조동사	동사의 기본형	나머지
I / You / He / She / It / We / They	can	play	the piano quite well.

주어와 상관없이
동일한 형태

본동사는
기본형

부정문은 조동사와 본동사 사이에 not을 넣어 만들어요.

You should **run a marathon.**
마라톤 참가하는 게 좋겠어.

You should not **run a marathon.**
마라톤 참가하지 않는 게 좋겠어.

의문문은 주어와 조동사의 위치를 바꾸기만 하면 돼요.

They should **visit the castle.**
걔네들 그 성을 가보는 게 좋겠어.

Should they **visit the castle?**
걔네들 그 성을 가보는 게 좋을까?

---

ought to와 have to는 예외의 조동사예요. ought to는 should와 같은 의미이지만 격식을 차려 말할 때
사용되고, have to는 must의 같은 의미를 가져요. 이 둘은 조동사지만 일반동사처럼 쓰여요.

You { ought to / have to } **learn how to drive.**
너는 운전을 배워야 해.

91

'능력'의 조동사

어떤 일을 할 수 있다는 '능력'을 나타내는 조동사 can은 현재의 능력이냐, 과거에 보유했던
능력, 혹은 미래에 예상되는 능력이냐에 따라 다른 형태로 구분해서 사용해야 해요.

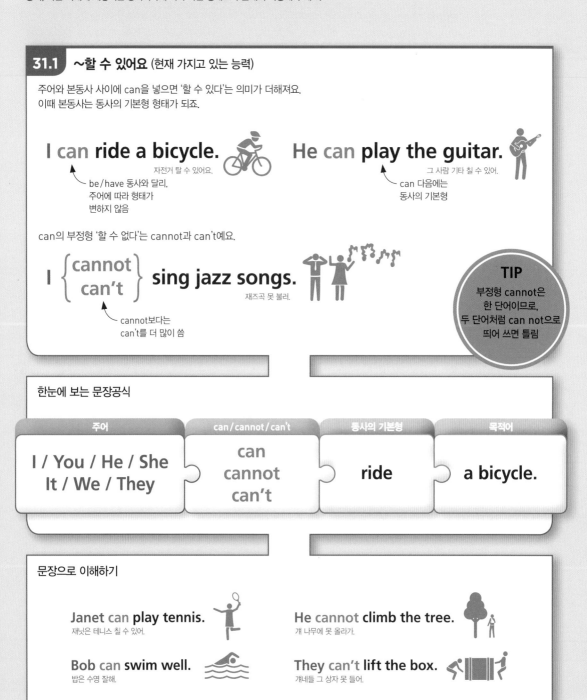

31.1 ~할 수 있어요 (현재 가지고 있는 능력)

주어와 본동사 사이에 can을 넣으면 '할 수 있다'는 의미가 더해져요.
이때 본동사는 동사의 기본형 형태가 되죠.

I can ride a bicycle.
자전거 탈 수 있어요.
be/have 동사와 달리,
주어에 따라 형태가
변하지 않음

He can play the guitar.
그 사람 기타 칠 수 있어.
can 다음에는
동사의 기본형

can의 부정형 '할 수 없다'는 cannot과 can't예요.

I { cannot / can't } **sing jazz songs.**
재즈곡 못 불러.
cannot보다는
can't를 더 많이 씀

TIP
부정형 cannot은
한 단어이므로,
두 단어처럼 can not으로
띄어 쓰면 틀림

한눈에 보는 문장공식

주어	can / cannot / can't	동사의 기본형	목적어
I / You / He / She It / We / They	can cannot can't	ride	a bicycle.

문장으로 이해하기

Janet can play tennis.
재닛은 테니스 칠 수 있어.

He cannot climb the tree.
걔 나무에 못 올라가.

Bob can swim well.
밥은 수영 잘해.

They can't lift the box.
걔네들 그 상자 못 들어.

31.2 ~할 수 있었어요 (과거에 가졌던 능력)

'나 왕년에 100m 15초에 뛸 수 있었어.'
같이 비록 지금은 아니지만 과거에
가지고 있던 능력을 표현할 때 can의
과거형 could를 사용해요.

현재의 능력

I can't climb trees now,
but I could when I was younger.

과거의 능력

지금은 나무에 못 올라가는데, 더 어릴 때는 할 수 있었어.

문장으로 이해하기

When I was a student, I could study all night before an exam.

학생이었을 땐 시험 전날 밤새도록 공부할 수 있었어.

When Milo was eight, he could play the violin.

밀로는 여덟 살 때 바이올린을 연주할 수 있었어.

부정형은 couldn't

I couldn't go to China last year because it was too expensive.

너무 비싸서 작년에는 중국 못 갔어.

Last year she couldn't run very far, but yesterday she ran a marathon.
작년에는 그녀가 아주 멀리까지 못 뛰었는데, 어제는 마라톤에 참가했어.

31.3 ~할 수 있을 거예요 (미래에 예상되는 능력)

'~할 수 있을 거야'라는 미래의 능력에 대해 말할 때는 조동사 can과 will을
함께 쓸 수 없기 때문에 대신 will be able to를 사용해서 말해요.

At the moment, I can play the trombone quite well.
지금 트롬본을 꽤 잘 연주할 수 있어.

If I work harder, I will be able to play at concerts.
더 열심히 연습하면, 콘서트에서 연주할 수 있을 거야.

will과 can을 함께 사용 못함

'~할 수 없을 거야'라는 부정형은 will be unable to나 won't be able to로 말할 수 있어요.

Unfortunately, I can't read music very well.
안타깝게도 악보를 아주 잘 읽지는 못해.

If I don't learn, I { won't be able / will be unable } to join the orchestra.
배우지 않으면 오케스트라에 입단할 수 없을 거야.

won't be able to를 더 많이 씀

32 '허락·요청·제안'의 조동사

'이거 먹어도 돼요?' 하고 허락을 구하거나, 사고 싶은 물건을 점원에게 찾아달라고 요청하거나,
반대로 어려움에 처한 사람에게 도움을 제안할 때 can, could, may를 활용할 수 있어요.

32.1 ~해도 될까요?/~해주시겠어요? (허락·요청)

'팝콘 좀 먹어도 돼?', '창문 좀 열어주실래요?'라며 허락을 구하거나 요청할 때 can을 가장 많이 써요.

답변도 can으로!

Can I have some popcorn?
팝콘 좀 먹어도 돼?

Yes, you can.
응, 먹어도 돼.

처음 보는 사람에게 혹은 업무 등 보다 격식을 차려야 하는 상황에서는 can 대신 could를 사용할 수 있어요.

Excuse me, could I sit here, please?
실례합니다. 여기 앉아도 될까요?

please를 끝에 붙이면 정중하게 요청하는 말

I'm sorry나 I'm afraid를 앞에 붙이면 정중한 거절

I'm sorry, but that seat is taken.
미안하지만, 그 자리 주인 있어요.

may도 could처럼 정중하게 요청할 때 쓸 수 있어요.

May I make an appointment?
예약해도 될까요?

Of course.
그럼요.

문장으로 이해하기

Can I borrow your pen?
펜 좀 빌려도 돼?

Can I have this in a smaller size?
이 옷 더 작은 사이즈로 주실래요?

Excuse me, could you open the door for me?
실례하지만, 문 좀 열어주시겠어요?

May I reserve a table for 7pm?
저녁 7시로 한 테이블 예약할 수 있을까요?

32.2 ~해드릴까요? (제안)

can이나 may를 사용해서 상대를 위해 뭔가를 '내가
해주겠다'고 제안할 수도 있어요.

문장으로 이해하기

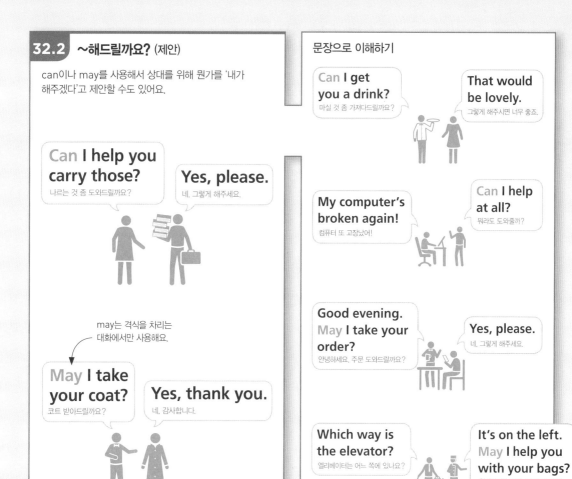

Can I help you carry those?
나르는 것 좀 도와드릴까요?

Yes, please.
네, 그렇게 해주세요.

may는 격식을 차리는
대화에서만 사용해요.

May I take your coat?
코트 받아드릴까요?

Yes, thank you.
네, 감사합니다.

Can I get you a drink?
마실 것 좀 가져다드릴까요?

That would be lovely.
그렇게 해주시면 너무 좋죠.

My computer's broken again!
컴퓨터 또 고장났어!

Can I help at all?
뭐라도 도와줄까?

Good evening. May I take your order?
안녕하세요. 주문 도와드릴까요?

Yes, please.
네, 그렇게 해주세요.

Which way is the elevator?
엘리베이터는 어느 쪽에 있나요?

It's on the left. May I help you with your bags?
왼편입니다. 가방 들어드릴까요?

32.3 제가 ~할까요? (제안의 shall)

'짐 들어드릴까요?', '창문 열까요?'처럼
상대의 의사를 확인하며 조심스레
제안할 때 shall을 사용해요. 미국식
영어에서는 잘 쓰지 않아요.

Shall I open the window?
창문 열까요?

Good idea. It's far too hot in here.
좋은 생각이에요. 이 안이 너무 덥네요.

That bag looks heavy. Shall I carry it for you?
그 가방 무거워 보여요. 들어드릴까요?

Yes, please.
네, 그렇게 해주세요.

33 '제안·조언'의 조동사

친구 집에서 놀다가 돌아가려는데 비가 온다면 친구는 '밖에 비 오니까 내 우산 가져가는
게 좋겠어.'라고 말할 거예요. 이렇게 제안을 할 때 could와 should를 쓸 수 있는데,
should가 좀 더 강한 어조의 제안으로 가벼운 조언을 할 때도 사용할 수 있어요.

33.1 ~하는 게 좋겠어요 (강한 제안·조언의 should)

방이 어지러져 있을 때 '너 청소 좀 하는 게 좋겠다.'라고 엄마가
말하면 명령은 아니지만 강한 어조로 제안하는 것이죠.
그게 바로 should가 가진 뉘앙스예요.

You should wear a hat.
모자 쓰는 게 좋겠어.

↳ 조언하는 내용
앞에 should

한눈에 보는 문장공식

주어	should	동사의 기본형	나머지
You	should	wear	a hat.

should는 주어와
상관없이 항상 동일한 형태

should 다음에는
동사의 기본형

문장으로 이해하기

It might rain. You should take your umbrella with you.
비 올지도 몰라. 우산 챙겨가는 게 좋겠어.

You're sick. I don't think you should go to work today.
너 아프잖아. 오늘 출근 안 하는 게 좋을 것 같아.

There's ice on the roads. You shouldn't drive tonight.
도로에 얼음 얼었어. 오늘 밤엔 운전 안 하는게 좋겠어.

Which hat should I buy? They're all so cool.
어느 모자를 사는 게 좋을까? 다 멋지잖아.

33.2 should vs. ought to

ought to는 should와 동일하게 강한 제안이나 조언의 의미를 갖고 있지만 더 격식을 차리는
말이기 때문에 흔하게 사용되지 않아요. 특히 부정문이나 의문문에서는 잘 쓰지 않아요.

You $\begin{Bmatrix} \text{should} \\ \text{ought to} \end{Bmatrix}$ **wear a scarf.**
목도리 매는 게 좋겠어요.

33.3 내가 너라면 ~할 거야 (If I were you를 활용한 조언)

야식 치킨을 주문하려는
친구에게 '내가 너라면 이 밤에
치킨 안 먹을 거야'라고 조언할
수 있겠죠? 이렇게 If I were
you를 활용하여 조언할 때는
I would 뒤에 조언할 내용이
나와요.

**I don't know
if I should take
this job.**
이 일자리 받아들이는 게 좋을지 모르겠어.

be동사는 반드시
was가 아닌 were로 써야 함

If I were you, I would take it.
내가 너라면 받아들일 거야.

조언할 내용은
I would 다음에

문장으로 이해하기

**I'm going to the
concert tonight.**
오늘 밤에 콘서트 갈 거야.

**If I were you, I'd leave early.
The traffic is awful.**
내가 너라면 일찍 나갈 거야. 차 엄청 막히거든.

조언할 내용이 문장
앞쪽으로 나와도 의미는 동일

조언할 내용이 앞으로 나오면
if 앞에 쉼표가 붙지 않음

**I think I'll buy
this shirt.**
이 셔츠 살까 봐.

**I wouldn't buy it if I were you.
I don't like the pattern.**
내가 너라면 그거 안 사. 무늬가 마음에 안 들어.

33.4 ~하는 게 좋을걸 (강한 조언의 had better)

had better은 should나 ought to보다 더 강하고 당장 실행하라는 뉘앙스의
조언이에요. 조언을 따르지 않으면 부정적인 결과가 있는 경우에 많이 사용해요.

$\begin{Bmatrix} \text{You had better} \\ \text{You'd better} \end{Bmatrix}$ **leave for school! It's already 8:45.**
지금 학교 가는 게 좋을 거야! 벌써 8시 45분이야.

33.5 ~하면 되죠 (제안의 could)

지금 가지고 있는 차가 마음에 안 든다는 친구에게 '새 차 사면 되지.'라는 말은 한 가지 해결방안을 제안해준 것이지, 꼭 사라는 말은 아니죠. 가능한 여러 가지 것들 중 하나를 상대에게 제안할 때 could를 사용해 말할 수 있어요.

어떤 문제에 대한 여러 해결책들 중 하나를 선택하여 제안

I hate my car!
내 차 마음에 안 들어!

Well, you could get a new one!
그럼, 새 차 사면 되지!

한눈에 보는 문장공식

주어	could	동사의 기본형	나머지
You	**could**	**get**	**a new car.**

could는 주어와 상관없이 항상 동일한 형태

could 뒤에는 동사의 기본형

문장으로 이해하기

You could study science in college.
대학 가서 과학 공부하면 되지.

We could learn English in Canada next year.
내년에 캐나다에서 영어 배우면 되지.

If they need more space, they could buy a bigger house.
걔들은 공간이 더 필요하면 더 큰 집을 사면 되지.

33.6 ～하든가 아니면 …하면 돼

could로 제안할 때 or을 사용하면 두 가지 이상의
선택사항을 상대에게 제시할 수 있어요.

Our friends are coming over for dinner, but the oven's broken.
친구들이 저녁 먹으러 올 건데 오븐이 고장났어.

We could make a salad or we could order a pizza.
샐러드 만들든가 아니면 피자를 시켜도 되지.

↑ or를 사용해서 다른
선택사항 하나를 더 제시

문장으로 이해하기

I can't decide what to make for dinner tonight. 오늘 밤 저녁식사로 뭐 만들지 결정 못하겠어.

Well, you could make a curry or lasagne. 카레 만들든가 아니면 라자냐 만들어도 되지.

↑ or 앞뒤로 들어가는 선택사항의
동사가 동일할 땐 or 뒤에
'조동사 + 동사의 기본형'을
반복하여 말하지 않음

What should I wear to Jan's wedding?
잔의 결혼식 때 뭐 입고 가는 게 좋을까?

You could wear your new dress or a skirt. 새 드레스 입든가 아니면 치마 입어도 되지.

TIP
should, ought to,
must 앞에 really를
붙여 말하면 그 의미가
더욱 강조됨

33.7 ～해야 해 (조동사를 활용한 추천)

다양한 조동사를 사용해서 상대방에게
추천하거나 제안할 수 있어요.

일반적인 제안 ↓

You { could / might } **visit the park. It's beautiful.**
그 공원 가봐. 정말 아름다워.

좀 더 강한 제안 ↓

You { should / ought to } **visit the castle. It's great.**
그 성은 가는 게 좋아. 정말 근사해.

매우 강력한 제안 ↓

You must visit the palace. It is beautiful!
그 궁전은 꼭 가야 해. 정말 아름다워.

34 '의무'의 조동사

'3시 비행기를 타려면 늦어도 2시 45분까지는 게이트에 도착해야 한다.'고 할 때처럼 어떤
행동이 의무이거나 꼭 필요하다고 말할 때는 조동사 must와 have to를 사용해요. 그래서
이 두 조동사는 중요한 지시나 지침을 내릴 때도 많이 사용돼요.

34.1 ～해야 해 (의무의 must / have to)

반드시 해야 하는 일은
must와 have to를
사용해서 말해요.

 You { must / have to } rest, or your leg won't heal.
너 쉬어야 해. 안 그러면 다리가 안 나을 거야.

어떤 행동이 허용되지
않는다고 할 때는 '강한
금지'의 의미를 갖는 must
not을 사용해요.

 **You must not get your bandage wet,
or your leg might not heal properly.**
밴드를 적시면 안 돼. 그렇지 않으면 다리가 제대로 낫지 않을 거야.

꼭 해야 하는 일이 아니라고
말할 때는 don't have to를
사용해요.

**You don't have to come again.
Your leg is better.**
더 이상 안 오셔도 돼요. 다리가 많이 좋아졌어요.

한눈에 보는 문장공식

must는 주어에 따라 형태가
변하지 않는 반면, have
to는 주어에 맞게 has/
have를 써야 해요. 그러나 둘
다 조동사이기 때문에 뒤에
동사의 기본형이 와요.

주어	must / have to	동사의 기본형	나머지
She	must has to must not doesn't have to	take	this medicine.

문장으로 이해하기

He must take two pills each morning and evening for the next two weeks.
그는 앞으로 2주 동안 아침 저녁으로 2알씩 약을 먹어야 해요.

She must not go back to work until her back is better.
그녀는 허리가 회복될 때까지 출근하면 안 돼요.

Do I have to go back to the doctor again? I'm feeling so much better now.
병원 또 가야 해요? 이제 훨씬 좋아진 것 같은데요.

must not과 don't have to는 의미가 전혀 달라요. must not은 '절대 금지',
don't have to는 '안 해도 돼.'의 의미예요.

You must not use a calculator during this exam.

[계산기를 사용하는 것은 규칙에 위반됨]

이 시험시간 동안 계산기 사용은 안 돼요.

You don't have to use a calculator, but it might be useful.

[계산기 사용이 허용되지만 필수는 아님]

계산기를 사용할 필요는 없지만, 유용하긴 할 거예요.

34.2 ~해야 할 거예요 (미래의 의무)

must로는 미래에 꼭 해야 하는 행동을 표현할 수 없어요. 대신 미래 행동을 나타내는
will과 have to를 함께 사용하여 말할 수 있어요.

In some countries, people { must / have to } recycle. It's the law.

일부 국가에서는 반드시 재활용을 해야 해요.

법으로 정해져 있어요.

In the future, I think everyone will have to recycle.

앞으로는 누구나 재활용을 해야 한다고 생각해요.

will must라고 하면 틀림

마찬가지로 must not으로는 미래에 해서는 안 되는 행동을 표현할 수 없어요.
대신 don't have to의 don't를 will not이나 won't로 바꾸면 가능해요.

One day, I hope I will not have to work so hard.

언젠가 아주 열심히 일할 필요가 없게 되면 좋겠어요.

34.3 ~할 필요 없었어요 (과거의 의무)

must를 활용해서는 과거의 의무나 금지 행위를 표현할 수 없어요.
대신 have to를 사용해 과거의 행동의 필요성에 대해 말할 수는 있어요.

For most jobs, you { must / have to } use a computer.

대부분의 업무에서 컴퓨터를 사용해야 해요.

In the past, you didn't have to use a computer.

과거에는 컴퓨터를 사용할 필요가 없었어요.

35 '추측'의 조동사

오디션 프로그램을 보며 누가 우승할지 누가 탈락할지 예상하는 것처럼 어떤 일의 가능성을
가늠해보거나 이미 발생한 일 혹은 발생하고 있는 일에 대해 추측할 때 사용하는 몇 가지
조동사들이 있어요.

35.1 현재의 추측

might와 could를
활용하여 확실치는
않지만 '~할 수도
있어'라고 추측할 수
있어요.

John has a sore ankle. It { might could } be broken.
존은 발목에 통증이 있어요. 부러졌을 수도 있어요.

might/could는 주어와
상관없이 동일한 형태

might/could
뒤에는 동사의 기본형

'~하지 않을 수도
있어'라고 확실치 않은
부정의 추측을 할 때
might not을
사용해요.

It's not very swollen, so it might not be serious.
많이 붓지는 않았어요. 심각하지 않을 수도 있어요.

not은 might와
could 뒤에 위치

현재 상황의 추측에도
must가 사용돼요.

**John must be very bored at home.
He's usually so active.**
존은 집에 있으면 심심할 거예요. 아주 활동적인 사람이잖아요.

'~일 리 없어'라고 어떤
일이 불가능하다고
확신할 때 cannot이나
can't를 사용해요.

**John's leg { cannot can't } be broken.
He walked to the doctor.**
존은 다리가 부러졌을 리 없어. 걸어서 병원에 갔다니까.

문장으로 이해하기

Fay's got a sore throat and isn't feeling well. She might have a cold.
페이는 목이 아프고 컨디션이 안 좋아요. 감기 걸린 걸 수도 있어요.

My eyes are itchy and I have a runny nose. It could be hay fever.
눈이 간지럽고, 콧물이 나요. 비염일 수 있어요.

I can't have the flu because I don't have a high temperature.
열이 높지 않으니 독감일 리는 없어요.

35.2 과거의 추측

'전교 1등이 빵점을 맞았다고? 답안지 밀려 쓴 게 틀림없어.'라고
과거의 일에 대해 확신을 가지고 말할 때 'must have + 과거분사'를 사용해요.

He just disappeared. Aliens must have taken him.

개 갑자기 사라졌어. 외계인이 걔를 납치한 게 틀림없어.

과거분사

'5분 더 일찍 접속했으면 BTS 콘서트 표를 구했을 수도 있어.'라고
확실치 않은 과거의 일을 말할 때는 'might/may/could have + 과거분사'를 사용해요.

They { might / may / could } have taken him to another planet.

그들이 걔를 다른 행성으로 데려갔을 수도 있어.

시험 기간 내내 책 한번 들춰보지 않았던 친구가 100점 맞을 리는 없겠죠?
이렇게 어떤 일이 과거에 일어났을 리 없다고 확신할 때, 'can't/couldn't have + 과거분사'를 사용해요.

It { can't / couldn't } have been aliens. They don't exist.

외계인이었을 리 없어. 그런 건 존재하지 않아.

문장으로 이해하기

What happened to my vase? The cat must have knocked it over.

꽃병 어떻게 된 거야? 고양이가 넘어뜨린 게 틀림없어.

She might have forgotten to call me back.

그녀는 나에게 전화하는 걸 잊었을 수도 있어.

She might not have written down my number correctly.

그녀는 내 번호를 정확하게 적어놓지 않았을 수도 있어.

Paula can't have been at the party last night, she was at work.

파울라는 어젯밤에 파티에 왔을 리 없어. 직장에 있었어.

I didn't see who knocked on the door, but it may have been the mailman.

누가 문을 두드렸는지는 못 봤지만 우체부였을 수 있어.

36 '가능성'의 조동사

일주일 전에 개봉한 영화는 아직 상영 중일 수도 있지만, 이미 종영했을 수도 있죠.
하지만 영화관의 상영정보를 검색해보거나 직접 영화관을 가기 전까지는 확실치 않죠.
이렇게 어떤 일의 가능성이나 불확실성을 표현할 때 조동사 might을 사용해요.

36.1 가능성의 might

might는 뒤에 어떤 말이 오느냐에 따라
과거, 현재, 미래에 가능한 일을 나타내요.

과거에 있었을 수 있는 일

might + have + 과거분사

I can't find the compass. I might have dropped it earlier.
나침반을 못 찾겠어. 아까 떨어뜨렸을 수 있어.

현재에 있을 수 있는 일

might + 동사의 기본형

I don't remember this path. We might be lost.
이 길 기억 안 나. 우리 길 잃은 걸 수도 있어.

미래에 있을 수 있는 일

might + 동사의 기본형 + 미래시점

It's very cold outside. It might snow later on.
밖에 엄청 추워. 이따 눈 올 수 있어.

문장으로 이해하기

We might have taken a wrong turn at the river.
강가에서 길을 잘못 들었던 걸 수 있어.

It might be windy at the top of the mountain.
산 정상에 바람 불 수도 있어.

부정문에서 not의 위치는 might 뒤

Joe might not come walking with us next weekend.
조는 다음 주말에 같이 하이킹 못 갈 수 있어.

> **TIP**
> might이 들어간
> 의문문은 아주 격식을
> 갖추어 말할 때만
> 사용됨

36.2 불확실함의 might

불확실함을 나타내는 might은 의미를 강조하기 위해 앞뒤에 '확실치는 않아.', '잘 모르겠어.' 같은 말을 덧붙이기도 해요.

I might take the bus home. I'm not sure.
버스 타고 집에 갈 수도 있어. 확실하지는 않아.

I don't know. I might have more pizza.
잘 모르겠어. 피자 더 먹을 수도 있어.

36.3 과거의 가능성을 나타내는 다양한 조동사

might 외에 may와 could 뒤에도 'have + 과거분사'를 붙여 과거에 있을 수 있었던 일에 대해 말할 수 있어요.

The copier isn't working. It {might / may / could} have run out of paper.
복사기가 작동을 안 해. 종이가 떨어졌었을 수도 있어.

[복사기에 종이가 없을 가능성을 추측함]

과거에 어떤 일이 일어나지 않았을 수 있다고 말할 땐 'might not/may not have + 과거분사'를 활용해요.

You {might not / may not} have plugged it in correctly.
네가 전원을 제대로 꽂지 않았을 수도 있어.

[복사기 전원을 제대로 꽂지 않았을 수 있다고 추측함]

과거에 어떤 일이 일어났을 리 없다고 확신하여 말할 땐 'could not have + 과거분사'만 사용할 수 있어요.

You couldn't have changed the ink correctly.
네가 잉크를 제대로 교체했을 리 없어.

[잉크 교체를 제대로 하지 않았을 거라고 확신함]

37 '조건과 결과'를 말하는 가정법

가정법은 '물을 가열하면 끓어.'와 같은 사실과, '복권만 당첨되면, 회사 그만둘 거야.' 같은
가상의 상황에 대한 전제조건과 결과를 말하는 문장형식이에요.
가정법에는 여러 유형이 있어요.

37.1 〜하면 …해요 (사실 조건문)

사실 조건문은 '물을 가열하면
끓는다.', '얼음을 가열하면
녹는다.'처럼 어떤 행위를 했을
때 나타나는 직접적인 결과를
표현해요. 과학적인 사실이나
변하지 않는 사실을 나타내는
데 주로 쓰이죠.

행위   결과

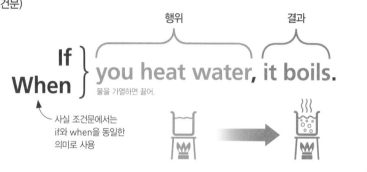

If
When } **you heat water**, **it boils.**
물을 가열하면 끓어.

사실 조건문에서는
if와 when을 동일한
의미로 사용

한눈에 보는 문장공식

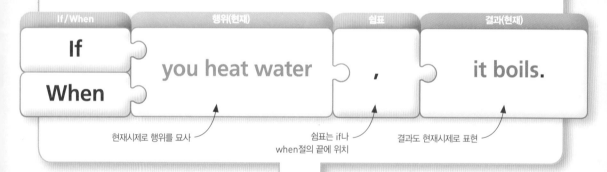

If/When	행위(현재)	쉼표	결과(현재)
If **When**	**you heat water**	**,**	**it boils.**

현재시제로 행위를 묘사   쉼표는 if나   결과도 현재시제로 표현
                              when절의 끝에 위치

문장으로 이해하기

If you heat ice, **it melts.**
얼음을 가열하면 녹아.

When you put a rock in water, **it sinks.**
돌을 물속에 넣으면 가라앉아.

결과를 나타내는 절이 문장 앞쪽으로 오면
쉼표를 쓰지 않음

If you drop an apple, **it falls.**
사과를 떨어뜨리면 낙하해.

Oil floats **when** you pour it onto water.
기름을 물 위에 부으면 위에 떠.

37.2 ~하면 …해(요)! (조건절과 결합한 명령문)

조건절과 명령문이 결합한 형태로, If절에서는 어떤 상황을 가정하고, 명령문에서는 그 상황이 실제로 일어날 경우에 해야 하는 행동을 나타내요.

상황　　　　　제안하는 행동

If you're cold, put on a coat.
추우면 코트 입어.

한눈에 보는 문장공식

If	현재	쉼표	명령문

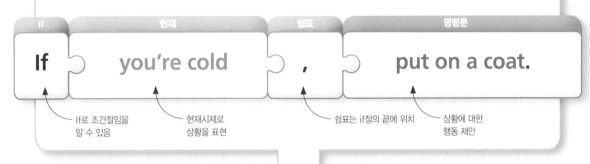

If | **you're cold** | **,** | **put on a coat.**

If로 조건절임을 알 수 있음　　현재시제로 상황을 표현　　쉼표는 if절의 끝에 위치　　상황에 대한 행동 제안

문장으로 이해하기

If you feel sick, call a doctor.
몸이 안 좋으면, 의사를 부르세요.

If the dog's hungry, feed him.
개가 배고파 하면, 먹이를 줘.

If the traffic is bad, cycle to work.
교통이 혼잡하면, 자전거로 출근해.

If the children behave badly, call me.
아이들이 못되게 굴면, 나한테 전화해.

부정 명령문

Don't stay up late if you're tired.
피곤하면, 늦게까지 깨어 있지 마세요.

명령문이 문장 앞쪽으로 나오면, 쉼표를 쓰지 않음

Let me know if you need help.
도움이 필요하면, 말해.

37.3 ~하면 …할 거예요 (가정법 현재)

가정법 현재는 현실적으로 있을 법한 상황을 가정하고 이 상황으로 인해
앞으로 초래될 결과를 나타낼 때 사용해요.

있을 법한 상황   미래의 결과

If I save enough money, I'll go on a cruise.
돈을 충분히 모으면, 크루즈 여행 갈 거야.

한눈에 보는 문장공식

If로 시작되는 조건절에는 현재시제를, 결과절에는
will을 이용한 미래시제를 써요.

If	현재	쉼표	미래(will)
If	**I save enough money**	**,**	**I'll go on a cruise.**

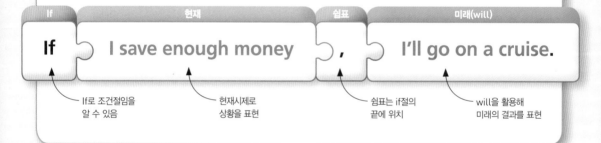

If로 조건절임을
알 수 있음

현재시제로
상황을 표현

쉼표는 if절의
끝에 위치

will을 활용해
미래의 결과를 표현

문장으로 이해하기

If I go jogging, **I'll** lose weight.
조깅하면, 살 빠질 거야.

If it snows, **I'll** go skiing.
눈 오면, 스키 타러 갈 거야.

If we go to Africa, **we'll** go on safari.
아프리카에 가면, 우린 사파리 여행 할 거야.

If I get the job, **I'll** buy a new suit.
그 회사 합격하면, 새 양복 살 거야.

If I cook, **will** you do the dishes?
내가 요리하면, 네가 설거지 할래?

I won't go outside **if** it rains.
비 오면, 밖에 안 나갈 거야.

37.4 ~하면 …할 텐데 (가정법 과거)

가정법 과거는 비현실적인 가상의 상황에 대한 조건과 결과를 말하는 유형으로,
가정하는 상황이나 결과 모두 가능성이 희박한 경우에 사용해요.

가능성이 희박한 사건   가능성이 희박한 결과

If I won the lottery, I would leave my job.

복권 당첨되면, 직장 그만둘 거야.

한눈에 보는 문장공식

If로 시작되는 조건절에는 과거시제를, 결과절에는
'would/could + 동사의 기본형'을 써요.

If	과거	쉼표	would/could + 동사의 기본형
If	**I won the lottery**	**,**	**I would leave my job.**

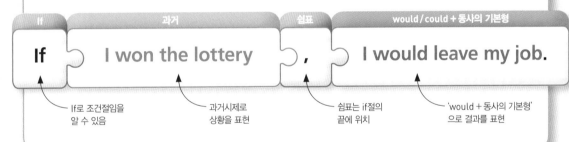

If로 조건절임을
알 수 있음

과거시제로
상황을 표현

쉼표는 if절의
끝에 위치

'would + 동사의 기본형'
으로 결과를 표현

문장으로 이해하기

If he wasn't so busy, he'd take a break.
그 사람 바쁘지 않으면, 쉴 텐데.

If I moved to Scotland, I'd live in a cottage.
스코틀랜드로 이주하면, 작은 시골집에 살 텐데.

If I had more time, I could take up karate.
시간이 더 있으면, 가라테 수업 들을 텐데.

I'd call her **if** I knew her number.
그 여자 전화번호를 알면, 전화할 텐데.

If I saw a ghost, I would be terrified.
귀신을 보면, 정말 무서울 거야.

If I learned English, I could visit London.
영어를 배우면, 런던에 갈 텐데.

37.5 ～했다면 …했을 텐데 (가정법 과거완료)

가정법 과거완료도 비현실적인 가정의 상황에 대해
말하는 유형으로, 과거에 일어나지 않은 상황과 결과를
가정하여 과거에 대한 후회나 아쉬움을 나타내요.

발생하지 않은 과거 상황   발생하지 않은 과거 결과

If we had left earlier, we would have caught the train.

우리가 좀 더 일찍 나왔으면, 기차를 탈 수 있었을텐데.

실제 일어나지   따라서 일어나지
않은 일   않은 결과

한눈에 보는 문장공식

If	had + 과거분사	쉼표	would / could / might	have + 과거분사
If	we had left earlier	,	we would	have caught the train.

If로 조건절임을 알 수 있음   과거 상황에 대한 결과를 얼마나   실제 일어나지 않은 결과
                                              확신하느냐에 따라 조동사를 선택

문장으로 이해하기

**If I had woken up on time,
I would have done my hair.**

제 시간에 일어났으면, 머리를 손질했을 텐데.

**If you had been wearing a coat,
you might have stayed warm.**

네가 코트를 입고 있었으면, 따뜻했을 수도 있을 텐데.

might은 확신은 못 하지만
'그랬을 수도 있다'는 의미

**If I had studied harder,
I could have been a doctor.**

좀 더 열심히 공부했으면, 의사가 될 수도 있었을 텐데.

could는 확신은 못 하지만
'그랬을 수도 있다'는 의미

**If I had known it was your birthday,
I would have bought you a present.**

네 생일인 줄 알았으면, 선물을 사줬을 텐데.

110 Conditional sentences

다양한 조동사를 활용한 조건문

가정법 현재/과거/과거완료에서는 결과절에 다양한
조동사를 사용할 수 있어요. 조동사를 통해 불확실성,
가능성 또는 의무 등의 느낌을 전달할 수 있어요.

가정법 현재

가정법 현재의 will은 다양한 조동사로 대체할 수 있어요.

If I save enough money, I will buy a new car.
돈을 충분히 모으면, 새 차 살 거야.

If I save enough money, I can buy a new car.
돈을 충분히 모으면, 새 차 살 수 있어. └─ 다른 조동사로도 대체 가능

가정법 과거

가정법 과거에서 would는 could나 might로 대체하여
능력, 가능성, 불확실성 등을 나타낼 수 있어요.

If I saved enough money, I would buy a new car.
돈을 충분히 모으면, 새 차 살 텐데.

If I saved enough money, I $\left\{ \begin{array}{c} \text{could} \\ \text{might} \end{array} \right\}$ buy a new car.
돈을 충분히 모으면, 새 차 살 수 있을 텐데.

가정법 과거완료

가정법 과거완료도 would를 could나 might로 대체하여
능력, 가능성, 불확실성 등을 나타낼 수 있어요.

If I had saved enough money, I would have bought a new car.
돈을 충분히 모았으면, 새 차 샀을 텐데.

If I had saved enough money, I $\left\{ \begin{array}{c} \text{could} \\ \text{might} \end{array} \right\}$ have bought a new car.
돈을 충분히 모았으면, 새 차 살 수 있었을 텐데.

한눈에 보는 가정법

1 가정법의 유형

사실 조건문은 항상 일어나는 상황이나 과학적인 사실에 대해 말할 때 사용해요.

현재

If you play the violin out of tune, it sounds terrible.

현재

바이올린 음을 틀리게 연주하면, 듣기 괴로워.

가정법 과거는 가능성이 매우 희박하지만 전혀 불가능한 것은 아닌 상황을 가정하여 말할 때 사용해요.

과거

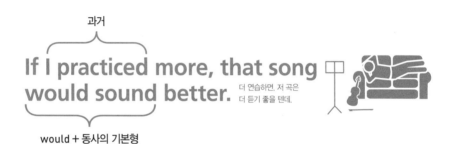

If I practiced more, that song would sound better.

더 연습하면, 저 곡은 더 듣기 좋을 텐데.

would + 동사의 기본형

2 가정법에서 쉼표 사용법

조건절이 결과절 앞에 나올 때는 두 절 사이에서 쉼표가 분리해주는 역할을 해요. 반대로 결과절이 앞에 나올 땐 쉼표가 사용되지 않아요.

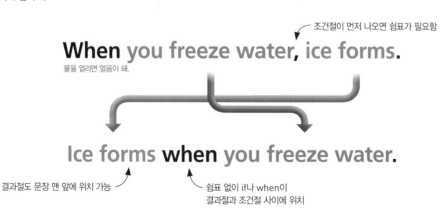

조건절이 먼저 나오면 쉼표가 필요함

When you freeze water, ice forms.

물을 얼리면 얼음이 돼.

Ice forms when you freeze water.

결과절도 문장 맨 앞에 위치 가능

쉼표 없이 if나 when이 결과절과 조건절 사이에 위치

가정법 현재는 현실적으로 있을 법한 상황을 가정하여 말할 때 사용해요.

현재

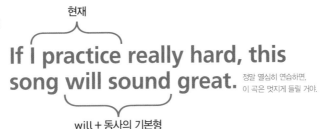

If I practice really hard, this song will sound great. 정말 열심히 연습하면. 이 곡은 멋지게 들릴 거야.

will + 동사의 기본형

가정법 과거완료는 전혀 일어날 수 없는 상황과 결과를 가정하여 말할 때 사용해요.

과거 완료

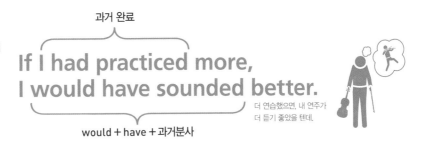

If I had practiced more, I would have sounded better. 더 연습했으면, 내 연주가 더 듣기 좋았을 텐데.

would + have + 과거분사

⚠ **왕초보의 흔한 실수:** 조건절 안에서 동사 형태를 잘못 쓰는 것

가정법의 조건절인 if절에서는 will, would, would have를 사용하지 않아요.

If I will work really hard, this piece will sound great. ❌

if절에는 will이 안 쓰임

If I would practice more, that piece would sound better. ❌

if절에는 would가 안 쓰임

If I would have practiced more, I would have sounded better. ❌

if절에는 would have가 안 쓰임

38 미래에 대한 '상상'과 '대비'

'나 시험 떨어지면 어떡하지?', '혹시라도 비행기가 추락하면 어떡하지?' 하는 것처럼
미래에 일어날 수 있는 상황들을 상상하여 말할 땐 그 상황이 일어날 법한지 아닌지에
따라 다른 방식으로 말해요.

38.1 ~하면 어떡하지? (일어날 법한 미래에 대한 상상)

What if나 Suppose 다음에 동사의 현재형이 오면,
일어날 가능성이 높은 미래의 일을 표현해요.

What if는 '상상한 상황이 벌어지면
어떤 일이 일어날까?'라는 의미

What if
Suppose } **I fail my exams? I won't be able to go to college.**

시험 떨어지면 어떡하지? 대학 못 갈 거야.
시험 떨어진다고 생각해봐.

현재형으로 그 상황이
실제 일어날 수도 있음을 보여줌

Suppose는 상상한
일의 결과를 지칭

문장으로 이해하기

What if the computer crashes?
I will lose all my work.

컴퓨터 고장나면 어떡하지? 내가 작업한 거 전부 날아갈 거야.

Suppose they assess our coursework.
We will have to keep a portfolio.

그들이 우리 수업활동을 평가한다고 생각해봐. 포트폴리오를 가지고 있어야 할 거야.

38.2 혹시라도 ~하면 어떡하지? (가능성이 희박한 미래에 대한 상상)

What if나 Suppose 다음에 동사의 과거형이 오면,
일어날 수도 있지만 그 가능성이 매우 희박한 미래의
일을 표현해요.

과거형으로 그 상황이
실제 일어날 가능성이
희박함을 보여줌

Just imagine! **What if**
Suppose } **we all got 100% on our exams?**

상상해봐! 혹시라도 우리가 모두 시험에서 100점 맞으면 어떡하지?
100점 맞는다고 생각해봐.

문장으로 이해하기

Suppose I got caught cheating.
My parents would be furious.

컨닝 하는 걸 걸린다고 생각해봐. 부모님이 엄청 화내실 거야.

What if our flight was canceled?
We'd be stuck here!

혹시라도 항공편이 취소되면 어떡하지? 우리는 여기서 꼼짝 못할 거야!

38.3 ~했으면 어쩔 뻔했어? (일어났을 수도 있는 일에 대한 상상)

What if나 Suppose 다음에 동사의 현재완료형이 오면,
실제로 일어나지는 않았지만 일어났을 수도 있는 상황을 표현해요.

That was so dangerous! { **What if** / **Suppose** } **you had broken your leg?**

너무 위험했어! 다리 부러졌으면 어쩔 뻔했어?
다리 부러졌다고 생각해봐.

현재완료형으로 그 상황이 실제
일어나지는 않았지만 발생
가능성이 있었음을 보여줌

문장으로 이해하기

We were lucky to catch that plane!
What if it hadn't been delayed?

그 비행기 탈 수 있어서 다행이었어. 지연 안 됐으면 어쩔 뻔했어?

Suppose you had taken the job.
We would have had to move.

그 회사 합격했다고 생각해봐. 우리 이사해야 했을 거야.

38.4 ~할 수도 있으니까 (일어날 법한 미래에 대한 대비)

발생 가능성이 있는 만약의 상황에 대해 계획하고 대비함을 나타낼 때
in case나 just in case를 현재시제와 함께 사용해요.

Make sure the windows are shut
in case the cat tries to escape.

고양이가 나가려고 할 수도 있으니까
반드시 창문을 닫도록 해.

현재

문장으로 이해하기

You should take an umbrella with you in case it rains later.

이따 비 올 수도 있으니까 우산 챙기는 게 좋겠어.

We should start organizing our project work, just in case they want to see it.

그들이 보고 싶어 할 수도 있으니까 우리 프로젝트를 정리하기 시작하는 게 좋겠어.

You should write these instructions down in case you forget what to do.

해야 할 일을 잊어버릴 수도 있으니까 이 지시사항들을 적어놓는 게 좋겠어.

You should leave for the airport early, just in case the traffic is bad.

혹시라도 차가 막힐 수도 있으니까 공항으로 일찍 출발하는 게 좋겠어.

just를 in case 앞에 붙이면 발생 가능성이
더 낮은 상황에 대한 대비임을 나타냄

39 '유감 · 후회 · 바람'의 동사 wish

동사 wish를 활용하여 현재 상황에 대한 유감이나 과거 행동에 대한 후회를 표현할 수
있어요. wish 뒤에 오는 동사의 시제에 따라 의미가 달라져요.

39.1 ~했으면 해요 (현재에 대한 유감과 바람)

wish를 과거 동사와
함께 사용하면 현재
상황에 대한 유감과
아직 실현 가능성이
있는 바람을 표현해요.

I wish I earned more money.
돈을 더 벌었으면 해요.

과거형이지만
현재의 바람을 나타냄

한눈에 보는 문장공식

주어	wish	주어	과거	나머지
I	wish	I	earned	more money.

주어에 따라
wish/wishes

현재 상황에 대한
유감과 바람

문장으로 이해하기

Mike's apartment is too small. He wishes he lived in a bigger house.
마이크의 아파트는 너무 좁아. 그는 더 큰 집에 살았으면 해.

They wish the weather was better so they could go to the beach.
그들은 바닷가에 갈 수 있게 날씨가 더 좋았으면 해.

You're always busy, I wish you didn't have to work so hard.
너는 항상 바빠. 그렇게 열심히 일할 필요 없었으면 해.

Sandra hates her job. She wishes she worked on a farm.
산드라는 자기 직업을 싫어해. 그녀는 농장에서 일했으면 해.

39.2 ~했으면 좋았을 텐데 (과거에 대한 후회)

wish를 과거완료 동사와 함께
사용하면 이루기에 너무 늦어버린
과거 상황에 대한 후회를 표현해요.

I've failed my exams. I wish I had studied harder.

시험에서 떨어졌어. 더 열심히 공부했으면 좋았을 텐데.

→ 과거완료로 과거에
대한 후회를 나타냄

한눈에 보는 문장공식

주어	wish	주어	과거완료	나머지
I	wish	I	had studied	harder.

→ 주어에 따라
wish/wishes

→ 과거에
대한 후회

문장으로 이해하기

He's very tired. He wishes he had gone to bed early last night.
그는 매우 피곤해요. 그는 어젯밤 일찍 잠자리에 들었으면 좋았을 텐데 하고 있어요.

My car's useless! I wish I hadn't bought such an old one.
내 차는 쓸모없어! 이런 고물차 안 샀으면 좋았을 텐데.

We're totally lost! I wish we had brought a map.
우리 완전히 길을 잃었어! 지도를 가져왔으면 좋았을 텐데.

I wish I had known how big this dress was before I bought it.
이 드레스를 사기 전에 얼마나 큰지 알았으면 좋았을 텐데.

There was a meteor shower last night. I wish I had seen it.
어젯밤에 별똥별이 떨어졌어. 봤으면 좋았을 텐데.

117

39.3 ~했으면 해요 (미래의 희망사항)

wish와 could를 함께 써서 미래에 어떤 일을 하기를 바라는 마음을 표현할 수 있어요.

I wish I could move somewhere warm.

따뜻한 곳으로 이사갈 수 있으면 해요.

[더 따뜻한 곳으로 이사할 수 있으면 좋겠음]

wish와 would를 함께 써서 타인이 미래에 어떤 일을 해주기를 바라는 마음을 표현할 수 있어요.

She wishes her teacher would give her less work.

그녀는 선생님이 숙제를 조금만 내주셨으면 해요.

[그녀는 앞으로 선생님이 숙제를 덜 내주기를 원함]

문장으로 이해하기

I wish I could get a new job in a different department.

다른 부서에서 새로운 일을 할 수 있으면 해.

Colin is always talking about cars. I wish he would stop.

콜린은 항상 차 얘기를 해. 걔가 그만 좀 했으면 해.

I wish I could go to the concert with my friends this evening.

오늘 저녁에 친구들과 콘서트에 갈 수 있으면 해.

Madge wishes Greg wouldn't drive so fast.

마지는 그렉이 그렇게 빨리 운전하지 않았으면 해요.

Irene wishes she could find her diamond necklace.

아이린은 다이아몬드 목걸이를 찾았으면 해요.

Jenny's mother wishes she would clean her room.

제니 엄마는 제니가 자기 방을 청소했으면 해.

Matteo wishes he could play the violin.

마테오는 바이올린을 연주했으면 해요.

Noel wishes Adrienne would stop singing.

노엘은 애드리언이 노래를 그만 불렀으면 해요.

39.4 　~하기만 해도 / 했었다면 좋을 텐데 (I wish를 대신하는 If only)

현재에 대한 유감	과거에 대한 후회
If only와 과거 동사를 함께 사용하면 현재 상황에 대한 보다 강한 유감을 표현할 수 있어요.	If only와 과거완료 동사를 함께 사용하면 과거 상황에 대한 보다 강한 후회를 표현할 수 있어요.

These mountains are incredible!
If only I knew **how to ski.**

이 산 끝내준다! 스키를 탈 줄만 알아도 좋을 텐데.

I really wanted to take pictures.
If only I'd charged **the battery.**

정말 사진 찍고 싶었는데, 배터리 충전만 했었다면 좋을 텐데.

문장으로 이해하기

I love the sound of the guitar.
If only I played **it better.**

기타 소리 정말 좋다. 내가 더 잘 연주할 수 있으면 좋을 텐데.

I'm sure the teacher explained this. If only I remembered **it!**

분명히 선생님께서 이거 설명했었어! 기억나면 좋을 텐데.

The show is completely sold out!
If only I'd arrived **sooner.**

공연이 매진이야! 더 일찍 도착했었어도 좋을 텐데.

I couldn't finish the marathon.
If only I had trained **harder.**

마라톤 완주 못했어. 더 열심히 훈련했었다면 좋을 텐데.

39.5 　~했어야 / 하지 말았어야 했는데 (과거에 대한 후회)

should have나 ought to have로도 과거에 발생하거나 발생하지 않은 일에 대한 후회를 표현할 수 있어요.

과거분사

This bill is so big. I { **should have** / **ought to have** } **used less electricity.**

이 청구액 엄청나. 전기를 덜 썼어야 했는데.

문장으로 이해하기

Maybe I should have used energy-saving light bulbs.

아마도 절전용 전구를 사용했어야 했어.

ought not to have는
↙ 거의 사용되지 않음

I shouldn't have fallen asleep with the TV on.

TV를 켜 놓은 채로 잠들지 말았어야 했어.

40 다른 사람의 '말을 전하는' 간접화법

'나 아파.'라고 내가 상대방에게 직접 말하는 것은 '직접화법', '그가 나에게 아프다고 했어.'처럼
이전에 다른 사람이 내게 직접 말한 내용을 제3자에게 전달하는 것은 '간접화법'이라고 해요.

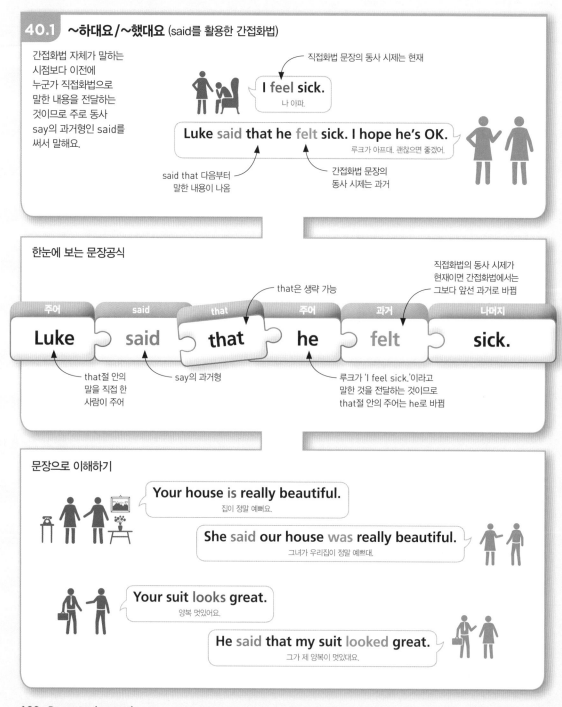

40.1 ~하대요 / ~했대요 (said를 활용한 간접화법)

간접화법 자체가 말하는 시점보다 이전에 누군가 직접화법으로 말한 내용을 전달하는 것이므로 주로 동사 say의 과거형인 said를 써서 말해요.

직접화법 문장의 동사 시제는 현재

I feel sick.
나 아파.

Luke said that he felt sick. I hope he's OK.
루크가 아프대. 괜찮으면 좋겠어.

said that 다음부터 말한 내용이 나옴

간접화법 문장의 동사 시제는 과거

한눈에 보는 문장공식

직접화법의 동사 시제가 현재이면 간접화법에서는 그보다 앞선 과거로 바뀜

that은 생략 가능

주어	said	that	주어	과거	나머지
Luke	**said**	**that**	**he**	**felt**	**sick.**

that절 안의 말을 직접 한 사람이 주어

say의 과거형

루크가 'I feel sick.'이라고 말한 것을 전달하는 것이므로 that절 안의 주어는 he로 바뀜

문장으로 이해하기

Your house is really beautiful.
집이 정말 예뻐요.

She said our house was really beautiful.
그녀가 우리집이 정말 예쁘대.

Your suit looks great.
양복 멋있어요.

He said that my suit looked great.
그가 제 양복이 멋있대요.

40.2 **…에게 ~라고 했어요** (told를 활용한 간접화법)

동사 tell의 과거형 told를 사용해서
간접화법 문장을 말할 땐 뒤에
목적어가 와서 주어가 누구에게 그
말을 했는지 나타내요.

I want **to learn to drive.**
운전 배우고 싶어.

said 뒤에는 목적어가 필요 없음

He { said / told me } **that he** wanted **to learn to drive.**
걔 운전 배우고 싶대. / 걔가 나한테 운전 배우고 싶대.

told 뒤에는 반드시 목적어가 있어야 함

문장으로 이해하기

She told me **that she** was **at the party.**
그녀가 파티에 있었다고 내게 말했어.

She told me **that she** had **a very stressful job.**
그녀는 자기가 스트레스 많이 받는 일을 한다고 내게 말했어.

He told us **he** arrived **late to the meeting.**
그가 회의에 늦었다고 우리한테 말했어.

They told us **they** bought **a new house.**
걔네 새 집 샀다고 우리한테 말했어.

that은 생략 가능

I told her **that I** went **abroad last year.**
나는 작년에 외국에 나갔었다고 그녀에게 말했어.

We told them **that we** didn't **want it.**
우리는 그 사람들에게 그 집을 사고 싶지 않다고 말했어.

⚠ **왕초보의 흔한 실수: said 다음에 목적어를 쓰는 것**

told 다음에는 목적어가 있어야 함

He said **that he had a fast car.** ✅
그는 아주 빠른 차가 있대.

He told me **that he had a fast car.** ✅
그는 아주 빠른 차가 있다고 내게 말했어.

He said me **that he had a fast car.** ❌

He told **that he had a fast car.** ❌

said 다음에는 목적어가 올 수 없음

동사의 종류

영어의 '동사'에는 본동사와 조동사가 있어요. 본동사는 '먹다', '되다', '좋아하다'처럼
행동이나 상태를 묘사하고, 조동사는 본동사의 의미를 용도에 맞게 바꿔줘요.

41.1 본동사

'춤추다', '사랑하다'처럼
행동이나 상태를 나타내는
동사를 본동사라고 해요.

'(테니스를) 치다'라는 행동을
묘사하는 play는 본동사

**I play tennis every
Wednesday evening.**

수요일 저녁마다 테니스를 쳐.

41.2 조동사

본동사와 함께 쓰여 의미상 변화를
가져오는 것이 바로 조동사예요.
여러 시제에 맞는 동사 형태를
만들어내는 데도 사용돼요.

현재완료

주어	조동사	과거분사	목적어
Paul	has	bought	a new shirt.

폴은 새 셔츠를 샀어.

has는 현재완료형을
만들어주는 조동사

조동사 do는 다른 조동사
없이 일반동사만 있는
문장의 의문문이나 부정문
형태를 만들 때 사용돼요.

주어	조동사	본동사	목적어
Cian	didn't	pass	his exam.

키안은 시험에 합격하지 못했어.

조동사	주어	본동사	목적어
Did	Cian	pass	his exam?

키안이 시험에 합격했어?

might, must 등의
조동사는 '가능성'이나
'의무' 같은 개념을
추가하며 본동사의 의미를
다양하게 만들어요.

주어	조동사	본동사	목적어
Jake	might	sell	his car.

제이크는 차를 팔지도 몰라.

41.3 연결동사

연결동사는 주어와 보어를 연결해서 상태나 변화 등을 표현해요. 보어는 주어를 정의하거나 설명해주는 말로 '원숭이 엉덩이는 빨개~'라는 노랫말에서 '빨개'가 바로 보어예요.

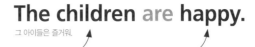

The children are happy.
그 아이들은 즐거워.

주어 → 보어

문장으로 이해하기

Harry looks just like his father.
해리는 자기 아빠랑 똑같이 생겼어.

Whatever you're cooking smells delicious!
뭘 요리하고 있는지 모르겠지만 맛있는 냄새가 나!

This seems like a lovely place to live.
이 집은 아주 좋은 주거 공간 같아.

After leaving school, she became a teacher.
그녀는 졸업 후에 교사가 됐어.

41.4 타동사와 자동사

마치 야구에서 투수와 포수의 관계처럼 동사의 동작을 받는 명사 또는 명사구를 '목적어'라고 하고 목적어를 취하는 동사를 '타동사'라고 해요.

주어	동사	목적어
Toni	writes	short stories.

토니는 단편소설을 써.

'나는 걷는다'처럼 목적어를 취하지 않는 동사를 '자동사'라고 해요.

주어	동사
The bus	arrived.

버스가 도착했어.

어떤 동사는 경우에 따라 자동사이기도 하고 타동사이기도 해요.

동사 read는 목적어를 취하기도 하고 목적어 없이 쓰이기도 함

주어	동사	목적어
Jake	was reading	a book.

제이크는 책 읽는 중이었어.

어떤 동사는 두 개의 목적어를 취하는데, 하나는 '직접목적어', 다른 하나는 '간접목적어'라고 해요.

주어	동사	간접목적어	직접목적어
Ronda	gave	her cat	some food.

론다는 고양이에게 먹이를 줬어.

간접목적어는 행동의 영향을 받는 대상으로 주로 '~에게'에 해당

직접목적어는 '무엇을'에 해당

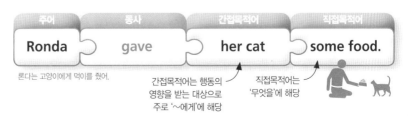

42 동작동사 vs. 상태동사

'피자를 먹어.'의 eat처럼 행동이나 사건을 묘사하는 동사를 '동작동사'라고 해요. 그리고
'나 그 여자애랑 아는 사이야.'의 know처럼 상태를 묘사하는 동사를 '상태동사'라고 해요.

42.1 동작동사 vs. 상태동사

동작동사는 사람이나 사물이 '무엇을 하는가'를 나타내요.
상태동사는 사물이 '어떠한가' 또는 사람이 '어떤 감정을 느끼는가'를 나타내요.

동작동사	상태동사

I { read / am reading } a book. 책 읽어. / 책 읽는 중이야.

↳ 동작동사는 기본형으로도,
진행형으로도 사용 가능

I love books. 책 좋아해.

↳ 상태동사는 대부분
진행형으로 사용 불가

문장으로 이해하기

Dominic is eating ice cream.
도미닉은 아이스크림 먹고 있어.

Gayle is lying on the couch.
게일은 소파에 누워 있어.

I don't eat meat. I'm a vegetarian.
난 고기 안 먹어. 채식주의자야.

I want to go away somewhere.
어딘가로 떠나고 싶어.

She has two cats and a dog.
그녀는 고양이 두 마리와 개 한 마리가 있어.

We've known each other for years.
우린 서로 알고 지낸 지 꽤 됐어.

⚠ 왕초보의 흔한 실수: 상태동사를 진행형으로 쓰는 것

상태동사는 진행형으로 사용할 수 없어요.

상태동사는 대부분
↳ 기본형으로만 사용 가능

I want a new laptop. ✔
새 노트북 갖고 싶어.

I am wanting a new laptop. ✘

↳ 상태동사는 대부분
진행형으로 사용 불가

일부 동사는 동작동사인 동시에 상태동사예요. 이런 동사가 동작을 묘사할 땐 진행형으로도 사용할 수 있어요.

동작	상태

I am thinking about taking up fencing.

펜싱을 배울까 고민 중이야.

[바로 지금 고려하고 있음]

I think fencing is a great sport.

펜싱은 멋진 스포츠라고 생각해요.

[내가 평소에 가지고 있는 견해임]

The chef was tasting his soup.

요리사는 수프를 맛보고 있었어요.

[요리사가 맛을 확인해보고 있음]

This soup tasted disgusting!

이 수프 역겨운 맛이 났어!

[수프의 맛이 역겨움]

I'm seeing some friends for lunch tomorrow.

내일 점심에 친구들 몇을 만날 거야.

[내일 친구들을 만날 예정임]

I saw some birds at the park yesterday.

어제 공원에서 새들을 봤어.

[공원에 새들이 있었음]

일부 상태동사는 상태를 묘사하면서도 변화, 전개, 일시적인 상황임을 강조할 땐 진행형으로 쓸 수 있어요.

진행형	현재형

Are you feeling better today? You seemed sick yesterday.

오늘은 좀 나아졌어요? 어제는 아파 보였어요.

How do you feel about modern art?

현대 미술에 대해 어떻게 생각해?

We're sounding much better than usual!

평소보다 (연주가) 훨씬 더 좋게 들려!

I wish they'd stop. They sound terrible!

쟤네 그만 좀 하면 좋겠어. (연주가) 정말 엉망이야!

My leg is really hurting this morning.

오늘 아침에 다리가 너무 아파.

My leg hurts. Maybe I should go to the doctor.

다리 아파. 병원에 가봐야 할 것 같아.

43 동사의 변신, 부정사와 분사

'부정사'와 '분사'는 동사에 to나 -ing / -ed를 붙이는 식으로 형태를 바꿔 사용하는데요.
단독으로 쓰이는 경우는 없지만, 다른 단어들과 함께 쓰여 문장의 구조를 이루는 중요한
역할을 해요.

43.1 부정사

'테니스를 치는 걸 좋아해.'라고 할 때, 동사 '좋아하다'의 목적어는 또 다른 동사 '치다(play)'죠. 동사를 그대로
목적어로 쓸 수 없어서 그 형태를 부정사로 바꿨어요. 부정사는 동사의 기본형 앞에 to를 붙인 'to부정사'와
to가 없이 동사만 있는 '동사의 기본형' 또는 '원형부정사'가 있어요.

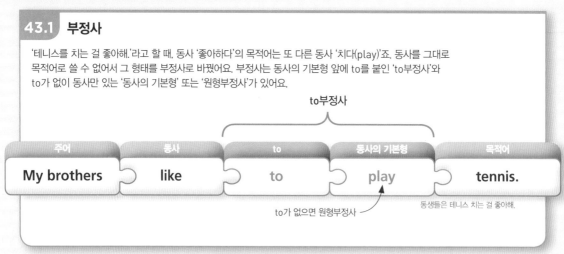

동생들은 테니스 치는 걸 좋아해.

43.2 현재분사 vs. 동명사

일란성 쌍둥이는 생긴 건 같지만 다른 사람이죠? '현재분사'와 '동명사'도 동사의
기본형에 -ing를 붙인 형태는 동일하지만 문장 속에서 전혀 다른 역할을 해요.

현재분사는 주로
be동사와 함께 쓰여요.

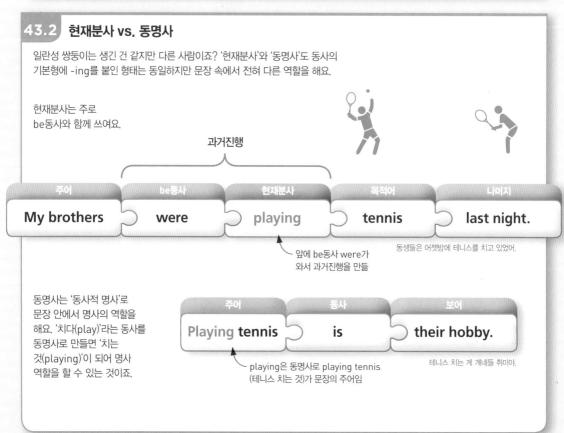

동생들은 어젯밤에 테니스를 치고 있었어.

동명사는 '동사적 명사'로
문장 안에서 명사의 역할을
해요. '치다(play)'라는 동사를
동명사로 만들면 '치는
것(playing)'이 되어 명사
역할을 할 수 있는 것이죠.

테니스 치는 게 걔네들 취미야.

I'm enjoying my vacation. 휴가를 즐기는 중이야.

Connor went walking in the hills. 코너는 야산에 등산하러 갔어.

They're whispering to each other. 쟤네 서로 귓속말 하고 있어.

Sarah loves riding her horse. 사라는 말 타는 거 좋아해.

The children were sitting on the floor. 애들이 바닥에 앉아 있었어.

Stop wasting so much paper! 종이 좀 그만 낭비해!

43.3 과거분사

과거분사는 have / had와 함께 쓰여 현재완료나 과거완료 같은 동사의 완료형을 만들어요.

현재완료

주어	have / had	과거분사	목적어	나머지
I	have	played	the guitar	for 5 years.

기타를 5년째 연주해왔어.

I should have covered my work. Susanna has copied all my answers.
내 과제물을 가려놓았어야 했어. 수잔나가 내 답안을 다 베꼈어.

You haven't passed the exam this time, but at least you have improved.
넌 이번 시험엔 합격 못했지만, 어쨌든 향상됐잖아.

I had planned to take the kids to the beach, but the weather was terrible.
아이들을 데리고 바닷가에 갈 계획이었는데 날씨가 매우 안 좋았어요.

My boss has asked me to come in early again tomorrow. I'm so tired!
상사가 내일도 일찍 출근하래. 정말 피곤해!

44 to부정사 할래, 동명사 할래?

'테니스 치기를 원해.'에서 동사 '원하다(want)'의 목적어는 또 다른 동사 '치다(play)'죠.
동사의 목적어인 또 다른 동사는 to부정사 또는 동명사 형태로 써야 하는데
둘 중 어떤 것을 쓸지는 본동사에 따라 결정돼요.

44.1 to부정사만 취하는 동사

'친구 만날 계획이야.'처럼 주로 계획이나 바람을 나타내는 동사 뒤에는 to부정사가 와요.

동사

부정사

They arranged to play tennis.

걔네들 테니스 치려고 일정 잡았어.

계획이나 바람을 나타내는 본동사

to부정사는 앞으로 할/하고 싶은 행동을 나타냄

문장으로 이해하기

to부정사는 본동사의 시제와 상관없이 동일한 형태를 유지해요.

I'm waiting to play badminton, but my friend is running late.
배드민턴 치려고 기다리는 중인데, 친구가 늦고 있어.

My car broke down, but my friend offered to drive me home.
차가 고장 났는데 친구가 집까지 태워줬어.

We wanted to play baseball yesterday, but it was raining.
우리 어제 야구를 하고 싶었는데 비가 내리고 있었어.

Ron decided to learn how to play the trombone.
론은 트롬본 연주법을 배우기로 결심했어.

to부정사만 취하는 동사

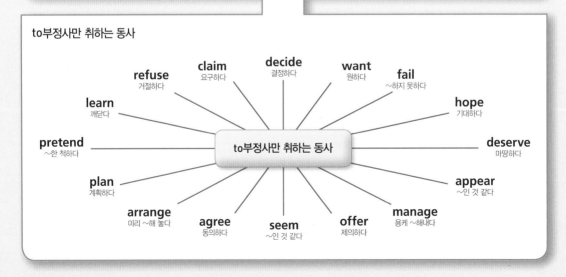

refuse 거절하다
claim 요구하다
decide 결정하다
want 원하다
fail ~하지 못하다

learn 깨닫다
hope 기대하다

pretend ~한 척하다
to부정사만 취하는 동사
deserve 마땅하다

plan 계획하다
appear ~인 것 같다

arrange 미리 ~해 놓다
agree 동의하다
seem ~인 것 같다
offer 제의하다
manage 용케 ~해내다

'영화 보는 거 좋아해.'처럼 주로
어떤 행동에 대해 어떻게 느끼거나
생각하는가를 나타내는 동사 뒤에
동명사를 사용해요.

동사   동명사

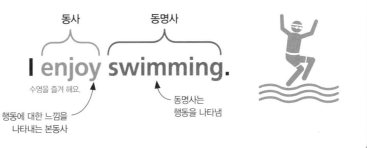

I enjoy swimming.

수영을 즐겨 해요.

행동에 대한 느낌을
나타내는 본동사

동명사는
행동을 나타냄

문장으로 이해하기

He doesn't feel like **playing tennis tonight.**

걔는 오늘 밤 테니스 치고 싶어 하지 않아.

We really dislike **jogging. We're so out of shape!**

우린 조깅하는 것 정말 싫어해. 체력이 정말 안 좋거든.

Do you miss **skiing now that summer is here?**

여름 되니까 스키 타는 게 그립니?

I really enjoy **running marathons.**

마라톤을 정말 즐겨 해.

Would you consider **applying for a promotion?**

승진 신청 고려해보겠어요?

He doesn't mind **staying late at work when he has to.**

그 사람은 야근을 해야 할 땐 꺼리지 않아요.

동명사만 취하는 동사

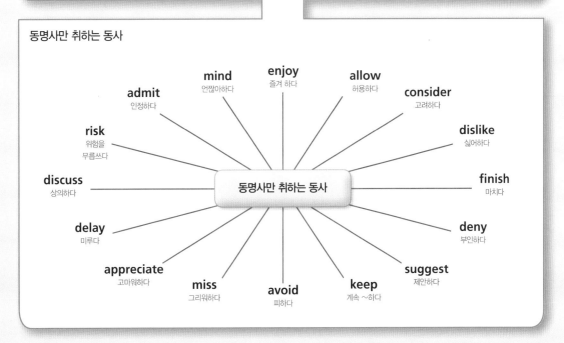

admit
인정하다

mind
언짢아하다

enjoy
즐겨 하다

allow
허용하다

consider
고려하다

risk
위험을
무릅쓰다

dislike
싫어하다

discuss
상의하다

동명사만 취하는 동사

finish
마치다

delay
미루다

deny
부인하다

appreciate
고마워하다

miss
그리워하다

avoid
피하다

keep
계속 ~하다

suggest
제안하다

to부정사와 동명사 둘 다 취하는 동사 (의미 동일)

일부 동사는 to부정사와 동명사를 모두 취할 수 있고,
둘 중 무엇을 쓰더라도 의미상 차이가 없어요.

I like $\begin{Bmatrix} \text{to work} \\ \text{working} \end{Bmatrix}$ in an open-plan office with a team.

팀원들이랑 확 트인 사무실에서 일하는 게 좋아.

문장으로 이해하기

Emails are really awkward. I prefer $\begin{Bmatrix} \text{to meet} \\ \text{meeting} \end{Bmatrix}$ **in person.**
이메일 너무 어색해. 직접 만나는 게 더 좋아.

After a short stop, they continued $\begin{Bmatrix} \text{to drive} \\ \text{driving} \end{Bmatrix}$ **toward the campsite.**
잠깐 멈췄다가 그들은 야영지로 계속 차를 몰았어.

Once she had found a seat, she began $\begin{Bmatrix} \text{to write} \\ \text{writing} \end{Bmatrix}$ **her essay.**
일단 좌석을 찾자 그녀는 에세이를 쓰기 시작했어.

Why isn't the bus here yet? I really can't stand $\begin{Bmatrix} \text{to be} \\ \text{being} \end{Bmatrix}$ **late.**
버스 왜 아직 안 와? 지각하는 거 정말 질색인데 말야.

---

to부정사와 동명사 둘 다 취하는 동사 (의미 동일)

```
          start        love           can't bear
          시작하다      아주 좋아하다      참을 수 없다
prefer                                              can't stand
선호하다                                              참을 수 없다

                    to부정사와 동명사
propose             둘 다 취하는 동사 (의미 동일)          intend
제안하다                                                작정하다

neglect                                             continue
~하지 않다                                             계속 ~하다
          like        begin        hate
          좋아하다      시작하다      몹시 싫어하다
```

44.4 to부정사와 동명사 둘 다 취하는 동사 (의미 변화)

일부 동사는 to부정사와 동명사를 모두 취할 수 있지만
의미상 차이가 있어 주의가 필요해요.

He stopped to talk to her in the office before lunch.

그는 점심 전에 그녀와 이야기 나누려고 멈춰 섰어.

[그는 사무실 주변을 걸어다니다가
그녀와 이야기 나눌 수 있게 걸음을 멈춤]

She stopped talking to him and rushed to a meeting.

그녀는 그와 이야기 나누던 걸 멈추고 서둘러 회의에 갔어.

[그녀는 그와 이야기하고 있다가
다른 일을 하려고 대화를 멈춤]

문장으로 이해하기

동사 + to부정사

**She forgot to send the email,
so her team never received the update.**

그녀가 이메일 보내는 걸 잊어서 그녀의 팀이 새 소식을 받지 못했어.

[이메일을 보내지 않음]

**He went on to write the report
once the meeting had finished.**

그 사람 일단 회의 마치고 이어서 보고서를 썼어.

[회의를 마치고 보고서를 씀]

**I regret to tell you the unhappy news.
Your flight has been delayed.**

반갑지 않은 소식을 전하게 되어 유감이에요. 항공편이 연기됐어요.

[반갑지 않은 소식을 말해야 해서 유감임]

**Did you remember to meet David?
Your meeting was scheduled for today.**

데이빗 만나기로 한 거 기억했니? 회의가 오늘로 잡혀 있었어.

[데이빗을 만나기로 되어 있던 것 기억났니?]

동사 + 동명사

**She forgot sending the email,
so she sent it a second time.**

그녀는 이메일 보냈던 걸 잊어서 두 번 보냈어요.

[이메일을 이미 보냈다는 것을 잊음]

**He went on writing the report all
evening. It took hours.**

그 사람 저녁 내내 보고서를 계속 썼어. 몇 시간 걸렸어.

[보고서를 쓰고 있었고 계속 씀]

**I regret telling you the unhappy news.
I can see it has upset you.**

반갑지 않은 소식 말했던 거 후회돼. 너 속상하게 만든 게 눈에 보여.

[안 좋은 소식을 말하지 말걸 그랬어.]

**Did you remember meeting David?
I'd forgotten that we had already met him.**

데이빗 만났던 거 기억났니? 우리가 이미 그 사람 만났던 걸 잊고 있었어.

[전에 데이빗을 만난 적이 있어. 그거 기억났니?]

45 목적어를 취하는 다양한 동사 패턴

앞에서 타동사라는 것을 배웠죠. 타동사는 목적어를 취하는 동사인데요. 이 타동사 뒤에
to부정사나 동명사가 올 땐 동사와 to부정사/동명사 사이에 목적어가 위치해요.

45.1 '타동사 + 목적어 + to부정사' 패턴

타동사 뒤에 to부정사가 올 땐 목적어가
to부정사 앞에 위치해요.

동사 + 목적어 + to부정사

My computer allows me to work on two screens at once.
내 컴퓨터는 동시에 두 개의 모니터로 작업하는 게 가능해.

한눈에 보는 문장공식

주어	동사	목적어	to부정사	나머지
My computer	allows	me	to work	on two screens.

문장으로 이해하기

Emma's brother wants her to turn **down the television.**
엠마의 오빠는 그녀가 TV 소리를 줄였으면 해.

Giorgio bought a new suit to wear **to his brother's wedding.**
조르지오는 형 결혼식에 입을 새 양복을 샀어.

The building manager will tell you to leave **the building if there's a fire.**
화재가 발생하면 건물 관리인이 건물에서 피하라고 말해줄 거야.

Helena's mother is always reminding her to do **the dishes.**
헬레나의 엄마는 항상 헬레나에게 설거지를 하도록 상기시키고 있어.

Jonathan's teacher expects him to do **better next time.**
조나단의 선생님은 그가 다음번엔 더 잘할 거라 기대하셔.

I've asked my boyfriend to buy some bread and milk on his way home.
남자친구에게 집에 오는 길에 빵과 우유를 사오라고 부탁했어.

⚠️ **왕초보의 흔한 실수: 동사 want 다음에 that절을 쓰는 것**

want 다음에는 that절이 올 수 없어요.
'want + 목적어 + to부정사' 패턴만
가능해요.

> want 뒤에
> '목적어 + to부정사'가 옴

I want him to come to the exhibit with me. ✅
그가 나와 함께 전시회에 갔으면 해.

I want that he comes to the exhibit with me. ❌
> want와 that절은
> 함께 사용 불가

45.2 **'타동사 + 목적어 + 동명사/현재분사' 패턴**

어떤 동사는 목적어를 가질 때 목적어가
동명사나 현재분사 앞에 위치해요.

동사 + 목적어 + 동명사/현재분사

Hayley heard the boss interviewing the new secretary.
헤일리는 사장님이 새 비서 면접하는 걸 들었어.

한눈에 보는 문장공식

주어	동사	목적어	동명사/현재분사	나머지
Hayley	heard	the boss	interviewing	the new secretary.

문장으로 이해하기

I remember Arnold leaving the house at around 10 o'clock.
아놀드가 10시쯤 집을 나섰던 게 기억나.

Jeremy spends every winter snowboarding in the Alps.
제레미는 매년 겨울을 알프스에서 스노우보드를 타며 보내.

I really don't like anyone talking to me while I'm trying to study.
공부하려고 하는데 누가 말 거는 거 너무 싫어.

My sister loves science. I can see her becoming a doctor one day.
내 동생은 과학을 정말 좋아해. 언젠가 그애는 박사가 될 것 같아.

45.3 목적어를 두 개 취하는 동사

'아들에게 돈을 빌려줬어.'라는 문장에는
두 개의 목적어가 있어요. 행동의 직접적인
대상(무엇을)인 '직접목적어', 행동의 영향을
받는 대상(누구에게)인 '간접목적어'인데,
간접목적어를 강조하고 싶다면 직접목적어
다음에 위치시키고 to/for를 함께 써야 해요.

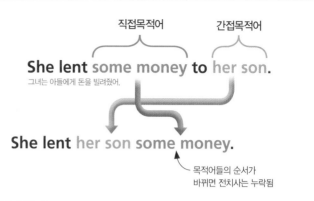

직접목적어   간접목적어

She lent some money **to** her son.
그녀는 아들에게 돈을 빌려줬어.

She lent her son some money.

목적어들의 순서가
바뀌면 전치사는 누락됨

문장으로 이해하기

Carolina sold {
her house **to** her younger brother.
her younger brother **her house.**
}
캐롤라이나는 자기 집을 남동생에게 팔았어.

Federico bought {
a car **for** his parents.
his parents **a car.**
}
페데리코는 부모님께 차를 사드렸어.

45.4 간접목적어나 직접목적어 중 대명사를 포함할 때

'아들에게 그것을 빌려줬어.'처럼
직접목적어를 대명사로 쓸 땐 직접목적어를
간접목적어 앞에만 둘 수 있어요.

She lent it **to** her son. ✅
그녀는 아들에게 그것을 빌려줬어.

She lent her son it. ❌

'그에게 돈을 빌려줬어'처럼 간접목적어를
대명사로 쓸 때, 간접목적어의 위치가
직접목적어 앞이나 뒤 모두 가능해요.

She lent some money **to** him. ✅
그녀는 그에게 돈을 빌려줬어.

She lent him some money. ✅

문장으로 이해하기

Carolina sold {
it **to** her younger brother. 캐롤라이나는 남동생에게 그것을 팔았어.
it **to** him. 캐롤라이나는 그에게 그것을 팔았어.
him her house. 캐롤라이나는 그에게 자기 집을 팔았어.
}

Federico bought {
it **for** his parents. 페데리코는 부모님께 그것을 사드렸어.
it **for** them. 페데리코는 그분들께 그것을 사드렸어.
them a car. 페데리코는 그분들께 차를 사드렸어.
}

46 두 단어 이상으로 구성된 구동사

일부 동사는 부사나 전치사와 결합하여 두 개 이상의 단어로 구성되면서 새로운 의미로
사용될 수 있어요. 이런 형태를 '구동사'라고 해요.

46.1 구동사의 형태

구동사란 하나의 동사가 하나 이상의 전치사나 부사와 결합하여 만들어진
형태로, 뒤에 붙은 전치사/부사로 인해 동사의 의미가 달라지기도 해요.

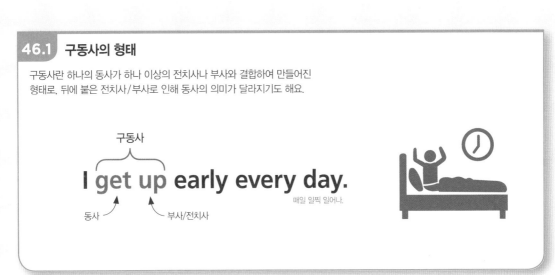

구동사

I get up early every day.

매일 일찍 일어나.

동사 → | ← 부사/전치사

46.2 시제에 따른 구동사의 형태 변화

구동사가 다른 시제로 쓰이더라도 동사만 시제의 영향을
받아 바뀌고 부사/전치사는 형태가 바뀌지 않아요.

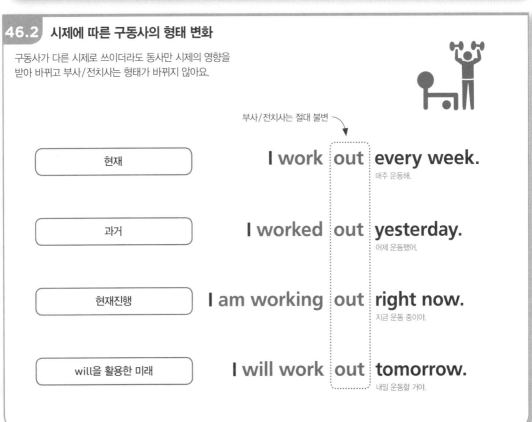

부사/전치사는 절대 불변

| 현재 | **I work out every week.** |
매주 운동해.

| 과거 | **I worked out yesterday.** |
어제 운동했어.

| 현재진행 | **I am working out right now.** |
지금 운동 중이야.

| will을 활용한 미래 | **I will work out tomorrow.** |
내일 운동할 거야.

135

구동사가 목적어를
수반할 때, 그 목적어를
동사와 부사/전치사
사이에 넣을 수 있는
구동사가 있어요. 이런
유형을 '분리할 수 있는
구동사'라고 해요.

목적어가 부사/전치사
뒤에 위치할 수 있음

He is picking up litter.
그는 쓰레기를 줍고 있어.

He is picking litter up.

목적어가 동사와 부사/전치사
사이에 위치할 수 있음

He is picking it up.
그는 그것을 줍고 있어.

문장으로 이해하기

I turned on the light.
불 켰어.

I turned the light on.

Can you pick up that box?
저 상자 좀 집어줄래?

Can you pick that box up?

You should throw away
those old shoes.
그 헌 신발들은 버리는 게 좋겠어.

You should throw those old
shoes away.

I was annoyed because he
woke up the baby.
그가 아기를 깨워서 짜증났어.

I was annoyed because he
woke her up.

I always fill up the water jug
when it's empty.
물병이 비면 항상 채우고 있어.

I always fill it up
when it's empty.

⚠️ **왕초보의 흔한 실수:** 대명사 목적어를 구동사 다음에 위치시키는 것

구동사의 목적어가
대명사인 경우 동사와
부사/전치사 사이에만
위치할 수 있어요.

대명사

대명사 목적어는
구동사 뒤에 위치 불가

He picked it up. ✅
그는 그것을 집어들었어.

He picked up it. ❌

46.4 분리할 수 없는 구동사

1+1 상품은 묶음으로 팔기 때문에 하나만 살 수 없죠?
구동사 중에도 1+1처럼 뗄 수 없이 늘 붙어 있는 것들이 있어요.

동사와 부사/전치사가
함께 붙어 있어야 함

We had to run to get on the train. ✅

기차에 타려면 뛰어야 했어.

We had to run to get the train on. ❌

동사와 부사/전치사 사이에
목적어 위치 불가

문장으로 이해하기

I need to go over my notes.
적어놓은 걸 검토해야 해.

Susan really takes after her father, they're very similar.
수잔은 아빠와 매우 닮았어. 붕어빵이야.

I've come across a new recipe.
새로운 조리법을 발견했어.

I'm taking care of my sister's children tonight.
오늘 밤엔 누나네 애들 돌봐야 해.

It's great to hear from you!
네게 직접 소식 들으니 반갑다!

Caterpillars turn into butterflies.
애벌레는 나비가 돼.

He has fallen behind the rest of the class this year.
그는 금년에 반에 있는 다른 학생들에게 뒤쳐졌어.

I ran into her at the supermarket.
슈퍼마켓에서 그녀와 마주쳤어.

Drop by the house any time you like.
오고 싶을 때 언제든 집에 들러.

He sleeps in most Saturdays.
그는 대개 토요일엔 늦잠을 자.

They will have to do without a trip this summer.
걔네는 이번 여름 휴가 없이 지내야 해.

Get on this bus for the beach.
바닷가에 가려면 이 버스를 타.

Get off that bicycle if you don't have a helmet.
헬멧이 없으면 자전거에서 내리세요.

I am looking into visiting somewhere warm.
따뜻한 곳에 가려고 알아보는 중이야.

47 '명사 앞'에 위치하는 전치사

전치사는 글자 그대로 앞(前/pre)에 위치(置/position)하는 말로, 단어나 구 앞에 위치해서
문장 속 구성요소 간의 장소 관계, 시간 관계, 이유 관계 등을 알려주는 역할을 해요.

47.1 기본 전치사

기본 전치사들은 명사, 대명사 또는
명사구를 목적어로 취하여 하나의
전치사구를 형성해요.

by는 '집(house)'을 기준으로
'공원(park)'의 위치 관계를 나타냄

There's a beautiful park by my house.
우리집 옆에 아름다운 공원이 있어.

Chrissy goes to the gym on Wednesdays.
크리시는 수요일마다 체육관에 가.

on은 크리시가 '체육관(gym)'에
언제 가는지 시간 관계를 나타냄

47.2 복합 전치사

두 단어 이상인 전치사도
있어요. 이런 전치사를
'복합 전치사'라고 하는데
한 단어로 된 기본
전치사와 기능은 같아요.

The bank is next to the library.
은행은 도서관 옆에 있어요.

47.3 전치사의 병치

두 개 이상의 단어를 나열할
때 동일한 전치사는 한 번만
사용해야 해요.

I sent presents to Al and [to] Ed.
앨과 에드에게 선물 보냈어.

각각 다른 단어에 다른
전치사가 필요할 땐 모두
표기해야 해요.

Look at and listen to the teacher.
선생님을 응시하고 경청해.

47.4 전치사와 동명사

전치사 바로 다음에 동사가 오면 동사의 형태는 동명사(-ing)여야 해요.

After graduating, I worked in a hospital.

전치사   동명사

졸업 후, 병원에서 근무했어.

문장으로 이해하기

Instead of applying for a job, I went to college.
취업하는 대신 대학에 갔어.

After seeing the job listing, I wrote a cover letter.
구인 목록을 보고 나서 자기 소개서를 작성했어.

47.5 문장 끝에 위치하는 전치사

전치사는 문장의 맨 끝을 포함하여 여러 위치에 올 수 있어요.

I'm listening to some music.
음악 감상 중이에요.

I like having something to listen to. ✓
뭔가 들을 게 있어서 좋네.

47.6 전치사 to

to는 형태는 같더라도 전치사로 쓰일 때가 있고 to부정사의 to로 쓰일 때도 있어요.

이 문장의 to는 전치사가 아닌 to부정사의 to예요.

이 문장에서는 look forward to라는 구동사의 일부이면서 전치사이기 때문에 뒤에 명사, 대명사, 동명사가 와요.

I'm going to see my friends tonight.
오늘 밤에 친구들 만날 거야.

I'm looking forward to seeing them.
걔네들 만나길 고대하고 있어.
 동명사

위치의 전치사는 한 사물(또는 사람)을 기준으로 다른 하나의 자리나 위치가 어디인지를
나타내요. 그래서 전치사가 바뀌면 문장의 의미도 바뀌게 되죠.

48.1 in/at/on

in은 '공간' 개념의 전치사예요.
넓은 지역이나 3차원 공간 내에
사물이나 사람이 위치해 있음을
나타낼 때 사용해요.

The Louvre is in Paris.
루브르 박물관은 파리에 있어.

David is in his bedroom.
데이빗은 자기 침실에 있어.

데이빗이 침실 '안에' 있음을 표현

at은 '점' 개념의 전치사예요.
정확한 지점을 나타낼 때 사용해요.

Turn left at the next corner.
다음 모퉁이에서 왼쪽으로 도세요.

Let's meet at the restaurant.
그 식당에서 만나자.

on은 '접촉' 개념의 전치사예요.
한 사물/사람이 다른 것을 일렬로
따라, 옆에, 표면 위에, 또는 붙어
있음을 나타낼 때 사용해요.

I love traveling on trains.
기차 타고 여행하는 거 좋아해.

There's a spider on the floor!
바닥에 거미가 있어!

문장으로 이해하기

They live in a hot country.
걔네는 더운 나라에 살아.

The dog is sleeping in his basket.
그 개는 자기 바구니 안에서 자는 중이야.

I will meet you at the beach.
해변에서 만날게.

Jane is working at her desk.
제인은 책상에서 작업 중이야.

I like that picture on the wall.
벽에 걸려 있는 저 그림 마음에 들어.

The books are on the table.
책들은 탁자 위에 있어.

보다 정밀하게 자리나 위치를 설명해주는 전치사들이 있어요.
Where로 묻는 질문에 답할 때 자주 사용돼요.

The bird is flying above the cat.
고양이 위로 새가 날고 있어.

The bird is sitting on top of the tree.
나무 꼭대기에 새가 앉아 있어.

The dog usually sits between Ed and Ben.
강아지는 보통 에드와 벤 사이에 앉아.

The cat is { **under underneath beneath below** } **the table.**
고양이가 탁자 밑에 있어.

Jack is { **next to near** } **the tree.**
잭은 나무 옆에 있어.

The basket is in front of the cat.
바구니가 고양이 앞에 있어.

Jack is hiding behind the tree.
잭은 나무 뒤에 숨어 있어.

Sally sits opposite **Fred at work.**
샐리는 회사에서 프레드 맞은편에 앉아.

문장으로 이해하기

There's a sign above **the door.**
문 위에 표지판이 있어.

There's a mouse underneath **the bed!**
침대 밑에 쥐가 있어!

My house is near **a lovely park.**
우리집은 아름다운 공원 근처에 있어.

The table is opposite **the television.**
탁자는 TV 맞은편에 있어.

I was stuck behind **a truck all the way home.**
집에 오는 내내 트럭 뒤에서 꼼짝 못했어.

I like those photos on top of **the bookshelf.**
책꽂이 맨 위에 있는 사진들 마음에 들어.

49 '시간 관계'를 나타내는 전치사

시간의 전치사는 정해진 일정이나 일상적으로 반복되는 일에 대해 말할 때 쓰여요.
그 일이 언제 일어나는지, 얼마나 오랫동안 계속되는지에 관한 정보를 제공해요.

49.1 on

on은 주로 요일명 앞에 붙어서
어떤 일이 언제 일어나는지를
나타내요.

-s를 요일명 뒤에 붙이면
그 요일에 규칙적으로 발생함을 나타냄

I work on Mondays.

매주 월요일 출근해.

미국식 영어에서는
on을 생략 가능

문장으로 이해하기

The library is closed on Sundays.
도서관은 일요일마다 문 닫아.

I'm going shopping on Saturday.
토요일에 쇼핑 갈 거야.

I have orchestra practice on Fridays.
금요일마다 오케스트라 연습이 있어.

I'll visit my grandparents on Monday.
월요일에 할머니할아버지 뵈러 갈 거야.

49.2 at

at은 어떤 일이 몇 시에
일어나는지를 나타내요.

I leave the house at 8am.

집에서 오전 8시에 출발해.

문장으로 이해하기

They are meeting at 1 o'clock.
걔네 1시에 만날 거야.

I have an appointment at 7 o'clock.
7시에 약속되어 있어요.

I have a yoga class at lunchtime.
점심시간에 요가 수업 있어.

I get the bus at half past 8.
8시 30분에 버스 타.

49.3 on the weekend vs. at the weekend

'주말에'라는 말은
영국식 영어에서는
weekend 앞에 at을,
미국식 영어에서는 on을
붙여 말해요.

미국식 영어는 on the weekend

I watch TV { on / at } the weekend.

주말에 TV 봐.

영국식 영어는 at the weekend

49.4 in

시간의 전치사 in은
during과 유사한 의미로,
월, 연, 계절명 앞이나
morning/afternoon/
evening 앞에 쓰여요.

I go to the gym in the morning.

오전에 운동하러 가.

문장으로 이해하기

I usually watch TV in the evening.

저녁엔 주로 TV를 봐.

I was born in 1973.

1973년에 태어났어요.

She's going to Europe in June.

그녀는 6월에 유럽 가.

I enjoy gardening in summer.

여름엔 정원 가꾸기를 즐겨 해요.

49.5 past vs. to

시간의 전치사 past와 to는 시각을 말할 때 주로 사용돼요.

past는 '~시 후'라는 의미로
'몇 시 몇 분'이라고 말할 때 많이
사용돼요.

It's twenty past seven.

7시 20분이야.

to는 '~시까지'라는 의미로
'몇 분 전 몇 시'라는 말을 할 때
많이 사용돼요.

It's twenty to seven.

6시 40분이야. (20분 전 7시야.)

49.6 기간을 나타내는 전치사

from ~ to ... 나 **between ~ and ...** 는 어떤 행동이
언제 시작되어 언제 끝나는지를 표현하는 데 사용돼요.

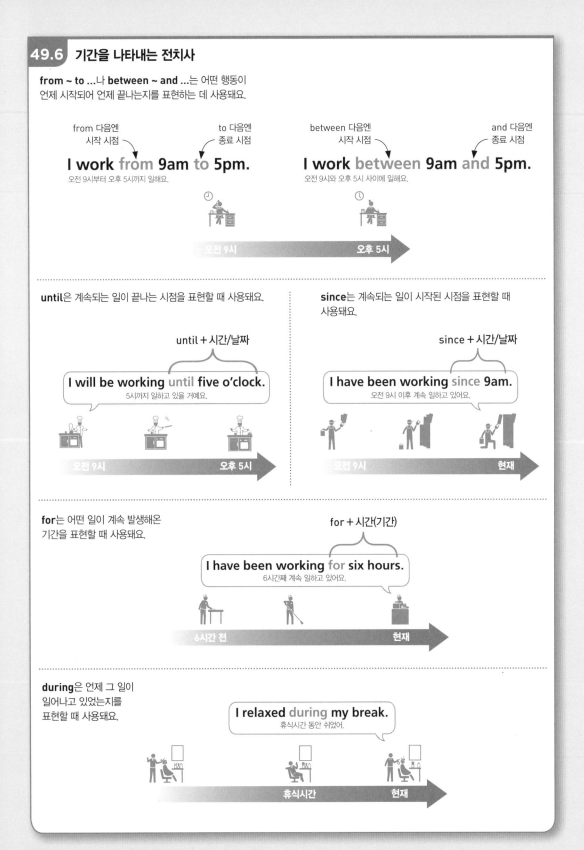

from 다음엔
시작 시점

to 다음엔
종료 시점

I work from 9am to 5pm.
오전 9시부터 오후 5시까지 일해요.

between 다음엔
시작 시점

and 다음엔
종료 시점

I work between 9am and 5pm.
오전 9시와 오후 5시 사이에 일해요.

오전 9시   오후 5시

---

until은 계속되는 일이 끝나는 시점을 표현할 때 사용돼요.

until + 시간/날짜

I will be working until five o'clock.
5시까지 일하고 있을 거예요.

오전 9시   오후 5시

since는 계속되는 일이 시작된 시점을 표현할 때
사용돼요.

since + 시간/날짜

I have been working since 9am.
오전 9시 이후 계속 일하고 있어요.

오전 9시   현재

---

for는 어떤 일이 계속 발생해온
기간을 표현할 때 사용돼요.

for + 시간(기간)

I have been working for six hours.
6시간째 계속 일하고 있어요.

6시간 전   현재

---

during은 언제 그 일이
일어나고 있었는지를
표현할 때 사용돼요.

I relaxed during my break.
휴식시간 동안 쉬었어.

휴식시간   현재

왕초보의 흔한 실수: **since**를 현재시제와 함께 사용하는 것

since는 주로
완료시제와 함께
쓰이고, 현재시제에는
쓰이지 않아요.

since는 현재완료진행형과
자주 쓰임

Tim has been working here since last year. ✓

팀은 작년부터 계속 여기서 일하고 있어.

Tim works here since last year. ✗

since는 현재형과 함께 사용 불가

49.7 그 밖의 시간의 전치사

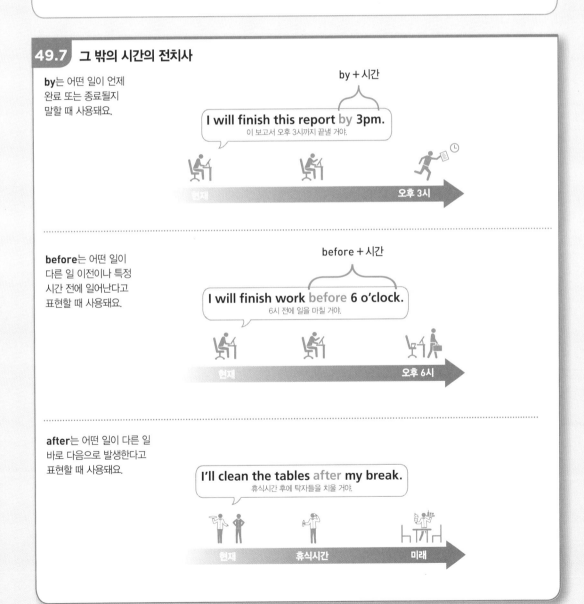

by는 어떤 일이 언제
완료 또는 종료될지
말할 때 사용돼요.

by + 시간

I will finish this report by 3pm.
이 보고서 오후 3시까지 끝낼 거야.

현재   오후 3시

before는 어떤 일이
다른 일 이전이나 특정
시간 전에 일어난다고
표현할 때 사용돼요.

before + 시간

I will finish work before 6 o'clock.
6시 전에 일을 마칠 거야.

현재   오후 6시

after는 어떤 일이 다른 일
바로 다음으로 발생한다고
표현할 때 사용돼요.

I'll clean the tables after my break.
휴식시간 후에 탁자들을 치울 거야.

현재   휴식시간   미래

50 그 밖의 전치사

전치사는 장소나 시간 외에도 다양한 의미를 나타내는 데 사용돼요.
대표적인 용도로 수단, 출처, 소유, 부재, 주제 등이 있어요.

50.1 by

by는 여러 가지 용도로 사용되는 전치사예요.

행동과 함께 사용되면 특정
결과물을 얻기 위해 행한 일
즉 '수단'을 나타내요.

결과　　　　　　　행동

I fixed my television by hitting it.
TV를 쳐서 고쳤어.

글을 쓴 작가나 어떤 것을
만든 사람을 나타내요.

I'm reading *1984* by George Orwell.
조지 오웰이 쓴 〈1984〉를 읽는 중이야.

이동 수단, 방법을
나타내요.

I always go to work by train.
항상 기차 타고 출근해.

on foot(도보로)은
by를 사용하지 않는 예외

수동태 문장에서도
쓰여요.

This was painted by a famous artist.
이건 유명한 화가가 그린 거야.

문장으로 이해하기

I broke my phone by dropping it in a puddle.
휴대폰을 물웅덩이에 떨어뜨려서 고장냈어.

This show is based on a short story by Jane Austen.
이 공연은 제인 오스틴이 쓴 단편소설을 바탕으로 하고 있어.

It's too far to walk into town. It's much easier to go by bus.
시내까지 걷기에는 너무 멀어. 버스 타고 가는 게 훨씬 편해.

That new building was designed by a famous architect.
저 새 건물은 유명한 건축가가 설계했어.

50.2 with vs. without

with는 여러 가지 용도로 사용되는 전치사예요.

'~와 동행/동반하여'라는
의미로 사용돼요.

I went to a restaurant with my wife.
아내와 함께 식당에 갔어.

소유에 관해 말할 때
사용돼요.

I want a job with a good salary.
급여가 많은 일을 하고 싶어.

어떤 행동에 필요한 도구를
나타낼 때 사용돼요.

I cut this apple with a knife.
칼로 이 사과를 잘랐어.

without은 어떤 것이 없다고
말할 때 사용돼요.

Vera came to the party without a gift.
베라는 선물 없이 파티에 왔어.

문장으로 이해하기

I need to move somewhere with better phone reception.
전화 수신이 더 잘 되는 곳으로 옮겨야겠어.

I need to hire someone with excellent computer skills.
컴퓨터 다루는 능력이 뛰어난 사람을 채용해야겠어.

Christina paid for the dress with her credit card.
크리스티나는 신용카드로 드레스 값을 계산했어.

Wait! Don't leave without me!
기다려! 나 빼놓고 출발하지 마!

50.3 about

about은 주로 '~(라는 주제)에 관하여'라는 의미로 사용돼요.

I'm watching a documentary about Ancient Greece.
고대 그리스에 관한 다큐멘터리를 보는 중이야.

문장으로 이해하기

I'm going to call the bank about their bad service.
은행에 전화해서 형편없는 서비스에 관해 이야기할 거야.

I'm sorry, but I have no idea what you're talking about.
미안하지만 네가 무슨 말을 하는지 전혀 모르겠어.

51 알아두면 유용한 전치사 구문

일부 형용사, 동사, 명사는 특정 전치사가 반드시 수반되어야 하는 경우가 있어요.
이런 전치사들은 대표적인 '형용사 + 전치사', '동사 + 전치사', '명사 + 전치사'를
구문처럼 알아두면 편리해요.

51.1 '형용사 + 전치사' 구문

일부 형용사는 항상 동일한 전치사를 수반해요.

형용사 + 전치사

It was good of **my friend to offer to babysit last night.**
고맙게도 친구가 어젯밤에 애들을 돌봐줬어.

일부 형용사는 여러 전치사 중 하나를 택하여 취할 수
있는데, 이때 의미상 차이는 없어요.

뒤에 at이 오든 by가 오든
의미상 차이는 없음

You seemed surprised $\begin{Bmatrix} at \\ by \end{Bmatrix}$ **their behavior.**
너 걔네들 행실 때문에 놀란 것 같더라.

문장으로 이해하기

The babysitter was angry about **looking after naughty children.**
버릇없는 아이들을 돌보느라 베이비시터가 화났어.

My parents are annoyed with **me for not cleaning my room.**
방 청소를 안 해서 부모님이 나한테 화나셨어.

My friends are getting ready for **their new baby.**
친구들은 출산할 준비가 되어가고 있어.

The children are impressed by **practical jokes.**
아이들은 짓궂은 장난에 마음을 뺏겨.

Janine is tired of **watching children's shows on TV.**
재닌은 TV로 어린이 프로그램 보는 걸 지겨워 해.

She is excited about **going hiking in the mountains.**
그녀는 등산 갈 생각에 신나 있어.

51.2 '동사 + 전치사' 구문

'동사 + 전치사 + 목적어'의 형태로
자주 사용되는 동사도 있어요.

동사 + 전치사

The head chef used to shout at the staff
to encourage them to work harder.

총주방장은 직원들이 더 열심히 일하게 하려고 소리를 질렀어.

문장으로 이해하기

The café was counting on the new menu to impress its customers.

그 카페는 신메뉴가 손님들에게 깊은 인상을 줄 거라고 기대하고 있었어.

The café advertised for another chef to join the team.

그 카페는 팀에 합류할 요리사를 구한다고 광고를 냈어.

The head chef spoke to the manager about hiring more kitchen staff.

총주방장이 주방 직원 충원에 관해 매니저에게 말했어.

What do you think about leaving early on Fridays?

금요일마다 일찍 퇴근하는 건 어떻게 생각해요?

51.3 '동사 + to / for' 구문

일부 동사는 to나 for 둘 다 취할 수 있으나 이때 문맥의 의미가 달라져요.
to는 이동/전달되는 것이 있을 때, for는 뭔가로부터 얻는 혜택이 있을 때 사용해요.

He sold the house to
the family.

그는 그 가족에게 집을 팔았어.

[가족은 그 집을 샀음]

He sold the house for
the family.

그는 그 가족을 위해 집을 팔았어.

[그는 자기 집을 팔아 그 가족을 도움]

일부 명사는 항상 동일한 전치사를 수반해요.

명사 + 전치사

I always keep a photograph of my family on my desk.

책상 위에 늘 가족 사진을 둬.

일부 명사는 의미상 차이 없이 하나 이상의 전치사를 취할 수 있어요.

뒤에 in이 오든 to가 오든 의미상 차이는 없음

There are advantages { in / to } moving away to study.

공부하려고 멀리 이사가는 것엔 장점들이 있어.

문장으로 이해하기

It is important to have a positive attitude toward studying.

공부에 대한 긍정적인 자세를 갖는 것이 중요해.

The cause of traffic jams is often bad town planning.

교통 체증의 원인이 잘못된 도시 계획인 경우가 많아.

I've been working hard to find a solution to this problem.

이 문제에 대한 해결책을 찾으려고 열심히 애써 왔어.

There has been a steady increase in students passing their exams.

학생들의 시험 합격률이 꾸준히 증가해 왔어.

The demand for public buses increases every year.

공공버스에 대한 수요가 매년 증가하고 있어.

Take your time planning a response to the essay question.

논문 문제에 대한 답변은 천천히 구상하도록 해.

51.5 전치사에 따라 의미가 달라지는 구문

일부 형용사, 동사, 명사는 2개 이상의 전치사를 취할 수 있는데,
어떤 전치사를 취하느냐에 따라 구문의 의미가 달라져요.

I'm anxious for **my vacation to start.**

휴가가 시작되니 신나.
[휴가 때문에 들떠 있음]

I'm anxious about **being late for my flight.**

비행기 시간에 늦을까 봐 걱정돼.
[비행기를 놓칠까 봐 걱정임]

He talked to **the teacher.**

그는 선생님과 이야기했어.
[선생님과 대화를 나눔]

He talked about **the teacher.**

그는 선생님에 대해 이야기했어.
[다른 누군가와의 대화 주제가 선생님이었음]

I have a good relationship with **my parents.**

부모님과 사이 좋아요.
[나와 부모님의 관계는 좋음]

The relationship between **family members is important.**

가족 구성원 사이의 관계는 중요해요.
[가족 구성원끼리 좋은 관계를 갖는 것이 중요함]

문장으로 이해하기

I'm upset about **how badly my exams went.**
시험 결과가 엉망이라 기분이 좋지 않아.

I'm upset with **myself for failing my exams.**
시험에 떨어진 나 자신에게 화가 나.

The charity needs to appeal for **more volunteers.**

그 자선단체는 더 많은 자원봉사자 모집을 호소할 필요가 있어.

The campaigns appeal to **students.**
그 캠페인은 학생들의 관심을 끌고 있어.

Pests are a serious problem for **farmers.**
해충은 농부들에게 심각한 문제야.

Farmers have a serious problem with **pests.**
농부들은 해충으로 인해 심각한 문제를 겪고 있어.

52 '하나'의 명사와 '여러 개'의 명사

영어에서 명사는 그 명사가 몇 개인지에 따라 형태가 달라져요. 하나라면 '단수',
두 개 이상이라면 '복수'라고 부르며 단수와 복수에 맞는 형태로 써야 해요.

52.1 보통명사

같은 종류의 모든 명사에 두루 쓰이는 이름을 '보통명사'라고 하며,
대개 앞에 관사가 오고 형용사로 수식할 수 있어요.

car **banana** **skirt** **game** **idea** **thought**

52.2 고유명사

'김지영', '청와대', '서울대학교'처럼 사람, 장소 등에 대한 명칭과 요일, 월명 등을
'고유명사'라고 해요. 하나밖에 없는 이름이기 때문에 첫 철자는 대문자로 써요.

Egypt is a beautiful country.

이집트는 아름다운 나라야.

Egypt는 국가명이라서
대문자로 시작한 고유명사

country는
보통명사

문장으로 이해하기

I study at Southern University.
서던 대학에 재학 중이야.

My best friend is called Jasmine.
가장 친한 친구 이름이 재스민이야.

I can see Mars in the sky tonight.
오늘 밤 하늘에 화성이 보여.

I was born in Canada.
캐나다에서 태어났어.

The Titanic sank when it hit an iceberg.
타이타닉 호는 빙하에 부딪혀서 침몰했어.

I hope to someday win an Oscar.
언젠가 오스카상을 받고 싶어.

52.3 명사의 복수형을 만드는 규칙

대부분의 명사는
단수형에 -s를 붙여
복수형을 만들어요.

 book → books

toy → toys

불규칙한 복수형

단수형이 -s, -x, -z, -ch, -sh로 끝나면 -es를 붙여요.

watch	brush	box
↓	↓	↓
watches	brushes	boxes

bus	quiz	
↓	↓	-z로 끝나는 경우에만 z를 한번 더 써준 후 -es를 붙임
buses	quizzes	

---

man이나 woman이 포함된 명사는 -an을 -en으로 바꿔요.

man	woman
↓	↓
men	women

businessman	businesswoman
↓	↓
businessmen	businesswomen

'자음 + y'로 끝나는 명사는 -y를 빼고 -ies를 붙여요.

dictionary	story
↓	↓
dictionaries	stories

일부 명사들은 단수형과 복수형이 전혀 다른 형태예요.

child	person
↓	↓
children	people

-o로 끝나는 명사는 주로 -es를 붙이면 복수형이 되는데,
'모음 + o'로 끝나는 명사는 -s만 붙여요.

echo	radio
↓	↓
echoes	radios

일부 명사는 단수형과 복수형이 동일해요.

species	sheep
↓	↓
species	sheep

53 '셀 수 있는' 명사와 '셀 수 없는' 명사

명사는 셀 수 있는 명사와 셀 수 없는 명사로도 나눌 수 있어요. 하나하나 셀 수 있는 명사를
'가산명사', 셀 수 없는 명사를 '불가산명사'라고도 불러요.

53.1 가산명사 vs. 불가산명사

가산명사를 문장 안에서 사용할 땐 앞에 a/an이나 숫자가 와요.
some은 가산명사와 불가산명사 둘 다 앞에 위치할 수 있어요.

가산명사	불가산명사
There is an egg. 계란이 한 개 있어.	불가산명사는 항상 단수형 동사와 함께 → **There is some rice.** 밥이 있어.
There are four eggs. 계란이 네 개 있어.	
There are some eggs. 계란이 몇 개 있어.	some은 불가산명사 앞에 올 수 있지만 a/an이나 숫자는 안 됨

가산/불가산명사의 예

 a sandwich   an apple

 some milk   some water

 some bananas   two burgers

some spaghetti   some sugar

53.2 불가산명사의 가산명사화

물은 셀 수 없지만, 병 안에
담겨 있다면 '한 병', '두 병'
셀 수 있죠? 불가산명사에
해당하는 물질이 용기 안에
들어 있는 경우라면 셀 수
있게 돼요.

 some sugar ➡ a bag of sugar

 some water ➡ three bottles of water

 some cereal ➡ a bowl of cereal

53.3 'some + 명사' vs. 'any + 명사'

가산명사와 불가산명사 모두 평서문일 땐 some을, 부정문이나 의문문일 땐 any를 사용해요.

가산명사	불가산명사
There are some eggs. 계란이 몇 개 있어.	**There is some rice.** 밥이 있어.

셀 수 있는 명사
eggs라서 복수형 동사

There aren't any eggs.
계란이 없어.

셀 수 없는 명사
rice라서 단수형 동사

There isn't any rice.
밥이 없어.

복수형 동사

Are there any eggs?
계란 있어?

단수형 동사

Is there any rice?
밥 있어?

53.4 몇 개 / 얼마 있나요? (수량을 묻는 질문)

가산명사의 수량을 물을 땐 many, 불가산명사의
수량을 물을 땐 much를 사용해요.

How many eggs are there?
계란 몇 개 있어?

복수형 동사

How much rice is there?
밥 얼마만큼 있어?

단수형 동사

문장으로 이해하기

How many cupcakes are there?
컵케이크 몇 개 있어?

How many apples are there?
사과 몇 개 있어?

How much cheese is there?
치즈 얼마만큼 있어?

How much chocolate is there?
초콜렛 얼마만큼 있어?

⚠ 왕초보의 흔한 실수: much와 many를 혼동하여 쓰는 것

much는 불가산명사에만 쓰고, 이때 동사는 항상 단수형이어야 해요.

How much pasta is there?
파스타 얼마만큼 있어?

How many pasta are there?

54 주어와 동사의 수 일치

영어의 기본 규칙 중 하나가 주어와 동사의 수를 일치시키는 것이에요. 하지만 일부 명사는
문맥에 따라 단수로 취급되기도 하고 복수로 취급되기도 하므로 주의가 필요해요.

54.1 단수 취급하는 복수명사

책이나 예술 작품의
이름이 복수명사로
끝나더라도 단일 명사로
취급해 단수로 수의
일치를 시켜요.

Tales는 복수형이지만
*The Canterbury Tales*는 하나의 작품

The Canterbury Tales was first published in the 1400s.
〈캔터베리 이야기〉는 1400년대에 처음 출간됐어요.

-s로 끝나더라도 단수로
취급하는 명사들이 있어요.
주로 장소명이나 학문명이
이에 해당해요.

Mathematics is becoming a more popular subject.
수학은 점점 인기 과목이 되고 있어요.

문장으로 이해하기

Little Women is a novel by
Louisa May Alcott.
〈작은 아씨들〉은 루이자 메이 올컷이 쓴 소설이야.

The Netherlands is famous
for its tulip industry.
네덜란드는 튤립 산업으로 유명해.

Gymnastics was the most
enjoyable sport at school.
체조가 제일 재미있는 학교 스포츠였어.

Politics is often a topic for
academic debate.
정치는 학술 토론의 단골 주제예요.

Athletics was an important part
of the ancient Olympic Games.
고대 올림픽 게임에 육상은 주요 파트였어요.

54.2 팀 vs. 팀원들 (집합명사)

집합명사는 단수 형태이지만, 여러 사람 또는 하나의 집단을 나타내요. 미국식 영어에서는 주로 집합명사를 단수 취급하지만, 영국식 영어에서는 문맥에 따라 단수 또는 복수명사로 취급해요.

주어가 하나의 집단을 나타내므로 뒤에 동사의 단수형을 취함

The team is getting a new manager next year.

그 팀은 내년에 새 매니저를 영입할 거야.

[새로운 매니저를 영입하는 것은 팀 전체의 일]

주어가 개별 구성원 여러 명을 나타냄   영국식 영어에서만

The team are feeling excited about the news.

팀원들은 그 소식을 듣고 신나 있어.

[팀의 구성원 한 명 한 명이 신이 난 상태임]

문장으로 이해하기

The society is going to have a meeting next week.
협회는 다음 주에 회의를 열 거야.

The society are discussing how often they should meet.
협회원들은 얼마나 자주 회의를 하는 게 좋은지 논의 중이야.

The band has just released its new album.
그 밴드는 신규 앨범을 막 발매했어.

The band have been on tour to promote their new album.
그 밴드 멤버들은 신규 앨범 홍보를 위해서 투어 중이야.

The government is located in the capital city.
중앙 정부는 수도에 위치해 있어.

The government are in talks with the US.
정부는 미국과 회담 중에 있어.

My family is bigger than most other families I know.
우리 가족은 내가 아는 어느 가정보다 대가족이야.

My family are going away together for the first time in years.
우리 식구들은 몇 년만에 처음으로 함께 여행 가.

The company has hired some new staff.
회사는 신규 직원을 몇 명 채용했어.

The company have been busy baking for a charity cake sale.
직원들은 자선 판매용 케이크를 굽느라 계속 바빴어.

55 '수'와 '양'을 나타내는 말

대상의 수량을 정확한 수치가 아닌 '조금', '적은', '많은' 같이 수량이 적당한지를 말하거나
다른 수량들과 비교하는 다양한 표현들이 있어요.

55.1 some/a few/lots of

수량에 해당하는 정확한 수치를 모를 때 쓸 수 있는
대표적인 말로 some, a few, lots of가 있어요.

some은 개수가 두 개 이상으로
정확한 수치를 모를 때 사용

There are some buildings.
건물들이 있어요.

a few는
개수가 적은 경우에 사용

There are a few buildings.
건물들이 몇 채 있어요.

lots of는
개수가 많은 경우에 사용

There are lots of buildings.
건물들이 많이 있어요.

문장으로 이해하기

There are some very old trees
in my local park.
동네 공원에 아주 오래된 나무들이 있어요.

There are a few items on the
menu that I'd like to try.
메뉴 중에 먹어보고 싶은 음식이 몇 개 있어요.

There are a few sights that I'd
like to see while I'm here.
여기 있는 동안 구경하고 싶은 명소가 몇 군데 있어요.

There are lots of mountains in
the Alps that I'd love to climb.
알프스 산맥에는 오르고 싶은 산들이 많아요.

There are some vegetables
that I really don't like.
내가 정말 싫어하는 채소들이 있어요.

There are a few cars parked
outside my house.
우리 집 밖에 차가 몇 대 주차되어 있어요.

Lots of my friends rely on
trains to get to work.
출근할 때 열차를 이용하는 친구들이 많아요.

There are lots of people
waiting outside the gallery.
미술관 밖에 기다리고 있는 사람들이 많아요.

55.2 enough vs. too many

셀 수 있는 명사의 수량은 enough,
not enough, too many를 사용하여
말할 수 있어요.

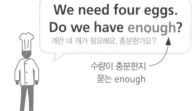

We need four eggs.
Do we have enough?
계란 네 개가 필요해요. 충분한가요?

수량이 충분한지
묻는 enough

We have two eggs. That's not enough.
계란이 두 개 있어요. 충분하지 않네요.

너무 적다는 의미

We have four eggs. That's enough.
계란 네 개 있어요. 충분해요.

딱 맞는 수량이라는 의미

Don't use five eggs. That's too many.
계란 다섯 개 쓰지 마세요. 너무 많아요.

충분한 것 이상으로 많다는 의미

문장으로 이해하기

There are enough apples here.
여기 사과는 충분해.

There aren't enough employees.
직원이 충분하지 않아.

I don't have enough shoes.
신발이 충분하지 않아.

You have too many clothes.
너는 옷이 너무 많아.

55.3 enough vs. too much

셀 수 없는 명사의
수량은 enough,
not enough, too
much를 사용하여
말할 수 있어요.

We need eight ounces of flour. Do we have enough?
밀가루 8온스가 필요해요. 충분한가요?

4oz

not enough flour
충분하지 않은 밀가루

너무 적다는 의미

8oz

enough flour
충분한 밀가루

딱 맞는
수량이라는 의미

12oz

too much flour
너무 많은 밀가루

필요하거나 원하는 양
이상으로 많다는 의미

문장으로 이해하기

There is enough milk.
우유가 충분히 있어요.

I don't have enough energy.
기운이 별로 없어.

There isn't enough time.
시간이 충분하지 않아요.

There is too much food.
음식이 너무 많아요.

55.4 a lot of/lots of

a lot of와 lots of는 일상회화에서 많이 쓰이는 말로,
셀 수 없는 명사나 셀 수 있는 명사의 복수형 앞에 쓰여
수량이 많다는 것을 의미해요.

A lot of } **people play sports to keep fit.**
Lots of
많은 사람들이 건강을 유지하기 위해 스포츠 활동을 해요.

문장으로 이해하기

There was a lot of food at the event. 그 행사에는 음식이 많았어요.

The charity received lots of donations. 그 자선단체는 기부금을 많이 받았어요.

 The event raised a lot of money. 그 행사로 돈을 많이 모았어요.

Lots of people enjoy charity events. 많은 사람들은 자선 행사에 즐거워해요.

55.5 적은 '양'을 나타내는 little

little은 셀 수 없는 명사 앞에 쓰여 양이 '아주 적다'는
것을 강조해요.

a little은 셀 수 없는 명사 앞에 쓰여 양이 적긴 해도
'있다'는 것을 강조해요.

little = not much

a little = some

**I have little money left. I can't
afford to visit the wildlife park.**
돈이 거의 남아 있지 않아. 야생동물 공원에 갈 돈이 없어.

**I have a little money left.
Should we visit the wildlife park?**
돈이 조금 남아 있어. 야생동물 공원에 갈까?

↘ 뒤에 명사 없이 little 자체가 '많지 않은
것'을 뜻하는 대명사로 쓰이기도 함

일상회화에서는 a little 대신에 ↙
a (little) bit of를 쓸 수 있음

**Little can be done about the
decreasing number of red squirrels.**
붉은날다람쥐의 개체수 감소에 대해 할 수 있는 일이 거의 없어.

**There's a little bit of the park
that we haven't seen yet.**
그 공원에서 우리가 아직 구경하지 못한 곳이 좀 있어.

55.6 적은 '수'를 나타내는 few

few는 셀 수 있는 복수명사 앞에 쓰여 수가 '적다'는 것을 강조해요.

a few는 셀 수 있는 복수명사 앞에 쓰여 개수가 적긴 해도 '있다'는 것을 강조해요.

> few = not many

**There are few rare birds here.
We probably won't see any.**

여긴 희귀 새가 거의 없어. 우리는 아마 한 마리도 못 볼 거야.

> a few = some

**There are a few rare birds here.
We might see one.**

여긴 희귀 새가 좀 있어. 우리가 볼 수 있을지도 몰라.

문장으로 이해하기

뒤에 명사 없이 few 자체가 '많지 않은
것/사람'을 뜻하는 대명사로 쓰이기도 함

**Few are willing to contribute to
the upkeep of the national park.**

국립공원 유지를 위해 기꺼이 도움을 주려는 사람들이 별로 없어.

개수가 적은 것을 강조하기 위해
few 앞에 very를 붙이기도 함

**I wanted to see an owl, but very few
can be seen during the day.**

부엉이가 보고 싶었는데 낮에는 정말 거의 볼 수 없지.

55.7 '꽤 많은' 수량을 나타내는 quite a few/quite a bit (of)

a bit이나 a few는 '적다'라는 의미이지만 quite a bit of나 quite a few는 수량이 많음을 '꽤 많다'라고 절제해서 말하는 표현이에요.

> quite a few = many

**The park is home to
quite a few species.**

그 공원은 꽤 많은 동물들의 서식처야.

> quite a bit = a lot of

**There is quite a bit of open
space for the animals.**

동물들을 위한 개방형 공간이 꽤 많아.

문장으로 이해하기

**Quite a few of the students in
my class don't like History.**
내 수업을 듣는 학생 중 꽤 많은 아이들이 역사 과목을 좋아하지 않아.

**There are quite a few
books that I'd like to read.**
읽고 싶은 책이 꽤 많아.

**There's still quite a bit of
snow on the ground.**
땅 위에 여전히 눈이 꽤 많이 있어.

**She ate quite a bit of cake
at her birthday party.**
그녀는 생일 파티에서 케이크를 꽤 많이 먹었어.

55.8 '더 많은' 수량을 나타내는 more

more는 셀 수 있는 명사와 셀 수
없는 명사 둘 다에 사용하여
더 많은 수량이 있음을 표현해요.

셀 수 있는 명사

I'm buying more cookies.

쿠키 더 살 거야.

We need more milk.

우리는 우유가 더 필요해.

셀 수 없는 명사

문장으로 이해하기

I like spending more time with my family.
난 가족과 함께 더 많은 시간을 보내는 게 좋아.

Our new house has more space.
새 집에는 공간이 더 많아.

more 앞에 even을
써서 의미를 강조

We raised even more money for charity.
우리는 자선 기금을 훨씬 더 많이 모았어.

more and more는 시간의
경과에 따른 수량의 증가를 의미

More and more people are donating.
점점 더 많은 사람들이 기부하고 있어.

55.9 '더 적은' 수량을 나타내는 fewer/less

fewer는 셀 수 있는
명사의 복수형 앞에,
less는 셀 수 없는
명사 앞에 사용하여 더
적은 수량이 있음을
표현해요.

셀 수 있는 명사의 복수형

Fewer people drive cars these days.

요즘 운전하는 사람이 줄었어.

Traveling by bus or train uses less fuel.

버스나 기차로 이동하는 게 연료를 더 적게 소모해.

셀 수 없는 명사

문장으로 이해하기

There are fewer whales in the oceans nowadays.
요즘 바다에 고래 수가 줄었어.

We need to spend less money.
우리는 돈을 더 적게 써야 해.

Fewer people enjoy gardening these days.
요즘 정원 가꾸기를 즐겨 하는 사람들이 줄었어.

There is much less traffic today.
오늘 교통 체증이 훨씬 덜했어.

⚠ 왕초보의 흔한 실수: **fewer와 less를 혼동하여 사용하는 것**

뒤에 나오는 명사가 셀 수 있는 명사인지 아닌지에 따라
fewer를 쓸 수도 있고, less를 쓸 수도 있어요.

fewer는 셀 수 있는 명사의
복수형에만 사용 가능

I have fewer potatoes than I need. ✅
감자가 필요한 갯수보다 더 적게 있어.

less는 셀 수 없는
명사에만 사용 가능

I have less potatoes than I need. ❌

I have fewer flour than I need. ❌

I have less flour than I need. ✅
밀가루가 필요한 양보다 더 적게 있어.

55.10 ~보다 많은/~보다 적은 (more than / less than / fewer than)

more than은 셀 수 있는 명사와
셀 수 없는 명사 모두의 수량을
특정한 수치를 기준으로 보다
구체적으로 나타낼 때 사용해요.

Lions eat more than 15 pounds of meat each day.
사자는 매일 고기를 15파운드 넘게 먹어.

fewer than은 사람이나
사물의 수량을 구체적으로
나타내요.

There are fewer than 3,500 tigers in the wild.
야생에는 호랑이 숫자가 3,500마리도 안 돼.

less than은 양, 거리, 시간,
금액의 수량을 구체적으로
나타내요.

The wildlife park costs less than $5 to visit.
그 야생동물 공원 입장료는 5달러도 안 돼.

문장으로 이해하기

The committee holds meetings more than 5 times a month.
위원회는 한 달에 5회 넘게 회의를 소집해요.

There were more than 100 people at the event.
그 행사에 100명 넘는 사람들이 왔어요.

Charity workers are paid on average less than $10 an hour.
자선단체에서 일하는 사람들의 평균 시급이 10달러도 되지 않아요.

The charity survives with fewer than 20 volunteers.
그 자선단체는 20명도 안 되는 자원봉사자로 간신히 버티고 있어요.

There are fewer than 50 tickets left for the charity concert.
자선 공연 티켓이 50장도 남지 않았어요.

You can donate less than the recommended amount.
권장 금액보다 적게 기부하셔도 돼요.

56 '어느 한'과 '바로 그', 관사

'그 치킨 맛있어.'와 '치킨 맛있어.'는 '그'라는 짧은 말 하나로 의미가 달라지죠.
영어에서도 명사 앞에 관사가 오느냐, 그리고 어떤 관사가 오느냐에 따라
말하는 대상이 일반적인 것인지 특정한 것인지 구분돼요.

56.1 어느 한 (부정관사 a/an)

일반적인 상황을 말할 땐
부정관사 a/an을 사용해요.

I work in a library.
도서관에서 일해요.

특정 도서관이 아닌 '도서관이란
곳'에서 일하고 있다는 의미

I work in an office.
사무실에서 일해요.

모음(a,e,i,o,u)으로 시작하는
단어 앞에는 a 대신 an을 사용

여러 개 중 막연한 하나를
말할 때도 a/an을
사용해요.

We are trying to buy a house.
우리는 집을 사려고 해요.

어떤 특정한 집을
사겠다는 의미가 아님

어떤 종류나 분류에 속함을
나타내기 위해서도 a/an을
사용해요.

Canada is a very cold country.
캐나다는 아주 추운 나라예요.

Canada가 country(국가)라는
분류에 속함을 나타냄

문장으로 이해하기

Dogs make a great family pet.
개는 아주 훌륭한 가정용 애완동물이에요.

부정문에서도 동일하게 사용

Jim isn't an artist.
짐은 예술가가 아니에요.

Do you want to come to an exhibition?
전시회 오고 싶으세요?

의문문에서도
동일하게 사용

Is there a bank **near here?**
이 근처에 은행 있나요?

56.2 몇몇, 일부 (some)

일반적인 상황이지만 명사가 복수일 땐 a/an 대신 some을 쓸 수 있어요.

a/an은 하나일 때만 사용 → 단수명사

There is a hotel in the town.
시내에 호텔이 하나 있어요.

There are some hotels in the town.
시내에 호텔이 몇 개 있어요.

두 개 이상일 때는 → some을 사용

복수명사 →

문장으로 이해하기

There are some banks on Main Street.
메인 가에 은행이 몇 군데 있어요.

There are some children in the park.
공원에 아이들 몇이 있어요.

56.3 some vs. any

의문문이나 부정문에서는 some 대신에 any를 사용해요.

There are some cafés in the town.
시내에 카페가 몇 군데 있어요.

Are there any cafés in the town?
시내에 카페가 있나요?

There are some children in the park.
공원에 아이들 몇 명이 있어요.

There aren't any children in the park.
공원에 아이들이 없어요.

문장으로 이해하기

Are there any museums?
박물관 있나요?

There aren't any parks.
공원이 없어요.

Are there any swimming pools?
수영장 있나요?

There aren't any factories.
공장이 없어요.

56.4 바로 그 (정관사 the)

대화자 모두 알고 있는 특정한 사람이나 사물에 대해 말할 때 정관사 the를 사용해요.

We went on a tour and the guide was excellent.

우리는 관광을 갔는데 가이드가 훌륭했어요.

↑ 우리가 갔던 관광 가이드에 대해 말하는 것이 명확하므로 the

이미 언급한 적이 있는 사람이나 사물에 대해 다시 이야기할 때도 the를 사용해요.

There's a bus trip or a lecture. I'd prefer the bus trip.

버스 관광이나 강의가 있어. 나는 버스 관광이 더 좋아.

↘ 앞 문장에서 bus trip을 언급했으므로 the

최상급 앞에도 the를 사용해요.

The Colosseum is probably the most famous site in Rome.

콜로세움이 아마도 로마에서 가장 유명한 곳일 거야.

↖ 최상급

이 세상에 하나뿐인 대상에 대해 말할 때도 the를 사용해요.

I'm going to the Trevi Fountain before I leave.

떠나기 전에 트레비 분수에 갈 거야.

↖ 트레비 분수는 하나뿐

유일무이한 직위나 호칭을 가진 사람에 대해 말할 때도 the를 사용해요.

↗ Pope(교황)은 직위명

The Pope is visiting another country this week.

교황은 이번 주 다른 나라를 방문할 예정입니다.

문장으로 이해하기

What is the biggest country in the world?

세계에서 가장 큰 나라가 어디야?

I never take the first train to work in the morning.

아침에 출근할 때 첫차를 타는 적은 없어.

I love this restaurant. The waiters are great.

이 식당 정말 마음에 들어. 웨이터들이 훌륭해.

I went to Paris and climbed the Eiffel Tower.

파리에 가서 에펠탑에 올라갔어.

Did you buy those shoes from the shoe shop on Broad Lane?

그 신발 브로드 가에 있는 그 신발가게에서 산 거니?

The President will be speaking on TV tonight.

대통령은 오늘 밤 TV 연설 예정입니다.

56.5 the + 명사 + 수식어구

전치사구나 한정용법의 관계사절이 뒤에 와서 명사에 대해 구체적인
설명을 해주는 경우 해당 명사 앞에 the를 사용해요.

The pictures on the wall are beautiful.
벽에 걸린 그 그림들이 아름다워.

언급하는 '그림'이
어느 그림인지 명확함

The dog that I saw earlier was adorable.
아까 봤던 그 개 사랑스러웠어.

언급하는 '개'가
어느 개인지 명확함

문장으로 이해하기

**The computers in this office
are all too slow.**
이 사무실에 있는 컴퓨터들 전부 너무 느려.

**The students in my classes are
very intelligent and dedicated.**
우리반 학생들은 매우 똑똑하고 성실해.

**The books that I bought yesterday
are for my son's birthday.**
어제 산 책은 아들 생일 선물이야.

**The pastries that they sell here
are absolutely delicious.**
여기서 파는 패스트리 정말 맛있어.

56.6 ~한 사람들 (the + 형용사)

일부 형용사는 앞에 the가 붙었을 때
한 무리나 집단의 사람을 나타내요.

**Rich people have bought most of the
new houses in this town.**
부자들이 이 마을에 있는 새 집들 대부분을 사들였어요.

**Almost all the houses here
are owned by** the rich.
이곳의 거의 모든 집들이 부자들 소유예요.

문장으로 이해하기

Emergency treatment for
the injured **is essential.**
부상자들의 응급 조치는 매우 중요해요.

**Many charities try to
protect** the poor.
많은 자선단체들이 가난한 사람들을 보호하려 애써요.

**The media sometimes
portrays** the young **as lazy.**
매체에서는 종종 젊은이들을 게으르다고 묘사해요.

**The elderly often need the
support of their families.**
노인들은 가족의 지원을 빈번이 필요로 해요.

> **TIP**
> 의미는 복수
> (젊은 사람들)이지만,
> 'the youngs'라고
> 하면 틀림

56.7 무(無)관사

일반적인 상황을 나타내는 불가산명사나 복수명사 앞에는 관사를 사용하지 않아요. 관사가 없다고 하여 '무관사'라고 불러요.

I don't like the beach. I get sand everywhere.

불가산명사

바닷가를 좋아하지 않아.
여기저기 모래가 들어가거든.

복수명사

You can see famous sights all over New York City.

뉴욕 전역에서 명소를 볼 수 있어요.

어떤 장소나 기관이 문장 내에서 본래의 목적과 부합한 내용으로 사용된다면 그 앞에 관사를 붙이지 않아요.

Liz is seven. She goes to school now.

리즈는 일곱 살이야.
이제 학교에 가.

학교의 본래 목적과 맞게 공부하러 학교에 가므로 관사가 필요 없음

Larry works at the school in Park Street.

래리는 파크 가에 있는 학교에서 근무해.

공부하러 가는 목적이 아니지만 파크 가에 있는 특정 학교를 나타내므로 the를 붙임

문장으로 이해하기

Coffee is one of Colombia's major exports.

커피는 콜롬비아의 주요 수출품 중 하나예요.

Kangaroos are common in Australia.

호주에선 캥거루가 흔해.

I am studying Engineering in college in Chicago.

시카고에 있는 대학에서 공학을 전공하고 있어.

Liz goes to school at 8am.

리즈는 오전 8시에 학교에 가.

In the UK, children start school when they are five years old.

영국에선 아이들이 5세부터 학교에 다녀요.

I've got so many books.

나 책 굉장히 많아.

Paris, Time square, America 등 국가나 고유의 장소명 앞에는 무관사

Paris is the capital of France.

파리는 프랑스의 수도야.

Go to bed, Tom!

톰, 가서 자!

56.8 명사 전체를 나타낼 때

'사과는 빨갛다.'라고 말할 때는 특정 사과가 아닌 '사과'라는 과일 전체에 대해 말하는 것이죠.
이렇게 사물을 통칭할 땐 '무관사 + 복수형 명사'나 'the + 단수명사'로 나타낼 수 있어요.

어떤 망원경 하나가 아닌 망원경이란 기구를 말함

Telescopes
The telescope } **changed the way we see the night sky.**

망원경이 밤 하늘을 관측하는 방법을 바꿔놨어.

특정한 치타 한 마리가 아닌 동물의 한 종을 말함

Cheetahs
The cheetah } **can run faster than any other land animal.**

치타는 다른 어느 육상동물들보다 빨라.

특정한 바이올린이 아닌 하나의 악기 종류를 말함

Violins are
The violin is } **often the key instrument in an orchestra.**

바이올린은 관현악단에서 흔히 중심이 되는 악기야.

56.9 사람 이름 앞의 관사

사람 이름 앞에는 보통
관사를 붙이지 않아요.

This is my uncle, Neil Armstrong.

이분은 내 삼촌 닐 암스트롱이셔.

정관사 the를 사람 이름
앞에 붙여 동일한 이름을 가진
다른 사람들과 구별할 수 있어요.

이 경우에
the는 [thee]로 발음

He's not the Neil Armstrong, is he?

그분 그 '닐 암스트롱' 아니지, 그렇지?
[그 사람이 그 이름을 가진 유명인은 아닌 거지, 그렇지?]

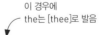

부정관사 a/an을 사람 이름
앞에 쓸 때는, 이름 자체를
강조해서 말하는 거예요.

I'm afraid there isn't
a "Joseph Bloggs" on the list.

명단에 '조셉 블록스'란 이름은 없는 것 같아요.
[그 특정 이름은 목록에 없다고 강조]

한눈에 보는 관사

단수명사

단수명사 앞에는 무조건 관사가 와야 해요. 일반적인 것을 말하냐, 특정한 것을 말하냐에 따라 a/an이나 the를 사용해요.

부정관사

사고 싶은 특정 차가 아닌 일반적인 '새 차'라서 a

He wants to buy a new car. ✅

그는 새 차를 사고 싶어 해.

I've got a beautiful green coat. ✅

예쁜 녹색 코트가 생겼어.

내게 없었던 새로 생긴 코트를 말하므로 a

복수명사

a/an은 복수명사와 함께 사용할 수 없어요. 그 대신에 some을 붙여서 수량이 불분명한 사물에 대해 말할 수 있어요.

복수명사 앞에는 a/an 사용 불가

Sam bought a new shoes today. ❌

I've just planted some roses. ✅

이제 막 장미를 심었어.

some 때문에 장미가 있다는 것은 유추 가능하나 정확한 개수는 모름

셀 수 없는 명사

불가산명사 앞엔 a/an을 붙일 수 없어요. 특정한 것을 말할 때는 앞에 the를 붙이고, 일반적인 의미일 땐 아예 관사를 붙이지 않아요.

불가산명사라 a/an 사용 불가

I left a money on the table. ❌

Children should drink a milk. ❌

정관사	무관사
대화자 간에 알고 있는 특정 차이므로 the	단수명사 앞에는 관사가 꼭 있어야 하므로 틀린 문장
Is the red car **outside yours?** ✅ 밖에 있는 빨간 차 네 거야?	**I've got** new car. ❌
I want to buy the green coat ✅ **hanging in the window.** 진열창에 걸려 있는 녹색 코트 사고 싶어요.	**I've got beautiful** green coat. ❌
뒤에 수식어구가 붙은 특정한 복수명사이므로 the	일반적인 신발 종류를 의미하므로 관사를 붙이지 않음
The shoes **Sam bought** ✅ **were very expensive.** 샘이 산 신발 아주 비쌌어.	**Sam is always buying** shoes. ✅ 샘은 늘 신발을 사.
The roses **you planted** ✅ **outside are beautiful.** 네가 밖에 심은 장미 예뻐.	Roses **are a type of flower.** ✅ 장미는 꽃의 한 종류예요. '장미'라는 일반적인 명칭이므로 관사를 붙이지 않음
대화자 간에 알고 있는 특정한 돈이므로 정관사 the	일반적인 의미의 돈이므로 관사를 붙이지 않음
I left the money **on the table.** ✅ 탁자 위에 돈 놔뒀어.	**She earns a lot of** money. ✅ 그녀는 돈 많이 벌어.
Children should drink the milk. ❌ '우유'라는 일반적인 명칭이므로 관사를 붙이면 안 됨	**Children should drink** milk. ✅ 아이들은 우유를 마시는 게 좋아요.

57 '이것', '저것' 가리키는 지시사

this, that, these, those는 'this book'처럼 명사 앞에 붙어 한정사의 역할을 해요.
말하고 있는 대상인 어느 것인지 가리켜주며, '이것', '저것'하는 식으로 대명사의 역할을
하기도 해요.

57.1 한정사 this/that

this와 that이 한정사로 쓰일 땐 단수명사 앞에만 올 수 있어요. this는 가까운 것, that은 그보다 멀리 있는 것을 가리켜요.

최근이나 현재의 것엔 this를, 과거에 있던 것이나 지금은 존재하지 않는 것엔 that을 사용해요.

집이 말하는 사람 가까이에 있어서 this

This house is too big.
이 집은 너무 커.

집이 좀 더 떨어져 있어서 that

That house is too small.
저 집은 너무 작아.

말하는 사람이 현재 하고 있는 일이라서 this

This job is great.
이 일은 너무 좋아.

과거형

That job **was** boring.
그 일은 지루했어.

과거에 했지만 지금은 안 하는 일이라서 that

문장으로 이해하기

This essay is proving to be really difficult.
이 에세이가 정말 어렵다는 게 입증되고 있어.

I like **this** rabbit so much I want to take it home.
이 토끼 너무 마음에 들어서 집에 데려가고 싶어.

When I eat out I always order **this** rice dish.
외식하면 항상 이 밥을 주문해.

불가산명사에는 this/that만 these/thoes는 사용 불가

That cake in the window looks incredible.
진열창 안에 있는 저 케이크 정말 맛있어 보여.

I'd like to see **that** play this weekend.
저 연극 이번 주말에 보고 싶어.

This show is great, but I didn't like **that** other show as much.
이 프로그램은 재밌는데, 그 프로그램은 그렇게 마음에 들지 않았어.

that 뒤에 other을 붙이면 앞에 제시한 명사와 다른 것임을 강조

57.2 한정사 these / those

these와 those가 한정사로 쓰일 땐 복수명사 앞에만 올 수 있어요. these는 거리상 가깝거나 현재 존재하는 것, those는 멀리 떨어져 있거나 과거에 존재했던 것에 대해 말할 때 사용해요.

This cake is delicious.
이 케이크 맛있어.

theses는
this의 복수형

these/those
뒤에는 복수명사

These cakes are delicious.
이 케이크들 맛있어.

That sandwich tastes bad.
그 샌드위치 맛없어.

those는
that의 복수형

these/those
뒤에는 복수명사

Those sandwiches look better.
그 샌드위치들이 (맛이) 더 좋아 보이네.

문장으로 이해하기

These new shoes are hurting my feet.
이 새 신발은 발이 아파.

I hope these exams go well.
이 시험들 잘 보면 좋겠어.

I don't think these vegetables are very fresh.
이 야채들 아주 신선한 것 같지 않아.

These books are so heavy! I can't carry them.
이 책들 정말 무거워! 못 들겠어.

I'd like to live in one of those big town houses.
저 큰 타운하우스들 중 한 곳에 살고 싶어.

Those sunglasses look great on you!
그 선글라스 너한테 잘 어울려!

I like the look of those Caribbean cruises.
저 카리브해 크루즈선들의 외관이 마음에 들어.

I'll take those apples and these bananas, please.
저 사과랑 이 바나나 살게요.

지시대명사 this / that

this와 that이 지시대명사로 쓰일 땐
문장 내에 있는 단수명사를 대신해요.
this는 가까이 있는, that은 그보다
멀리 있는 특정한 명사를 가리켜요.

가까이 있는 개는 this

This is my dog.
이건 내 개야.

멀리 있는 개는 that

That is my dog.
저건 내 개야.

최근이나 현재 존재하는 것엔
this를, 과거의 것이나 지금은
존재하지 않는 것에는 that을
사용해요.

지금 열리고 있는 파티는 this

This is a great party.
근사한 파티야.

이미 끝난 파티는 that

That was such a fun party yesterday.
어제 파티는 정말 재밌었어.

문장으로 이해하기

This is a great honor. Thank you everyone for coming.
영광이에요. 참석해주신 모든 분께 감사해요.

This is the perfect laptop for creative work.
창의적인 업무에 적격인 노트북이네요.

This is the best soup I've ever tasted.
먹어본 중에 이게 제일 맛있는 수프야.

That was so exciting.
정말 신났어.

That sounded out of tune. I'd get the piano fixed.
음이 안 맞게 들렸어요. 피아노를 수리하기로 했어요.

That looks great. Is the car new?
근사해 보여. 새 차야?

57.4 지시대명사 these/those

these와 those가 지시대명사로 쓰일 땐 문장 내에 있는 복수명사를 대신해요. these는 거리상 가깝거나 현재 존재하는 것, those는 멀리 떨어져 있거나 과거에 존재했던 것에 대해 말할 때 사용해요.

This is my bag.
이건 내 가방이야.

That is my bag.
저건 내 가방이야.

these는
this의 복수형

These are my bags.
이것들은 내 가방이야.

those는
that의 복수형

Those are my bags.
저것들은 내 가방이야.

두 대상을 대조적으로
말할 때도 사용

These are my bags and those are your bags.
이것들은 내 가방이고, 저것들은 네 가방이야.

문장으로 이해하기

These are the best kind of shoes to wear when running.
이건 달릴 때 신기 가장 좋은 신발이야.

I think those will probably taste better with sauce.
그거 소스랑 같이 먹으면 더 맛있을 것 같아.

These are the only clothes I own.
이건 내가 가지고 있는 유일한 옷이야.

Those aren't very good for you. Try these instead.
그것들은 네 건강에 안 좋아. 대신 이것들을 사용해봐.

57.5 that of/those who

문장에서 먼저 나온 단수 명사를 다시 언급할 때 that of를 써서 '~의 그것(그 사람)'을 의미할 수 있고, those who는 '~하는 사람들(people who)'의 의미를 가져요.

policy를 대체

The new policy is better than that of before.
새 정책이 이전 것보다 더 훌륭해.

those who는
'~하는 사람들'

I disapprove of those who don't recycle.
재활용 안 하는 사람들이 못마땅해.

58 '없음'을 뜻하는 no와 none

no/none은 '나 돈 없어.', '음식이 하나도 없어.'처럼 어떤 것의 부재나 결핍을 나타내요.
no는 명사 앞에 쓰이고, none은 그 자체로 명사 역할을 해요.

58.1 no

no 뒤에는 돈이나 시간 같은 불가산명사나
가산명사의 복수형만 와요.

불가산명사

There was no time to cook a meal.

밥 할 시간이 없었어.

가산명사의 복수형

I have no ingredients in my kitchen.

주방에 재료가 없어.

문장으로 이해하기

This menu has no
vegetarian options.

이 메뉴에는 채식주의자가 선택할 수 있는 음식이 없어.

No waiters were available
to take our order.

우리 주문을 받아줄 웨이터가 없었어.

I would have booked a restaurant
but there were no tables.

식당을 예약하려 했는데 자리가 없었어.

There are no recipes in this book
that I haven't tried.

이 책에 안 만들어본 조리법은 없어.

58.2 강조의 'no + 명사'

no는 not any와 같은
뜻이지만, '없음'을 더
강조해요.

There wasn't any food left.

음식이 안 남았어.

There was no food left!

음식이 하나도 안 남았어!

no를 사용하면 놀라움이나
실망감을 드러냄

none

none은 어떤 대상이 없음을
나타내며 'no + 명사'를 대체할
수 있어요.

left(남은)를 보면 이전에
피자가 있었음을 알 수 있음

I wanted some pizza, but there was none left.

피자 먹고 싶었는데 남은 게 없었어.

none of는 대명사 또는
'한정사 + 명사' 앞에
사용할 수 있어요.

None of the pizza was left.

피자가 하나도 안 남았어.

수량을 묻는 질문에는 'None.'
한마디로도 답변이 돼요.

How much pizza is there?

피자 얼마나 있어?

None.

하나도 없어.

문장으로 이해하기

I wanted the soup, but there was none left.

그 수프 먹고 싶었는데 하나도 안 남아 있었어.

I love this suit, but there are none here in my size.

이 양복 마음에 드는데 여긴 내 사이즈가 하나도 없어.

None of the people eating at the restaurant enjoyed their food.

그 식당에서 식사하고 있던 사람들 중 한 사람도 맛있게 먹지 않았어.

I offered my friends some chocolate, but they wanted none of it.

친구들에게 초콜릿을 권했는데 하나도 먹으려 하지 않았어.

none이나 none of가
not any보다 강조된 의미

This restaurant has none of the food that I like.

이 식당에는 내가 좋아하는 음식이 하나도 없어.

59 '모두'를 뜻하는 each와 every

each와 every는 단수명사 앞에 붙어 한 그룹에 속한 사람이나 사물 모두에 대해 말할 때
사용해요. 하지만 each와 every의 쓰임새가 조금 달라서 사용 시 주의가 필요해요.

59.1 each와 every 둘 다 쓸 수 있는 경우

each와 every는 대부분의 경우
동일한 의미로 혼용이 가능해요.

'매번'을 의미

I buy more and more { each / every } time I go shopping.
쇼핑 갈 때마다 점점 더 많이 사.

{ Each / Every } place we stopped at was beautiful.
우리가 들렀던 모든 곳이 아름다웠어.

'모든 장소'를 의미

문장으로 이해하기

The host made sure he greeted
each guest at the party.
주최자는 파티에 참석한 모든 사람에게 빠짐없이 인사했어.

Last summer I went to visit
my grandmother every day.
작년 여름에는 매일 할머니를 뵈러 갔어.

Each person on the beach was
developing a bad sunburn.
해변에 있는 사람들 모두 햇볕에 심하게 그을리고 있었어.

I always try every kind of
ice cream when I go abroad.
해외에 가면 늘 아이스크림을 종류별로 다 먹어봐.

⚠ 왕초보의 흔한 실수: each를 써야 할 때 every를 잘못 쓰는 것

대상이 딱 두 개일 땐
each만 사용 가능하고
every는 사용할 수
없어요.

She had an earring in each ear. ✓
그녀는 양쪽 귀에 귀걸이를 했어.

She had an earring in every ear. ✗

귀는 두 개뿐이므로 every를 쓰면 틀림

59.2 each만 쓸 수 있는 경우

each는 한 그룹에 속해 있는 모든 대상 각각에 대해 말할 때 사용해요.

You must check each answer carefully.

답변 하나하나 주의를 기울여 확인해야 해.

each는 수량이 적은 대상에 대해 말할 때 사용해요.

Each pencil is a different color.

각 연필이 다른 색이야.

문장으로 이해하기

I get more awake after each cup of coffee.
커피 한 잔씩 마실 때마다 더 정신이 들어.

I took lots of time over each application I made.
지원서 하나하나에 시간을 많이 할애해서 작성했어.

Each player on my team contributed to our win.
팀 선수 한 사람 한 사람이 우승에 기여했어.

Each friend who visited me brought a gift.
나를 방문하는 친구들마다 내게 선물을 가져왔어.

59.3 every만 쓸 수 있는 경우

every는 어떤 그룹 전체에 대해 말할 때 사용해요.

I want to eat every piece of this delicious pie.

이 맛있는 파이 전부 먹고 싶어.

every는 수량이 많은 대상에 대해 말할 때 사용해요.

Every child has the right to an education.

모든 아이들이 교육 받을 권리가 있어.

문장으로 이해하기

Every night I look up at all the stars in the sky.
매일 밤 하늘의 별을 올려다봐.

My colleague says he's visited every country in the world.
내 동료는 세계 모든 나라를 다 가봤대.

Every fan in the stadium was cheering loudly.
경기장의 모든 팬들이 큰 소리로 응원하고 있었어.

I can't remember every hotel I've ever stayed in.
투숙했던 호텔들이 전부 기억나진 않아.

60 '선택'의 either/neither/both

짜장면 집에 가서 '짜장?', '짬뽕?' 두 가지를 놓고 둘 중 하나를 주문할지, 둘 다 주문할지,
아니면 둘 다 주문하지 않고 다른 걸 먹을지 고민할 때가 있죠. 이처럼 두 가지 선택항목이
주어진 상황에 either, neither, both를 의미에 맞게 사용할 수 있어요.

60.1 either/neither/both

either는 두 가지 선택항목 중 '이것 아니면 나머지 다른 것'이라는 의미로 단수명사 앞에 써요.

You could enter either tournament.
두 시합 중 하나에 출전할 수 있어.

└ 두 개의 시합이 있음을 나타냄

---

neither는 두 가지 선택항목 중 '이것도 아니고 저것도 아닌'의 의미로 단수명사 앞에 사용돼요. either의 부정형과 같아요.

단수명사
Neither event is being shown on TV.
두 행사 중 아무것도 TV에 나오고 있지 않아.
[두 행사 모두 TV 방송을 안 하고 있음]

---

both는 '둘 다의'라는 의미로 복수명사 앞이나 them 같은 복수대명사 뒤에 와요.

I ran in both [the] races.
두 경기에서 다 뛰었어.

└ both 뒤에는 the, these, my 같은 한정사가 올 수 있음

I ran in them both.
그 경기들 둘 다에서 뛰었어.

└ 복수대명사는 both 앞에 옴

함께 알아두기

문맥의 의미가 분명한 경우에는 either, neither, both만 단독으로 사용할 수도 있어요.

> **Would you like potatoes or salad with your steak?**
> 스테이크에 감자와 샐러드 중 어떤 걸 곁들이시겠어요?

Either.
둘 중 아무거나요.

Neither.
둘 다 안 하겠어요.

Both.
둘 다 주세요.

60.2 either of/neither of/both of

복수대명사 또는 '한정사 + 복수명사' 앞에
either of, neither of, both of를 사용할 수 있어요.

bicycles는
복수명사

I could buy either of **these bicycles,**
but I don't really need either of **them.**

두 자전거 중 하나는 살 수 있지만 둘 다 그리 필요치는 않아.

복수대명사

We won neither of **the races.**
Neither of **us trained hard enough.**

두 시합 모두 이기지 못했어. 우리 둘 다 충분히 열심히 훈련하지 않았거든.

both of가 '한정사 + 명사'
앞에 올 때 of는 생략 가능

We train with both (of) **our coaches.**
They are proud of both of **us.**

우리는 두 코치와 훈련해. 그들은 우리 둘 다를 자랑스러워 해.

us, you, them 같은
복수대명사를 함께 써서
목적어뿐 아니라 주어
역할도 할 수 있어요.

I danced with both of them.

걔네 둘 다랑 춤을 췄어.

them은 목적어

Neither of you **can dance.**

너희 둘 다 춤을 못 추는구나.

you는 주어

문장으로 이해하기

I wasn't able to get tickets
for either of **the first heats.**

첫 예선전 두 경기 다 입장권을 구하지 못했어.

Neither of **the athletes are**
very fit.

두 선수 모두 체력이 아주 좋진 않아.

I'm going to watch both **the**
equestrian events later today.

오늘 늦게 있을 승마 경기 둘 다 볼 거야.

Either of them **could win the**
contest. It's hard to call.

둘 중 한 명이 우승하겠어. 예상하기 어려운걸.

We thought neither of them
would be able to finish.

우리는 그들 둘 다 완주하지 못할 거라 생각했어.

Both of you are strong
contenders. You deserve to win.

너희 둘 다 강력한 경쟁 후보야. 너희는 우승할 만해.

60.3 either… or/neither… nor/both… and

either… or과 neither… nor는
주로 명사구, 전치사구, 절에
해당하는 선택항목들을 병렬
구조로 연결해요.

I want either the cake or the cookie.
케이크나 쿠키 둘 중 하나를 먹고 싶어.

Neither the cake nor the cookie tasted good.
케이크랑 쿠키 둘 다 맛없었어.

nor는 neither와만
함께 씀

neither는 뒤에
긍정형 동사만 옴

---

either… or과 neither… nor
뒤에 3개 이상의 선택항목들이
오기도 해요.

첫 두 선택항목은
쉼표로 구분

I want to play either tennis, badminton, or squash.
테니스, 배드민턴, 스쿼시 중 아무거나 하나 치고 싶어.

Neither basketball, golf, nor hockey are the sports for me.
농구, 골프, 하키 어느 것도 나에게 맞는 스포츠가 아니야.

---

both… and는
neither… nor과
반대의 의미로, 두 가지
선택항목들만 취해요.

I want both the cake and the cookie.
케이크랑 쿠키 둘 다 먹고 싶어.

문장으로 이해하기

We'll meet up on either Tuesday or Wednesday.
우리는 화요일이나 수요일 중 모일 거야.

I'm going to play either tennis, basketball, or hockey tonight.
오늘 밤에 테니스, 농구 또는 하키 중 하나 할 거야.

My teacher told me I could neither paint nor draw.
선생님이 나 보고 채색도 스케치도 다 할 수 없대.

Neither sports nor exercise interest me.
스포츠 경기도 운동도 둘 다 관심 없어.

I invited both my grandmother and my uncle.
할머니랑 삼촌 두 분 다 초대했어.

I went to both the bakery and the butcher shop.
빵집이랑 정육점 두 군데 모두 들렀어.

60.4 either… or과 neither… nor의 수 일치

either… or과 neither… nor로 두 명사를 연결해 주어로 쓸 때,
뒤에 나오는 동사는 주로 두 번째 명사의 수에 일치시켜요.

두 번째 명사가 단수이므로
단수형 동사 사용

Either a tablet or a laptop is **needed for the course.**
이 수업에는 태블릿이나 노트북이 필요해.

두 번째 명사가 복수이므로
복수형 동사 사용

Neither the teacher nor the children were **happy.**
선생님과 아이들 모두 행복하지 않았어.

문장으로 이해하기

Either a loan or a grant is **available for financial help.**
재정 지원책으로 대출과 보조금이 있어요.

Neither the swimming pool nor the gym is **open on Sundays.**
수영장이랑 체육관 모두 매주 일요일엔 문을 열지 않아요.

I hope either sandwiches or soup is **on the menu today.**
샌드위치나 수프 중 하나라도 오늘 메뉴에 있기를 바라.

Neither a shirt nor a tie is **compulsory at school.**
셔츠도 넥타이도 학교에선 의무사항이 아니야.

Either my brother or my grandparents are **coming.**
오빠나 조부모님 중 한 분이 오실 거야.

Neither the bread nor the cakes are **ready yet.**
빵과 케이크 모두 아직 준비 안 됐어요.

Either pens or pencils are **suitable to use in the exam.**
시험시간 중 펜이나 연필 중 하나를 사용할 수 있어요.

Neither calculators nor study notes are **allowed in the exam.**
시험시간 중 계산기도 필기노트도 허용되지 않아요.

61 사람 · 사물을 '대신하는' 인칭대명사

'트럼프'도 '옆집 대학생 오빠'도 '그 남자(he)'라는 한 단어로 지칭할 수 있죠. 이렇게 사람이나 사물 명사를 대신하는 말을 '대명사'라고 해요. 대명사는 동일한 명사를 반복적으로 말하지 않기 위해서, 그리고 이름을 모를 경우에 주로 사용하는데, 문장 속에서 어떤 역할을 하느냐에 따라 형태가 달라져요.

61.1 ~은/는 (주격 대명사)

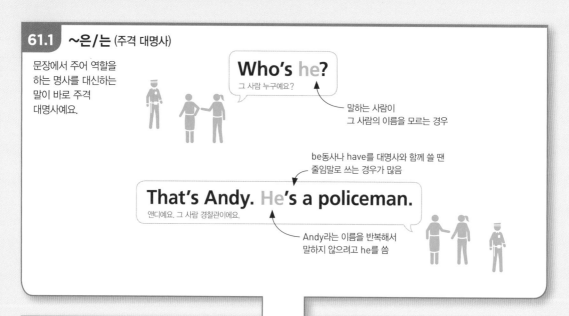

문장에서 주어 역할을 하는 명사를 대신하는 말이 바로 주격 대명사예요.

Who's he?
그 사람 누구예요?

말하는 사람이 그 사람의 이름을 모르는 경우

be동사나 have를 대명사와 함께 쓸 땐 줄임말로 쓰는 경우가 많음

That's Andy. He's a policeman.
앤디예요. 그 사람 경찰관이에요.

Andy라는 이름을 반복해서 말하지 않으려고 he를 씀

수/인칭별 대명사

		나 (1인칭)	너 (2인칭)	나와 너를 제외한 (3인칭)
대신하는 명사의 수가 하나인지 둘 이상인지, 그리고 인칭에 따라 대명사가 달라요.	하나 (단수)	I	you	he she it
	둘 이상 (복수)	we	you	they

문장으로 이해하기

I'm turning 25 next week.
난 다음 주면 25살 돼.

You are a great actor.
당신은 정말 훌륭한 배우시군요.

He likes driving fast.
그는 고속 운전을 즐겨.

Stuart and I are going climbing.
스튜어트랑 난 등산 갈 거야.

They complain every time.
그들은 매번 불평해요.

You make a great team.
너희는 정말 훌륭한 한 팀이야.

목적격 대명사는 문장에서
동사가 나타내는 행위의
대상인 명사, 즉 목적어를
대신해요.

Lizzy는 동사 love의 대상

Animals love Lizzy.
동물들은 리지를 좋아해요.

Animals love her.
동물들은 그녀를 좋아해요.

목적격 대명사 her가 Lizzy를 대신

동사가 나타내는 행위의
직접적인 대상(직접목적어)이든
간접적인 대상(간접목적어)이든
목적격 대명사의 형태는
동일해요.

her는 동사 give의 간접목적어

I gave her the puppy.
그녀에게 강아지를 줬어요.

The puppy loves her.
강아지는 그녀를 좋아해요.

her는 동사 love의 직접목적어

TIP
you는 주격이든
목적격이든, 단수(너)이든
복수(너희)이든
항상 you

주격 vs. 목적격

주격						
I	we	you	he	she	it	they
↓	↓	↓	↓	↓	↓	↓
me	us	you	him	her	it	them

목적격

문장으로 이해하기

you가 여러 명인 '너희'를 대신하는 경우
뒤에 all을 쓰면 명확한 복수의 표시

I want to tell you that I'm sorry.
너에게 미안하다고 말하고 싶어.

Sam invited you all to the party.
샘이 너희 모두를 파티에 초대했어.

Dave asked me to go with him.
데이브가 나에게 같이 가자고 했어.

We're sad that he won't come with us.
그가 우리와 함께 오지 않는다니 슬퍼.

It was a very difficult time for them.
그들에겐 무척 힘든 시간이었어.

Georgia wanted it for Christmas.
조지아는 크리스마스 선물로 그걸 원했어.

62 '누구의 것'인지 밝혀주는 소유격

대명사가 주어를 대신하느냐 목적어를 대신하느냐에 따라 형태가 달라졌죠. 이번에는 '이건 내 커피고,
저게 네 커피야.'처럼 누구의 것인지 소유관계를 나타내는 대명사의 형태를 배워봐요.

62.1 〜의 (소유격 한정사)

명사 앞에 위치하여 '〜의'라는 소유관계를 나타내주는 말을 '소유격 한정사'라고 해요.

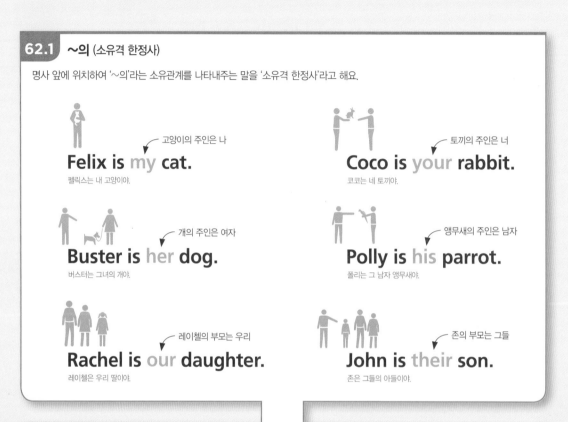

주격 vs. 소유격

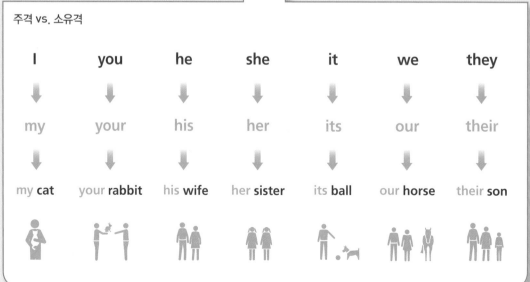

62.2 ~의 것 (소유대명사)

'내 차야.'라고 말하기도 하지만 '내 거야.'라고 말하기도 하죠. '나의'에 해당하는 말은 소유격 한정사.
'나의 것'은 소유대명사예요. 소유대명사는 소유하고 있는 명사까지 포함하므로 뒤에 명사를 또 쓰지 않아요.

소유격 한정사
다음엔 명사 →

This is my car.
이건 내 차야.

These are her books.
이것들은 그녀의 책이야.

This car is mine.
이 차는 내 거야.

— my car를 대신하는 mine

These books are hers.
이 책들은 그녀 거야.

소유격 한정사 vs. 소유대명사

소유격 한정사	my	your	his	her	its	our	their
소유대명사	mine	yours	his	hers	its	ours	theirs

문장으로 이해하기

This is their suitcase.
이건 걔네들 여행 가방이야.

That suitcase is theirs.
저 여행 가방은 걔네들 거야.

We're staying in our new villa.
우리는 새 빌라에 머무르고 있어.

The villa is ours.
그 빌라는 우리 거야.

The boy is playing with his toys.
그 남자애는 자기 장난감을 가지고 놀고 있어.

All these toys are his.
이 장난감들 다 그 남자애 거야.

I'll bring some food to your picnic.
네 소풍에 음식 좀 챙겨 갈게.

The rest of the food is yours.
남은 음식은 네 거야.

63 '주어와 같은 목적어'는 재귀대명사로

'나는 너를 사랑해.'는 I love you.라고 하죠. 그런데 '나는 나를 사랑해.'라는 말을 하고 싶다면 I love me. 하면 될까요?
행위를 하는 사람(주어)과 대상(목적어)이 같을 땐 목적어 자리에 목적격 대명사 대신 '재귀대명사'라는 특별한 대명사를
써야 해요. 재귀대명사는 강조의 용도로 사용되기도 해요.

63.1 주어와 목적어가 동일할 때 쓰는 재귀대명사

재귀대명사는 '～ 자신', '～ 스스로'라는 의미로,
-self 또는 -selves로 끝나요.

주격 대명사로
행위자(주어)를 표시

행위의 영향을 받는 사람(목적어)이
주어와 동일하면 재귀대명사

He cut himself while chopping vegetables.
그는 야채를 썰다 베었어요.

목적격 대명사 vs. 재귀대명사

목적격 대명사	재귀대명사
me	myself
you	yourself

yourselves는 2명 이상인
you(너희/여러분)의 재귀대명사형

you	yourselves
her	herself
him	himself
it	itself
us	ourselves
them	themselves

문장으로 이해하기

I left myself **a reminder about the meeting.**
회의 알림 메모를 남겼어.

You must prepare yourselves **for this exam.**
너희는 이 시험에 꼭 대비해야 해.

Sarah sees herself **as a natural team leader.**
사라는 자신을 타고난 팀 리더라고 생각해.

He introduced himself **to the other guests.**
그는 다른 손님들에게 자신을 소개했어.

The door locks itself **when you close it.**
그 문은 닫히면 자동으로 잠겨.

We pride ourselves **on our customer service.**
저희는 우수한 고객 서비스를 자랑합니다.

They're teaching themselves **to cook.**
걔네들 독학으로 요리를 배우고 있어.

63.2 강조할 때 쓰는 재귀대명사

문장 속에서 재귀대명사가
목적어로 사용되지는 않지만,
문장의 내용을 강조하기 위한
용도로 사용하기도 해요.

The company director gave the talk.

그 회사의 대표이사가 발표를 했어.

재귀대명사가 없어도
완전한 문장

himself가 문장의 마지막에
들어감으로써 대표이사가 직접
발표를 했다는 의미를 강조

The company director gave the talk himself.

[다른 사람을 시키지 않고 대표이사가 발표를 함]

그 회사의 대표이사가 직접 발표를 했어.

himself가 주어 바로 다음에
들어감으로써 주어를 강조

The company director himself gave the talk.

[중요 인물인 대표이사가 발표를 함]

무려 그 회사의 대표이사가 발표를 했어.

문장으로 이해하기

You don't have to do the dishes. I'll do them myself.

넌 설거지 안 해도 돼. 내가 직접 할게.

She's fixing her car herself. It's cheaper than taking it to the garage.

그녀는 차 수리를 직접 해. 정비소에 맡기는 것보다 저렴하거든.

I do my laundry myself, but my dad does my sister's for her.

나는 내가 직접 세탁하는데, 아빠는 여동생 빨래를 해주셔.

I wanted us to build the furniture ourselves, but it's not going well.

우리가 직접 가구를 만들었으면 했는데 잘 안 되네.

The meal itself wasn't very good, but it was a great evening.

음식 자체는 별로였지만 근사한 밤이었어.

The board members themselves will be at the meeting today.

이사회 멤버들이 오늘 회의에 참석할 거야.

64 '불특정한' 사람 · 사물을 대신하는 부정대명사

'하이 에브리원~~~!' 제가 이렇게 인사를 하면 누구 한 사람이 아닌 이 책으로 공부하고
계실 모든 분들께 드리는 인사라는 걸 다들 아실 거예요. 이렇게 불특정한 사람이나 사물을
언급해야 할 때 쓰는 anyone, someone, everyone 등을 부정대명사라고 해요.

64.1 누군가 (anyone vs. someone)

someone과 somebody는 긍정문과 의문문에서, anyone과 anybody는
부정문과 의문문에서 불특정한 사람을 나타내는 말로 쓰여요.

Did anyone call me this morning?
오늘 아침에 누군가 제게 전화했어요?

Yes, someone called you at 11 o'clock.
네, 어떤 사람이 11시에 당신에게 전화했어요.

someone과 somebody의 의미는
동일하지만, somebody가 좀 더 일상적임

Do you want to talk to somebody?
누군가와 이야기 나누고 싶니?

No, I don't want to talk to anybody.
아니, 아무하고도 이야기하고 싶지 않아.

anyone과 anybody의 의미는
동일하지만, anybody가 좀 더 일상적임

문장으로 이해하기

Is someone working late?
누구 야근하는 사람 있어요?

Can somebody carry my bag?
누가 가방 좀 들어주시겠어요?

I gave somebody a flower.
누군가에게 꽃을 줬어.

Someone gave me a present.
누가 나한테 선물을 줬어.

I didn't give anybody your name.
아무한테도 네 이름 안 가르쳐 줬어.

Did anyone buy a gift for Mrs. Tan?
누구 탄 씨 선물 산 사람 있어요?

I don't know anyone in this town.
나는 이 마을에 아무도 몰라.

Did anybody here send me this letter?
여기서 이 편지 나한테 보낸 사람 누구예요?

64.2 다들 vs. 아무도 (everyone vs. no one)

everyone은 어떤 무리의 전체, 즉 모든 사람을 가리키고,
no one은 어떤 무리 속에 한 명도 없다는 뜻이에요.

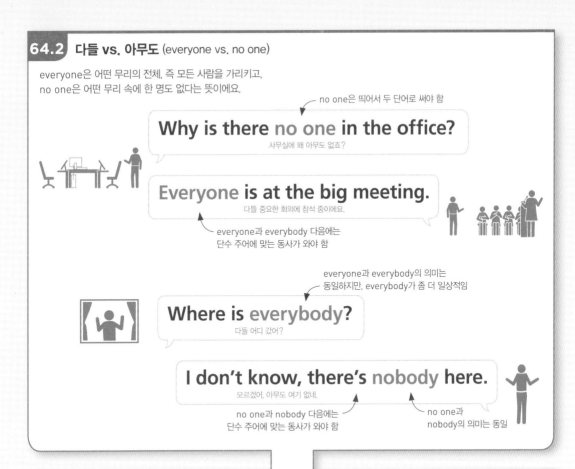

no one은 띄어서 두 단어로 써야 함

Why is there no one in the office?
사무실에 왜 아무도 없죠?

Everyone is at the big meeting.
다들 중요한 회의에 참석 중이에요.

everyone과 everybody 다음에는
단수 주어에 맞는 동사가 와야 함

everyone과 everybody의 의미는
동일하지만, everybody가 좀 더 일상적임

Where is everybody?
다들 어디 갔어?

I don't know, there's nobody here.
모르겠어, 아무도 여기 없네.

no one과 nobody 다음에는
단수 주어에 맞는 동사가 와야 함

no one과
nobody의 의미는 동일

문장으로 이해하기

Nobody wants to come with me.
아무도 나와 함께 가고 싶어 하지 않아.

I'm at the park with everyone if you'd like to join us.
모두와 함께 공원에 있어요. 오고 싶으면 와도 돼요.

Everybody has some kind of special skill.
누구나 어떤 특별한 능력을 가지고 있어.

There was nobody but me at work until 10am.
오전 10시까진 회사에 나밖에 없었어.

⚠ 왕초보의 흔한 실수: 부정문에 no one을 쓰는 것

no one과 nobody는 긍정문과
의문문에 쓰이고, anyone과
anybody는 부정문과 의문문에
쓰여요.

부정문이니까
anyone/anybody 사용

There isn't anyone here. ✅
여기 아무도 없어요.

There isn't no one here. ❌

부정문엔 no one 사용 불가

something은 긍정문과 의문문에서, anything은
긍정문, 부정문, 의문문에서 불특정하거나 이름이
밝혀지지 않은 것을 표현할 때 사용해요.

말하는 사람에게도
구체적이지 않은
일반적인 의미의 '뭔가'

**Can I have
something to eat?**
먹을 것 좀 줄래요?

**Yes, have something
from the cupboard.**
네, 찬장에서 뭐 좀 꺼내 드세요.

말하는 사람의 입장에선
구체적이지만 이름을
말하지 않은 '뭔가'

anything과 something은
단수 주어에 맞는 동사와 함께 쓰임

**Is there anything
I can help with?**
도와드릴 거 있나요?

**No, there isn't
anything you can do.**
아니요, 할 거 없어요.

부정문에서는
something 사용 불가

문장으로 이해하기

긍정문에 쓰이는 anything은
'선택에 한계가 없음(뭐든지)'을 의미

Have anything you want.
원하는 거 다 가져.

**Anything baked by my
grandmother tastes delicious.**
할머니가 구워주시는 건 뭐든 다 맛있어.

**There's something I need to
tell you.**
말할 게 있어.

**We don't have anything
in common.**
우리는 공통점이 아무것도 없어.

**Something that I've always enjoyed
is kayaking with my friends.**
내가 항상 즐겨 했던 건 친구들과 카약 타는 거야.

**I know I've forgotten something,
but I can't think what it is.**
뭔가 잊어버렸는데 그게 뭔지 생각이 안 나.

**I'd do anything to be able to sing
like her.**
그 여자처럼 노래 부를 수 있으면 뭐든 하겠어.

**Something spooky happened
last night.**
어젯밤에 뭔가 오싹한 일이 일어났어.

nothing은
아무것도 없다는
것을 표현해요.

Tim and James have nothing in common.

팀과 제임스는 공통점이 아무것도 없어.

팀과 제임스의 공통점이
단 하나도 없다는 의미

everything은
가능한 모든 것이
해당됨을 표현해요.

Tim and Dan do everything together.

팀과 댄은 모든 걸 함께해.

'anything + 부정문'은
'nothing + 긍정문'과
동일한 의미예요.

긍정문

There's nothing I want to buy here.

[There isn't anything I want to buy here.]

여긴 사고 싶은 게 아무것도 없어.

부정문

문장으로 이해하기

**There's nothing I love more than
a sunny day.**
화창한 날보다 더 좋아하는 건 없어.

**I want to see everything at
the museum.**
그 박물관에 있는 거 전부 다 구경하고 싶어.

**Everything is going well at the
moment.**
현재는 모든 게 잘되고 있어.

**I know absolutely nothing
about Geography.**
지리학에 관해 아는 게 전혀 없어요.

**Nothing at the exhibition was
any good.**
그 전시회에는 괜찮은 전시품이 하나도 없었어.

**I do everything to the best
of my ability.**
저는 할 수 있는 한 최선을 다해요.

**I love that new Italian restaurant.
Everything tastes so good!**
새로 생긴 이탈리아 식당 마음에 들어. 모든 음식이 정말 맛있어!

**Nothing interests me about
politics.**
정치에 관해서는 아무것도 관심 없어.

65 '필수' 정보를 주는 '한정적 용법'의 관계절

'사람을 찾습니다.'와 '저를 도와줄 사람을 찾습니다.'라는 두 문장에서 두 번째 문장이 훨씬 구체적이죠? 여기서 '저를 도와줄'은
'사람'에 대한 정보를 담은 '관계절'이고, 이 관계절 맨 앞의 who, that, which 등을 '관계사'라고 해요. 특히 관계절이 제공하는
정보가 어느 사람, 어느 것인지를 규정하는 필수적인 것이라면 '한정적 용법'의 관계절이라고 해요.

65.1 ~하는 … (한정적 용법의 관계절)

한정적 용법, 혹은 제한적 용법의 관계절은 어느 사람,
어느 것인지를 알려주는 본질적인 정보를 주며,
이 정보가 없다면 문장의 의미도 달라져요.

사람(friends)에 관한
필수 정보를 주는
한정적 용법의 관계절

주절 | 한정적 용법의 관계절

She invited lots of friends who brought gifts.

그녀는 선물을 가져온 많은 친구들을 초대했어.

사물(a job)에 관한
필수 정보를 주는
한정적 용법의 관계절

주절 | 한정적 용법의 관계절

I'm looking for a job that I'll enjoy.

즐겁게 일할 직업을 찾고 있어요.

관계절은 문장의
중간에 삽입될 수도
있어요.

주절의 앞쪽 일부 | 한정적 용법의 관계절 | 주절의 나머지

The job that I heard about **is interesting.**

내가 들었던 그 일은 재미있어.

문장으로 이해하기

that은 사람을 설명할 때도 쓰임

I need a television that works!

제대로 작동하는 TV가 필요해!

Do you know anyone who **knows how to fix a bike?**

자전거 고칠 줄 아는 사람 누구 아세요?

He's the actor that we saw last week.

저 사람 우리가 지난주에 봤던 그 배우야.

The book that I just read **is excellent.**

방금 읽은 책 대박이야.

65.2 관계대명사

사람에 관한 정보를 주느냐, 사물에 관한 정보를 주느냐에 따라 다른 관계대명사를 사용해요. 사람일 때는 who, 사물일 때는 which를 쓰고, that은 사람과 사물 둘 다 사용 가능해요.

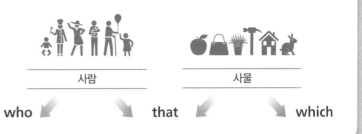

사람   사물

who   that   which

65.3 주격 관계대명사 vs. 목적격 관계대명사

관계절도 하나의 '절'이기 때문에 주어와 동사를 반드시 가지고 있고 목적어까지 갖는 경우도 많아요. 대부분 관계대명사가 관계절의 맨 앞에 나오는데 이 관계대명사는 관계절 안의 주어(주격 관계대명사) 또는 목적어(목적격 관계대명사)의 역할을 해요.

주절   관계절

I'm writing about people who commit crimes.
범죄를 저지르는 사람들에 관한 책을 쓰고 있어.

who가 '범죄를 저지른' 주체(주어)

주절   관계절

I saw the car which the criminal stole.
그 범인이 훔친 차를 봤어.
which가 '훔친' 대상(목적어)

criminal(범죄자)가 '훔친' 주체(주어)

한눈에 보는 문장공식

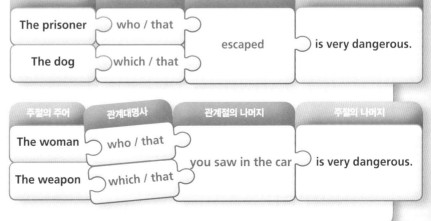

관계대명사가 관계절 안에서 주어 역할을 할 때는 생략할 수 없어요.

주절의 주어	관계대명사	관계절의 나머지	주절의 나머지
The prisoner	who / that	escaped	is very dangerous.
The dog	which / that		

관계대명사가 관계절 안에서 목적어 역할을 할 때는 생략할 수 있어요. 보통 who나 that을 쓰고, whom은 사람이 목적어일 때만 격식을 갖추는 문장에서 드물게 사용해요.

주절의 주어	관계대명사	관계절의 나머지	주절의 나머지
The woman	who / that	you saw in the car	is very dangerous.
The weapon	which / that		

'부가' 정보를 주는 '비한정적 용법'의 관계절

비제한적 용법 혹은 계속적 용법이라고 불리우는 '비한정적 용법'의 관계절은 사람이나 사물에 관한 부가적인 정보를 주며, 이 정보는 꼭 필요한 것은 아니기 때문에 없어도 문장의 의미가 달라지지 않아요.

66.1 그리고 그 사람은/그것은 ~ (비한정적 용법의 관계절)

한정적 용법과 마찬가지로 비한정적 용법의 관계절에서도 who는 사람에 관해 설명하고, 그 사람이 관계절의 목적어인 경우 whom이 사용되기도 하는데 이는 매우 격식을 갖춘 문장에서나 쓰여요.

주절 / 비한정적 용법의 관계절

We spoke to Linda, who had recently been mugged.

린다와 이야기 나눴는데, 걔 최근 강도를 당했대.

└ who가 설명하는 것은 사람

한정적 용법과 마찬가지로 비한정적 용법의 관계절에서도 which는 사람을 제외한 것에 관해 설명하는데, 한정적 용법에서는 which 대신 that을 사용할 수 있지만, 비한정적 용법에서는 불가능해요.

주절의 앞쪽 일부 / 비한정적 용법의 관계절 / 주절의 나머지

Her necklace, which she'd just bought, **was stolen.**

그녀가 목걸이를 도둑 맞았는데, 그거 방금 산 거야.

└ which가 설명하는 것은 사물

문장으로 이해하기

Jay, who I used to live with, **came to stay with us for a few days.**

제이가 우리랑 며칠간 함께 지내러 왔어. 그런데 걔 전에 나랑 같이 살았었잖아.

All the burglars were arrested, which was a great relief.

절도범들이 모두 집혔어요. 그렇다니 정말 안심되었어요.

└ 관계대명사 which는 앞에 나오는 문장 전체를 설명하기도 함

whom은 격식을 차리는 문장에만 쓰임

The suspect, whom we had been following, **was arrested.**

그 용의자는 체포됐습니다. 우리는 그를 계속 추적해 왔습니다.

Our new house, which is by the beach, **is beautiful.**

우리의 새 집은 아름다워요. 바닷가 옆에 있거든요.

한눈에 보는 문장공식

비한정적 관계절이 문장의 중간에 위치할 때는 앞뒤로 쉼표가 있어야 하고,
끝에 위치할 때는 앞에 나오는 주절 마지막에 쉼표가 붙어요.

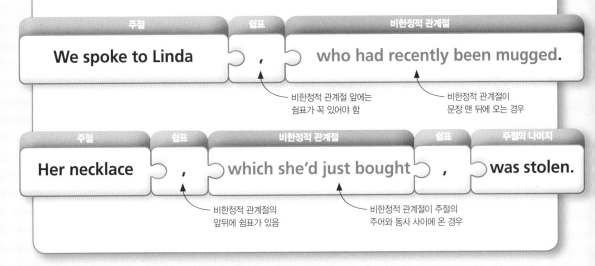

주절	쉼표	비한정적 관계절
We spoke to Linda	,	who had recently been mugged.

비한정적 관계절 앞에는
쉼표가 꼭 있어야 함

비한정적 관계절이
문장 맨 뒤에 오는 경우

주절	쉼표	비한정적 관계절	쉼표	주절의 나머지
Her necklace	,	which she'd just bought	,	was stolen.

비한정적 관계절의
앞뒤에 쉼표가 있음

비한정적 관계절이 주절의
주어와 동사 사이에 온 경우

66.2 그런데 그 ··· 모두가/일부가 (all / some of + 관계사)

비한정적 관계절에서도 '내 친구들 모두', '내 친구들 중 몇 명'처럼 수량을 표현해야 하는 경우가 있어요.
이때 all, some 같은 수량한정사를 쓰고, who는 of whom으로, which는 of which로 돼요.

수량한정사 + of + whom

I teach many students, all of whom are very talented.
학생들을 많이 가르치는데 그 아이들 모두 아주 재능이 있어.

수량한정사 + of + which

I teach many classes, some of which are very difficult.
많은 수업을 가르치는데 그 중 일부 수업은 매우 어려워.

문장으로 이해하기

**My brother and sister, both of whom
live in Ireland, are coming to visit.**
오빠랑 언니가 나를 보러 올 거야. 둘 다 아일랜드에 살아.

**Lots of people, many of whom
are famous, will be at the event.**
그 행사에 많은 사람들이 참석할 건데 그들 중 상당수가 유명해.

**I have four essays due next week,
none of which are ready.**
다음 주까지 에세이 4개 제출해야 하는데, 그 중 하나도 준비 안 되어 있어.

**Tommy has three pets,
two of which are cats.**
토미는 애완동물 3마리가 있는데 그 중 2마리가 고양이야.

67 그 밖의 정보를 제공하는 관계절

앞에서 사람이나 사물에 대해 정보를 제공하여 한정적 혹은 비한정적으로 설명하는
관계절을 배웠다면, 이제 장소나 시간, 소유관계에 대한 정보를 제공하는 관계절을
배워보도록 할게요.

67.1 ~한 곳/~한 때 (where/when)

관계사 where로
시작하는 관계절은
'장소'에 대한 추가
정보를 제공해요.

That is the place where the judge sits.
거기는 판사가 앉는 곳이야.

관계사 when으로
시작하는 관계절은
'시간'에 대한 추가
정보를 제공해요.

He is looking forward to the day when he'll be released from prison.
그는 감옥에서 풀려날 날을 고대하고 있어.

문장으로 이해하기

This is the house where Shakespeare was born.
여기가 셰익스피어가 태어난 집이야.

Dean is out at the moment. I'm not sure where he is.
딘은 지금 자리를 비웠어. 어디 있는지 잘 모르겠어.

I remember the day when you were born.
네가 태어나던 날이 생각나.

Next month is when the new students are starting.
신입생들은 다음 달부터 시작이야.

67.2 ~의 … (whose)

관계사 whose로 '소유'나 '소속'관계를 알려줄 수 있어요.

This is the lawyer whose client lied in court.

이 사람이 자기 의뢰인이 법정에서 거짓말했던 그 변호사야.

문장으로 이해하기

The UK is an example of a country whose traffic laws are very strict.

영국은 교통 법규가 매우 엄격한 대표적인 나라야.

Smith & Smith, whose success rate is very high, is a respected law firm.

스미스앤스미스는 명망받는 법률회사로, 승소율이 매우 높아.

67.3 ~하는 것 (what)

what은 '하고 싶은 것', '읽고 싶은 것'처럼 '~하는 것(the thing which)'의 의미예요.

This house is just what we were looking for.

이 집이 바로 우리가 찾고 있던 집이야.

문장으로 이해하기

That's what I like about this place.

그것이 내가 이곳에 대해 마음에 들어하는 점이야.

These paintings are what I've been spending all my time on.

이 그림들이 내가 온 시간을 쏟아온 것들이야.

⚠ 왕초보의 흔한 실수: where/what이 이끄는 관계절 안의 어순을 혼동하는 것

관계절이 where과 what 같은 관계사로 시작했다면 그 뒤에 오는 어순은 주어와 동사의 위치가 바뀌지 않아요. 관계사 where, what을 의문사로 혼동하지 마세요.

맞는 어순

This is just what we were looking for. ✅

이게 딱 우리가 찾던 거야.

This is just what were we looking for. ❌

주어와 동사의 위치를 서로 바꾸면 틀림

68 '누구든', '무엇이든', '언제든' 복합관계사

'의문사 + -ever'을 붙이면 질문을 만드는 의문사가 아닌 '복합관계사'가 돼요.
복합관계사는 문장 안에서 다양한 문장 요소의 역할을 하거나 두 개의 절을 연결해요.

68.1 ~이든 / ~하든 (의문사 + -ever)

'-ever'의 형태를 가진 말들은 '뭐든 상관없다', '잘 모르겠다', 또는 무제한적인 선택사항이
있다는 뉘앙스를 가지고 있고, 때로는 문장 안에서 주어나 목적어로 사용되기도 해요.

I'm still going to the game, whatever the weather's like.

날씨가 어떻든 간에 그 경기에 그래도 갈 거야.

[날씨가 어떻든 가겠다는 결정에는 상관 없음]

We can take a taxi or walk, whichever you prefer.

택시를 타든 걷든 네가 원하는 대로 해도 돼.

[네가 택시를 선택하든 걷는 걸 선택하든 나에겐 상관 없음]

Whoever invented the umbrella was a very clever person.

우산을 발명한 사람이 누구든 아주 영리한 사람이야.

[누가 우산을 발명했는지 모르지만 그 사람은 아주 영리함]

We'll reschedule for whenever the sun comes out next.

다음에 해가 날 때가 언제든 그때로 일정을 재조정할게.

[언제가 될지는 모르지만 다음에 화창해질 때로 일정을 재조정하겠음]

I always check the forecast for wherever I'm going to be.

어디를 가게 되든 항상 일기예보 확인해.

[그곳이 어디든 가게 될 장소의 일기예보를 확인함]

I'm sure you'll arrive on time, however you decide to travel.

네가 어떻게 오기로 결정하든 틀림없이 제시간에 도착할 거야.

[네가 선택하는 교통편이 어느 것이든 제시간에 도착할 것이라 확신함]

문장으로 이해하기

Whatever he tells you, just ignore it.
걔가 뭐라고 하든 그냥 무시해.

Whichever you choose, you'll have to spend a lot of money.
어느 걸 선택하든 비용이 많이 들 거예요.

Whoever did this painting is a very talented artist.
누가 이 그림을 그렸든 굉장히 재능 있는 화가야.

Feel free to call in to see us whenever you're in town.
동네 오면 언제든지 편하게 전화해서 만나.

Wherever we end up going this summer, I know it'll be great.
이번 여름 우리가 어디를 가게 되든 재미있을 거예요.

However he managed to break it, I'm not sure we'll be able to fix it.
그가 이걸 어떻게 망가뜨렸든 우리가 수리할 수 있을지 모르겠어.

68.2 어느 / 무슨 ~이든 (한정사로 쓰이는 whichver / whatever)

whichever과 whatever이 명사 앞에 쓰이면 그 명사에 대한 선택사항들이 명확히 정해지지 않음을 나타내요.

I'm sure you'll love whichever dog you choose.
어느 개를 선택해도 좋아할 거예요.

[어느 개를 선택해도 상관 없이 그 개를 좋아하게 될 것임]

If you need help for whatever reason, just let me know.
무슨 이유로든 도움이 필요하면 제게 알려주세요.

[이유가 무엇이든 상관 없이 도움이 필요하면 알려달라]

68.3 ~할 때마다 / 아무리 ~해도 (부사절을 이끄는 whever / however)

whenever은 '~할 때 항상'이라는 의미도 가져요.

It always seems to rain whenever I go away.
휴가 갈 때마다 항상 비 오는 것 같아.

[내가 휴가 가는 때는 언제나 비가 옴]

however가 형용사 앞에 사용되어 부사의 역할을 하면 '어느 정도 하든지'라는 의미예요.

If there's a chance of rain, however small, I'll take an umbrella.
비가 올 확률이 아무리 적더라도 우산을 가져갈 거야.

[비 올 확률이 낮아도 상관 없이 우산을 가져갈 것임]

69 명사가 '어떠한지' 설명하는 형용사

'아름다운 꽃'에서 '아름다운'은 꽃을 설명해주는 말이죠. 이처럼 명사 앞에 와서 그 특성을
설명해주는 말을 '형용사'라고 해요. 형용사는 몇 가지 종류로 분류할 수 있어요.

69.1 형용사 활용법_명사 수식

영어에서 형용사는 대개 설명하고자 하는 명사 앞에 위치해요.
그리고 명사에 맞춰 형태가 바뀌지 않아요.

He is a busy man.
그는 바쁜 사람이야.

It is a busy town.
그곳은 붐비는 도시야.

She is a busy woman.
그녀는 바쁜 사람이야.

↖ 설명하는 명사의 성별이 달라도
형용사의 형태는 동일

These are busy streets.
여기는 차량이 많이 다니는 거리야.

↖ 명사의 수와 상관없이
형용사의 형태는 동일

문장으로 이해하기

This is a red shirt.
이건 빨간 셔츠야.

It's a cold day.
추운 날이야.

These are tall buildings.
이곳들은 고층 빌딩들이야.

She does great concerts.
그녀는 훌륭한 공연을 해.

69.2 형용사의 활용법_보어

형용사가 be동사나 become 같은 동사 뒤에 위치하여
문장의 주어인 명사를 설명하는 경우도 있어요.

be동사 뒤에 위치하면서
문장 마지막에 위치하기도 함 →

The town is busy.
그 도시는 붐벼.

문장으로 이해하기

That house is beautiful.
저 집은 예뻐.

↖ 명사가 아닌 대명사를 설명하기도 함

He is annoyed.
그 사람 짜증났어.

The cake is delicious.
그 케이크는 맛있어.

She is very tired.
그녀는 매우 피곤한 상태야.

Natalie's dress is long.
나탈리의 드레스는 길어.

69.3 사실을 나타내는 형용사의 종류

크기나 모양, 색상 같은 특정한 사실 정보를 말해주는
형용사로는 다음과 같은 종류가 있어요.

| 크기 | **The children saw an enormous dog.** |
| | 아이들은 엄청나게 큰 개를 봤어. |

| 모양 | **It's a round ball.** |
| | 둥근 공이야. |

| 연령 | **My great-grandmother is very old.** |
| | 증조 할머니는 연세가 아주 많으세요. |

| 색상 | **Nicole just loves her red hat.** |
| | 니콜은 자기 빨간 모자를 엄청 좋아해. |

| 국적 | **I love eating French pastries.** |
| | 프랑스식 패스트리 먹는 걸 정말 좋아해요. |

| 재질 | **I've bought some leather shoes.** |
| | 가죽신발을 샀어. |

69.4 의견을 나타내는 형용사의 종류

설명 대상인 명사에 대해 어떻게 생각하는지를 나타내는 형용사는
통상적인 의견을 담은 일반 의견과 주관적인 견해를 담은 특정 의견으로 나뉘어요.

| 일반 의견 | **I just bought a very nice guitar.** |
| | 방금 아주 좋은 기타를 샀어. |

'좋다', '나쁘다' 같은 통상적인
의견으로 다른 대상에도 적용됨

| 특정 의견 | **Sylvester is such a friendly cat!** |
| | 실베스터는 정말 다정한 고양이야! |

'다정하다' 같은 주관적인 견해는
주로 특정 사람이나 동물에게 적용됨

69.5 여러 형용사를 쓸 때 순서

하나의 명사 앞에 여러 개의 형용사가 올 때는 정해진 순서에 따라 배치해야 해요.
의견을 나타내는 형용사를 사실을 나타내는 형용사보다, 일반 의견을 나타내는 형용사를 특정 의견을 나타내는
형용사보다 앞에 써요. 그리고 사실을 나타내는 형용사는 그 종류에 따라 아래와 같은 순서로 써요.

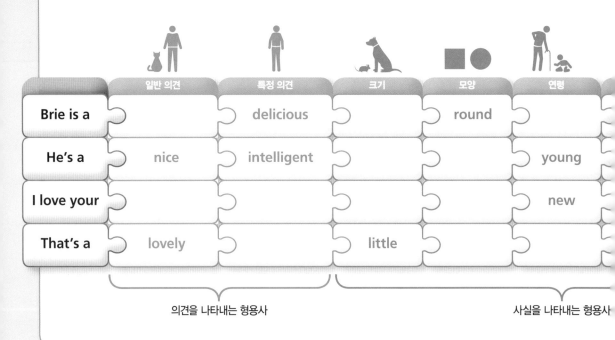

	일반 의견	특정 의견	크기	모양	연령
Brie is a		delicious		round	
He's a	nice	intelligent			young
I love your					new
That's a	lovely		little		

의견을 나타내는 형용사   사실을 나타내는 형용사

69.6 -ing나 -ed로 끝나는 형용사

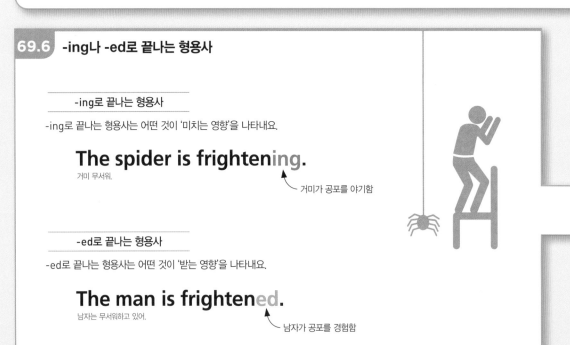

_____ -ing로 끝나는 형용사 _____

-ing로 끝나는 형용사는 어떤 것이 '미치는 영향'을 나타내요.

The spider is frightening.

거미 무서워.

↖ 거미가 공포를 야기함

_____ -ed로 끝나는 형용사 _____

-ed로 끝나는 형용사는 어떤 것이 '받는 영향'을 나타내요.

The man is frightened.

남자는 무서워하고 있어.

↖ 남자가 공포를 경험함

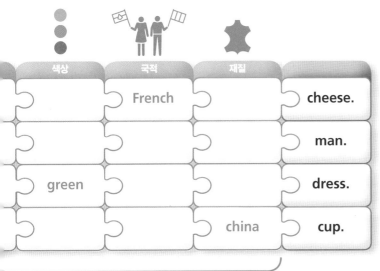

색상	국적	재질	
	French		cheese.
			man.
green			dress.
		china	cup.

Brie is a delicious round French **cheese.**
브리치즈는 동그란 모양의 맛있는 프랑스 치즈야.

He's a nice, intelligent young **man.**
그는 착하고 똑똑한 젊은 남자야.

I love your new green **dress.**
새로 산 네 초록 드레스 마음에 들어.

That's a lovely little china **cup.**
예쁘고 앙증맞은 도자기 컵이네요.

문장으로 이해하기

The fireworks are amazing.
She is amazed.
불꽃놀이 대단해. 그녀는 놀라워하고 있어.

The wasp is annoying.
He is annoyed.
말벌이 성가셔. 그는 짜증났어.

The roller coaster was thrilling.
They were thrilled.
그 롤러코스터 아주 스릴 넘쳤어. 걔네들 신나 했어.

The vacation is relaxing.
He is relaxed.
휴가는 편안해. 그는 느긋해져 있어.

I found the book too confusing.
I was confused **the whole time.**
그 책 너무 헷갈렸어. 읽는 내내 혼란스러웠어.

Your lecture was interesting.
I was interested **by your lecture.**
선생님 강의 재미있었어요. 선생님 강의 덕분에 즐거웠어요.

The final scene was really shocking.
Everyone was really shocked.
마지막 장면은 정말 충격적이었어. 모두 정말로 충격 받았어.

That film was very boring.
I was very bored.
그 영화 정말 지루했어. 나는 아주 지겨웠어.

70 '더 어떠한지' 비교하는 형용사의 비교급

형용사의 비교급은 한 가지 특성을 놓고 두 대상을 비교하는 데 사용돼요. 비교급을 만들 땐
형용사 뒤에 -er을 붙이거나 형용사 앞에 more 또는 less를 붙여요.

70.1 형용사의 비교급

1음절 또는 2음절의 형용사 대부분은 뒤에
-er을 붙여 비교급으로 만들어요.

Ahmed is tall. 아메드는 키가 커.

Ahmed is taller than **Jonathan.**
아메드는 조나단보다 더 키가 커.

-er을 붙임

비교 대상 앞에 than을 추가

문장으로 이해하기

Dean is stronger than **Carlos.**
딘은 카를로스보다 더 힘이 세.

A plane is faster than **a train.**
비행기는 기차보다 더 빨라.

5°F is colder than **85°F.**
화씨 5도가 화씨 85도보다 더 추워.

Sanjay is younger than **Tina.**
산자이는 티나보다 더 어려.

Emma is older than **Sharon.**
엠마는 샤론보다 더 나이가 많아.

My friends are quicker than **me.**
친구들이 나보다 더 재빨라.

⚠ 왕초보의 흔한 실수: than을 then으로 잘못 쓰는 것

than과 then은 발음도
철자도 유사하여 혼동하기
쉬워요. 하지만 then은
비교급과 전혀 관련이
없으므로 유의하여
사용하세요.

비교급을 만드는 것은 than

Ahmed is taller than **Jonathan.** ✔
아메드는 조나단보다 더 키가 커.

Ahmed is taller then **Jonathan.** ✘

비교급과 관련 없는 then

70.2 비교급을 만드는 기본 규칙

형용사 뒤에 -er을 붙이는 것이 기본 규칙이지만 형용사의 철자가 무엇으로 끝나는지에
따라 조금씩 다르게 적용돼요.

| 형용사 | close | early | big |

| 비교급 | **clos**er | **earli**er | **big**ger |

-e로 끝나는
형용사는 -r만 붙임

-y로 끝나는 형용사 중 일부는
-y를 빼고 -ier을 붙임

'자음-모음-자음'으로 끝나는
1음절 형용사는 마지막 철자를
한 번 더 쓰고 -er을 붙임

문장으로 이해하기

An elephant is larger
than **a rhino.**
코끼리는 코뿔소보다 더 덩치가 커.

My bedroom is tidier
than **my sister's.**
내 침실이 언니 침실보다 더 깔끔해.

Spain is hotter
than **England.**
스페인이 영국보다 더 더워.

70.3 불규칙형 비교급

일부 형용사의 비교급은 불규칙한 형태를 가져요.

| 형용사 | good | bad | far |

| 비교급 | **better** | **worse** | **farther** (미국식)
further (영국식) |

문장으로 이해하기

The house is farther
away than **the tree.**
집이 나무보다 더 멀리 떨어져 있어.

Jill got a better
grade than **John.**
질은 존보다 더 좋은 점수를 받았어.

London has worse
weather than **Paris.**
런던 날씨는 파리보다 더 안 좋아.

207

70.4 긴 형용사의 비교급

일부 2음절 형용사와 3음절 이상의 형용사는 more과 than을 활용하여 비교급을 만들어요.

This beach is more beautiful than that one.

이 해변이 저 해변보다 더 아름다워.

> beautiful은 3음절의 형용사로
> 비교급을 beautifuller라고 하면 틀림

more 대신 less를 쓰면, 반대의 의미가 돼요.

This beach is less beautiful than that one.

이 해변은 저 해변보다 덜 아름다워.

한눈에 보는 문장공식

주어 + 동사	more / less	형용사	than	나머지
This beach is	**more** / **less**	**beautiful**	**than**	**that one.**

문장으로 이해하기

Spiders are more frightening than wasps.

말벌보다 거미가 더 무서워.

For me, history is less difficult than science.

나는 역사가 과학보다 덜 어려워.

This book is more interesting than that one.

이 책이 저 책보다 더 재미있어.

Walking is less tiring than running.

걷는 게 뛰는 것보다 덜 힘들어.

This dress is more glamorous than I expected.

이 드레스는 예상했던 것보다 더 화려해.

My job is less exciting than I'd hoped.

내 일은 바랐던 것보다 덜 재미있어.

비교의 강도를 더욱 강화 또는 약화시키기 위해
비교급 형용사 앞에 수식어를 붙일 수 있어요.

수식어

비교급

The tree is { a lot / much } taller than the building.

나무는 빌딩보다 훨씬 더 높아.

비교 대상 사이의
차이가 큼을 강조

비교 대상 사이의
차이가 적음을 나타냄

The tree is { a bit / slightly } taller than the building.

나무는 빌딩보다 약간 더 높아.

긴 형용사의 비교급은
형용사 앞에 more를 붙임

The palace is { much / far } more beautiful than the factory.

궁전은 공장보다 훨씬 더 아름다워.

긴 형용사의 비교급에선
more 앞에 수식어가 위치

문장으로 이해하기

The mountain is much taller than the hill.
산은 언덕보다 훨씬 더 높아.

The house is a bit taller than the statue.
집은 동상보다 약간 더 높아.

The castle is slightly bigger than the hotel.
성은 호텔보다 약간 더 커.

The dress is a lot more expensive than the shoes.
드레스는 신발보다 훨씬 더 비싸.

⚠️ **왕초보의 흔한 실수:** 형용사의 비교급을 **very**로 수식하는 것

형용사의 비교급 앞에
very를 넣어 수식하면
틀린 문장이 돼요.

The tree is much taller than the building. ✔
나무는 빌딩보다 훨씬 더 높아.

The tree is very taller than the building. ✖

'결과'와 '변화'를 나타내는 비교급 구문

한 문장 내에 두 개의 비교급을 함께 사용하면 인과관계에 따른 어떤 행동의 결과나
무언가의 변화를 나타낼 수 있어요.

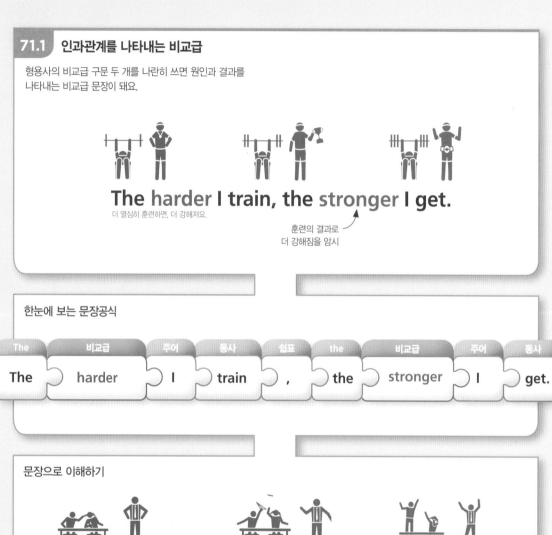

71.1 인과관계를 나타내는 비교급

형용사의 비교급 구문 두 개를 나란히 쓰면 원인과 결과를
나타내는 비교급 문장이 돼요.

The harder I train, the stronger I get.

더 열심히 훈련하면, 더 강해져요.

훈련의 결과로
더 강해짐을 암시

한눈에 보는 문장공식

The	비교급	주어	동사	쉼표	the	비교급	주어	동사
The	harder	I	train	,	the	stronger	I	get.

문장으로 이해하기

The worse the children behave, the angrier the teacher gets.

아이들이 더 버릇없이 행동할수록 선생님은 더 화가 나.

The louder the cat meows, the louder the dog barks.

고양이가 더 크게 울면, 강아지는 더 크게 짖어.

71.2 변화를 나타내는 비교급

동일한 비교급을
반복하여 변화를 나타낼
수 있어요. 변화 자체를
강조하거나 변화가 매우
심함을 나타내요.

The weather is getting colder and colder.
날씨가 점점 더 추워지고 있어.

비교급의 반복으로
변화가 계속됨을 강조

반복되는 비교급을
and로 연결

문장으로 이해하기

The tree outside my house is growing taller and taller.
집 밖의 나무가 점점 더 높이 자라고 있어.

The car went faster and faster down the hill.
언덕을 내려가면서 차가 점점 더 빨리 갔어.

71.3 변화를 나타내는 긴 형용사의 비교급

긴 형용사의 비교급으로 변화를
나타내는 경우에는 형용사는 그대로
두고 more를 두 번 반복해요.

Houses are getting more and more expensive.
집값이 점점 더 비싸지고 있어.

more을 반복

형용사는 두 번째 more
뒤에 한 번만 써줌

문장으로 이해하기

**His music is getting more
and more annoying.**
그 사람 음악은 들을수록 점점 더 짜증나.

**My job has become more
and more stressful.**
내 일은 점점 더 스트레스가 심해졌어.

72 '유사한지 아닌지'를 나타내는 원급비교

'as… as' 구조를 사용해 대상을 비교하면 대상간의 유사하거나 다른 정도를 나타낼 수 있어요.
여기에 부사를 함께 사용하면 그 정도를 강조하거나 약화시켜 말할 수도 있어요.

72.1 as… as 비교급

유사한 성질을 지닌 두 대상을
비교할 때 'as… as' 비교급을
사용해요. 이때 as와 as의
중간에 형용사의 원래 형태가
들어가서 '원급비교'라고 해요.

Lisa is as tall as Marc.

형용사는 원래 형태로

리사는 마크만큼 키가 커.

Penny is not $\begin{Bmatrix} as \\ so \end{Bmatrix}$ **tall as Marc.**

not을 붙이면 부정형

so는 비교급의 부정형에만 사용

페니는 마크만큼 키가 크지 않아.

한눈에 보는 문장공식

주어 + 동사	as	형용사	as	나머지
Lisa is	as	tall	as	Marc.

문장으로 이해하기

Will today be as hot as yesterday?
오늘은 어제만큼 더울까요?

Your desk is as messy as mine.
네 책상도 내 책상만큼 지저분하구나.

The bus is not so crowded as the train.
버스는 기차만큼 붐비지는 않아.

Jenny is not as busy as Will.
제니는 윌만큼 바쁘지는 않아.

73 '가장 어떠하다'고 나타내는 최상급

the biggest, the smallest 같은 형용사의 최상급은 대상이 가지고 있는 성질이나
상태의 정도가 가장 큰 경우에 사용돼요. 긴 형용사의 최상급은 most나 least를 사용해서 말해요.

73.1 형용사의 최상급

대부분의 1, 2음절
형용사는 뒤에 -est를
붙여 최상급을 만들어요.

비교급은 두 대상간의
차이점을 설명

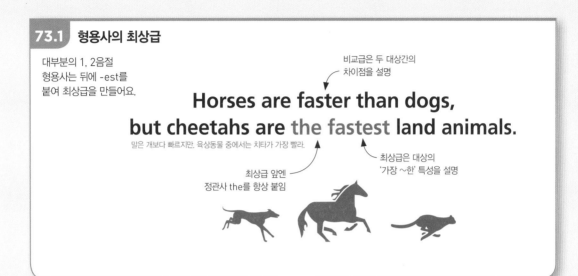

Horses are faster than dogs,
but cheetahs are the fastest land animals.

말은 개보다 빠르지만, 육상동물 중에서는 치타가 가장 빨라.

최상급 앞엔
정관사 the를 항상 붙임

최상급은 대상의
'가장 ~한' 특성을 설명

한눈에 보는 문장공식

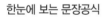

주어 + 동사	the + 최상급	나머지
Cheetahs are	the fastest	land animals.

문장으로 이해하기

**Giraffes are the tallest
animals in the world.**

세상에서 가장 키가 큰 동물은 기린이야.

**Blue whales are the largest
animals in the world.**

세상에서 가장 큰 동물은 흰긴 수염고래야.

**Sloths are the slowest
animals in the zoo.**

동물원에서 가장 느린 동물은 나무늘보야.

**Dolphins are the smartest
animals in the world.**

세상에서 가장 똑똑한 동물은 돌고래야.

73.2 최상급을 만드는 기본 규칙

형용사 뒤에 -est를 붙이는 것이 기본 규칙이지만 형용사의 철자가 무엇으로
끝나는지에 따라 조금씩 다르게 적용돼요.

| 형용사 | close | early | big |

| 최상급 | closest | earliest | biggest |

-e로 끝나는 형용사
뒤에는 -st만 붙임

-y로 끝나는 형용사 중 일부는
-y를 빼고 -iest를 붙임

'자음-모음-자음'으로 끝나는
형용사는 마지막 철자를 한 번
더 쓰고 -est를 붙임

문장으로 이해하기

Driving is the easiest way to get there.
거기 가는 가장 쉬운 방법은 차로 가는 거야.

The firefighter was the bravest person I'd ever met.
지금까지 만난 사람들 중 그 소방관이 가장 용감했어.

This has been the hottest summer in years!
수년을 통틀어 이번 여름이 가장 더워!

73.3 불규칙형 최상급

일부 형용사의 최상급은 불규칙한 형태를 가져요.

| 형용사 | good | bad | far |

| 최상급 | best | worst | farthest (미국식) furthest (영국식) |

문장으로 이해하기

School days are the best days of your life.
학창 시절이 인생에서 제일 좋을 때야.

I was the worst at drawing in my art class.
미술 수업에서 내가 제일 그림을 못 그리는 학생이었어.

I lived the farthest from school of all my friends.
친구들 중 내가 학교에서 가장 멀리 떨어져 살았어.

73.4 긴 형용사의 최상급

일부 2음절 형용사와 3음절 이상의 형용사는 the most와
the least를 활용하여 최상급을 만들어요.

The motorcycle is more expensive than the scooter, but the sports car is the most expensive vehicle.

오토바이는 스쿠터보다 비싸지만, 스포츠카가 가장 비싸.

the most + 형용사

형용사는 원래 형태로 씀
expensivest라고 쓰면 틀림

The motorcycle is less expensive than the sports car, but the scooter is the least expensive vehicle.

스포츠카보다 오토바이가 덜 비싸지만 스쿠터가 가장 안 비싸.

the least는 the most와 반대의 의미

한눈에 보는 문장공식

주어 + 동사	the + most / least	형용사	나머지
This is	the most / the least	expensive	dish on the menu.

문장으로 이해하기

The science museum is the most interesting museum in town.
이 도시에서 과학박물관이 가장 재미있는 박물관이야.

This is the least comfortable chair in the room.
이 의자가 방 안에 있는 의자들 중 가장 안 편해.

The Twister is the most exciting ride in the theme park.
놀이공원에서 트위스터가 가장 신나는 놀이기구야.

Teacups are the least enjoyable ride in the theme park.
놀이공원에서 티컵은 가장 안 재미있는 놀이기구야.

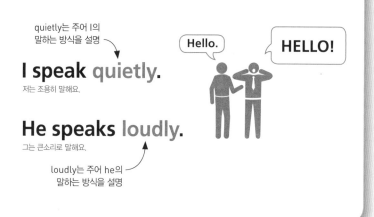

74 '어떻게'를 나타내는 부사

'그는 조용히 말합니다.'라는 문장에서 '조용히'는 그 사람이 '어떻게' 말하는가를 나타내는
말이에요. 방식이나 방법을 나타내며 동사, 형용사, 구, 또는 다른 부사에 대한 부가적인
정보를 제공하는 것이 바로 부사의 역할이에요.

74.1 방식과 방법을 나타내는 부사

방식과 방법을 나타내는
부사는 주로 동사 뒤에
와요. 이런 역할을 하는
부사를 '양태부사'라고도
해요.

quietly는 주어 I의
말하는 방식을 설명

Hello.

HELLO!

I speak quietly.
저는 조용히 말해요.

He speaks loudly.
그는 큰소리로 말해요.

loudly는 주어 he의
말하는 방식을 설명

74.2 부사를 만드는 기본 규칙

대개 형용사 뒤에 -ly를
붙이면 부사가 돼요. -y로
끝나는 형용사는 y를 빼고
-ily를 붙여요.

bad

careful

easy

-y로 끝났으므로
y를 빼고 -ily를 붙임

badly

carefully

easily

문장으로 이해하기

A tortoise moves slowly.
거북이는 천천히 움직여요.

Horses can run quickly.
말은 빨리 달릴 수 있어요.

She sings beautifully.
그녀는 아름다운 목소리로 노래해요.

I can play the piano badly.
저는 피아노를 잘 못쳐요.

My dad sneezes noisily.
아빠는 요란하게 재채기해요.

My sister dresses stylishly.
여동생은 멋스럽게 옷을 입어요.

74.3 불규칙형 부사

일부 부사는 -ly를 붙이지 않고 아예 다른 형태로 바뀌어요.

good → **well**
형용사와 부사의 형태가 완전히 다른 유형

straight → **straight**
형용사와 부사의 형태가 동일한 유형

early → **early**
형용사가 -ly로 끝나면 부사도 동일한 형태

문장으로 이해하기

It's dangerous to drive fast.
과속 운전은 위험해.

Kris often arrives late.
크리스는 자주 늦게 도착해.

The job didn't last long.
그 업무는 오래 걸리지 않았어.

Jon always studies hard.
존은 항상 열심히 공부해.

74.4 형용사와 형태가 동일한 부사

일부 형용사는 두 가지 이상의 의미를 가지고 있는데, 이런 형용사를 부사로 바꾸면 그 의미에 따라 부사의 모양도 달라져요.

'작은'의 의미
Chop the onion into fine pieces.
양파를 작은 조각으로 자르세요.
↓
Chop it finely.
잘게 자르세요.
형용사 뒤에 -ly를 붙이면 부사

'괜찮은'의 의미
I'm fine.
괜찮아요.
↓
I'm doing fine.
잘 지내고 있어요.
부사와 형용사의 형태가 동일

문장으로 이해하기

It's free for children.
어린이는 무료예요.
↓
Children are admitted free.
어린이들은 무료로 입장할 수 있어요.

We advocate free speech.
우리는 언론의 자유를 지지해요.
↓
You can speak freely.
자유롭게 말할 수 있어요.

75 부사의 비교급과 최상급

어릴 때는 형제끼리 혹은 친구끼리 쓸데없는 경쟁을 하죠. '내가 너보다 더 빨리 먹어.',
'내가 제일 빨리 먹어.' 이런 말 많이 해보셨을 거예요. 이처럼 부사를 가지고도 비교급이나
최상급으로 표현할 수 있어요.

75.1 부사의 규칙형 비교급/최상급

대부분의 부사는 more과 less를
활용해서 비교급을 만들어요.

비교급

Karen eats more quickly than Tim.
카렌은 팀보다 더 빨리 먹어.

Tim eats less quickly than Sarah.
팀은 사라보다 덜 빨리 먹어.

대부분의 부사는 most와 least를
써서 최상급을 만들어요.

최상급

Carmen cooks the most frequently.
카르멘이 요리를 가장 자주 해.

Bob cooks the least frequently.
밥이 요리를 가장 자주 안 해.

75.2 부사의 불규칙형 비교급/최상급

well의 비교급은 better, 최상급은 best로 형용사 good의 비교급/최상급과
동일해요. 부사 badly도 형용사 bad와 동일하게 비교급은 worse, 최상급은
worst예요.

형용사	부사	비교급	최상급
good ➡	well ➡	better ➡	best
bad ➡	badly ➡	worse ➡	worst

짧은 부사의 비교급/최상급

일부 짧은 부사의 경우 형용사의 비교급/최상급이
부사의 비교급/최상급으로 사용되기도 해요.

비교급   **My dog moves** { **slower** / **more slowly** } **than my cat.**
내 개는 고양이보다 천천히 움직여.

↑ 둘 다 맞는 형태

최상급   **My tortoise moves the** { **slowest** / **most slowly** } **.**
내 거북이가 가장 천천히 움직여.

↑ 둘 다 맞는 형태

75.4 **형용사와 형태가 같은 부사의 비교급/최상급**

형용사와 형태가 같은 부사는 그대로
-er과 -est만 붙여서 비교급, 최상급을
만들 수 있어요.

비교급

My colleague always works later than me.
동료는 항상 나보다 늦게까지 일해.

최상급

My boss always stays the latest.
사장님은 항상 가장 늦게까지 계셔.

문장으로 이해하기

My sister always runs faster than me.
여동생은 항상 나보다 빠르게 달려.

I got to work earlier than everyone else today.
오늘 다른 모든 사람들보다 일찍 출근했어.

I'm training harder than my friend for the judo competition.
유도 대회를 대비해 친구보다 더 열심히 훈련 중이야.

My sister can run fast, but our brother runs the fastest.
여동생은 빨리 달릴 수 있지만, 오빠가 가장 빨리 달려.

I always arrive the earliest when I cycle, as I beat the traffic.
자전거를 타면 항상 가장 일찍 도착해. 교통 혼잡을 피하게 되니까.

This is the hardest I've ever trained for a competition.
대회를 위해 훈련해본 것 중 이번에 가장 열심히 훈련했어.

76 '시간'을 나타내는 부사

어떤 일이 정확히 언제 발생했는지에 관해 보다 정확한 정보를 제공할 때도 부사를 사용해요.
또 어떤 일이나 행동이 계속되고 있다는 것을 강조할 때도 쓰여요.

76.1 막 ~을 마친 vs. ~하려던 참 (just vs. about to)

부사 just는 어떤 일이
언제 일어났는지 혹은
일어날지에 관한 정보를
제공해요. 대비되는
의미를 가진 표현으로
be about to가 있어요.

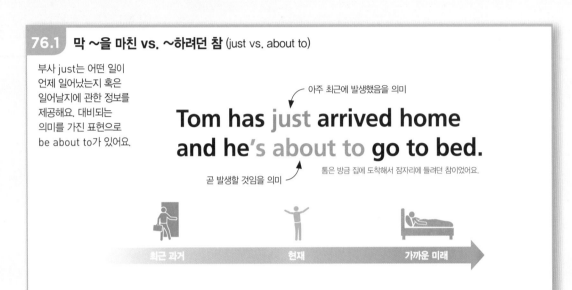

아주 최근에 발생했음을 의미

Tom has just arrived home and he's about to go to bed.

곧 발생할 것임을 의미

톰은 방금 집에 도착해서 잠자리에 들려던 참이었어요.

최근 과거   현재   가까운 미래

문장으로 이해하기

I've just called a cab. It should be here soon.
방금 택시 불렀어. 곧 도착할 거야.

I'm on my way. I've just finished packing my suitcase.
가고 있는 중이야. 방금 여행가방 다 쌌어.

I was going to have a meal at the airport, but the plane has just arrived.
공항에서 밥 먹으려고 했는데 비행기가 막 도착했어.

The flight attendant is about to bring us food.
승무원들이 우리한테 음식을 가져다주려는 참이야.

The plane is about to land. We must fasten our seat belts.
비행기가 착륙하려는 참이야. 안전벨트 꼭 매야 해.

I'm about to book a table for tonight. How many of us are there?
오늘 밤으로 한 테이블 예약하려는 참이야. 우리 몇 명이지?

76.2 벌써 vs. 아직 (already vs. yet)

어떤 일이 이미 발생했는데 예상보다 일찍 발생했다는 뉘앙스로 already를 사용해요. 곧 발생할 일을 표현할 땐 yet을 사용해요.

이미 발생했음을 의미 ↘

The show has already started, but we haven't arrived yet.

공연은 벌써 시작했는데 우린 아직 도착하지 못했어.

'지금까지'라는 의미 ↗

과거   현재   미래

문장으로 이해하기

What time is Andrew going to get here?
앤드류는 여기 몇 시에 도착할까?

He's already arrived.
걔 벌써 도착했어.

Have you booked the taxi?
택시 예약했어?

No, I haven't called them yet.
아니, 아직 전화 안 했어.

Has Rob cooked the dinner?
롭은 저녁 만들었어?

No, not yet.
아니, 아직.

I'll order the pizzas now.
이제 피자 주문할게.

It's OK. I've already ordered them.
괜찮아. 내가 벌써 주문했어.

76.3 여전히 (still)

still은 어떤 행동이나 상황이 계속되고 있음을 나타내는 부사예요.

I'm still watering the flowers.
여전히 꽃에 물 주는 중이야.

과거   현재

문장으로 이해하기

I'm still working. I won't finish until 7 tonight.
여전히 일하는 중이야. 오늘 저녁 7시까지 못 마칠 것 같아.

The shop is still open. Let's go in before it closes.
가게가 여전히 열려 있어. 문 닫기 전에 들어가보자.

The phone is still ringing. Will someone answer it?
전화가 여전히 울리고 있어. 누가 받아줄래?

We still live in the same house, but it's too small for us now.
우리는 여전히 같은 집에 살고 있지만, 이젠 우리한테 너무 작아.

77 '빈도'를 나타내는 부사

'운동 얼마나 자주 하세요?'라고 질문하면 항상(always) 한다는 사람도 있고,
전혀(never) 안 한다고 답하는 사람들도 있죠. 이렇게 어떤 일이 얼마나 자주
발생하는지를 나타내는 부사를 '빈도부사'라고 해요.

77.1 빈도부사의 종류

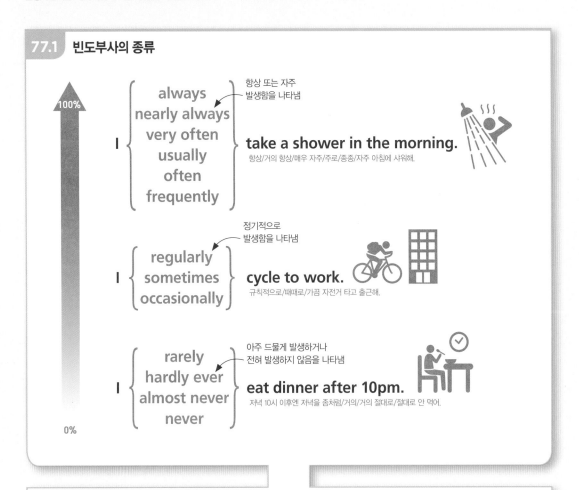

한눈에 보는 문장공식

빈도부사는 주어와
일반동사 사이에,
시간의 부사구는
문장 끝에 위치해요.
be동사가 포함된
문장에서 빈도부사는
be동사 뒤에 위치해요.

77.2 빈도부사 vs. 빈도 표현

'수영 자주 가.'라는 말과 '주 5회 수영 가.'라는 말 중 어느 것이 더 구체적인가요?
빈도부사보다 더 구체적으로 빈도를 나타내는 이 표현들은 문장 마지막에 위치해요.

빈도부사는 주로
동사 앞에 위치

I { often / regularly / hardly ever } go running.
달리기를 종종 해/
규칙적으로 해/거의 안 해.

빈도 표현은 주로
문장 마지막에 위치

I go running { five times a week. / every Tuesday. / once a year. }
주 5회/화요일마다/
일 년에 한 번 뛰어.

77.3 빈도를 묻는 의문문

'얼마나 자주 외식해요?'처럼 어떤 활동을 하는 빈도를 물을 땐 How often으로,
'언제 외식해요?'처럼 활동을 하는 요일명이나 시간을 물을 땐 When으로 질문해요.

How often do you go away?
얼마나 자주 떠나세요?

I usually go away once a year.
주로 일 년에 한 번 떠나요.

When do you go running?
언제 달리기 하러 가요?

I go on Thursday nights.
목요일 밤마다 가요.

문장으로 이해하기

How often do you go to the beach?
바닷가에 얼마나 자주 가세요?

Not very often.
그리 자주는 아니에요.

When do you go to the gym?
운동 언제 가세요?

On Tuesdays and Fridays.
매주 화요일과 금요일에요.

How often do you see your friends?
친구들을 얼마나 자주 만나세요?

All the time.
항상 만나요.

When does your family eat dinner?
너희 가족은 언제 저녁 식사해?

At 6pm every evening.
매일 저녁 6시에.

78 '강조'의 부사 so와 such

부사 so와 such는 문장에 강조의 의미를 추가하는 역할을 해요. 이 두 부사의 의미는 유사해 보이지만 각각 사용할 수 있는 문장 구조가 다르기 때문에 사용 시 주의가 필요해요.

78.1 so와 such의 사용법

such는 명사를 강조하기 위해 명사 앞에 쓰여요. '관사 + 형용사 + 명사' 앞에도 올 수 있어요.

TIP
'such+a/an' 다음에는 주로 아주 좋거나 나쁜 의미의 명사가 나옴

such + a/an + 명사

The trial was such a success.
그 시제품은 정말 성공작이었어.

such + a/an + 형용사 + 명사

It was such an important experiment.
정말 중요한 실험이었어.

so는 형용사나 부사 앞에 쓰여 강조의 의미를 더해줘요.

so + 형용사

The reaction is so dangerous.
그 (화학) 반응은 정말 위험해.

so + 부사

The surgery went so well!
그 수술 정말 잘 됐어!

TIP
so는 비교급 형용사나 부사 앞에 단독 사용 불가

so much는 비교급 형용사나 비교급 부사 앞에 쓰여 더 강한 강조의 의미를 더해줘요.

so much + 비교급 형용사

This hospital is so much cleaner than that other one.
이 병원은 그 다른 병원보다 훨씬 깨끗해.

so much + 비교급 부사

Diseases spread so much faster as a result of air travel.
비행기 여행의 결과로 질병들이 훨씬 더 빨리 퍼져요.

so나 such를 that과 함께 사용하여 so/such로 강조된 어떤 사실이
가져온 결과를 that 다음에서 보여줄 수 있어요.

such + a/an + 명사 + that

The disease is such a mystery that it doesn't even have a name yet.

그 질병은 정말 불가사의해서 아직 이름조차 없어요.

such + a/an + 형용사 + 명사 + that

This is such a strange injury that it is hard to diagnose.

이건 정말 본 적 없는 부상이라 진단하기도 어려워요.

so + 형용사 + that

Medical research is so expensive that drugs are often costly.

의학 연구에는 비용이 아주 많이 들어서 약값이 빈번히 비싸요.

so + 부사 + that

He recovered so quickly that he was able to go home the next day.

그 사람은 아주 빨리 회복해서 다음날 집에 갈 수 있었어요.

so much + 비교급 형용사 + that

The new treatment was so much more effective that he felt better the same day.

새로운 치료법이 훨씬 더 효과적이라 그는 당일로 회복했어요.

so much + 비교급 부사 + that

Hospitals are now being built so much more quickly that more people can be treated.

이제 병원들이 훨씬 빠른 속도로 지어지고 있어서 더 많은 사람들이 치료를 받을 수 있어요.

79 '적당함'과 '과함', enough와 too

어떤 것의 정도나 양이 적당하다고 할 땐 부사 enough로, 필요 이상으로 지나치다고 할 땐
부사 too로 표현할 수 있어요.

79.1 충분히 ~한/~하게 (형용사/부사 + enough)

형용사나 부사 뒤에
enough를 쓰면 정도가
적당함을 나타내요.

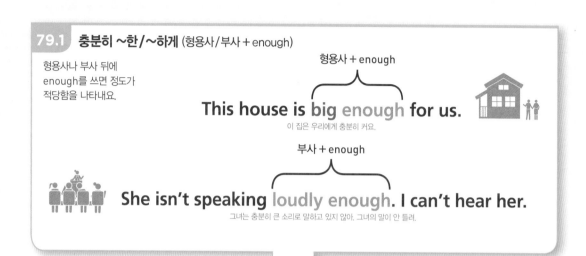

형용사 + enough

This house is big enough for us.
이 집은 우리에게 충분히 커요.

부사 + enough

She isn't speaking loudly enough. I can't hear her.
그녀는 충분히 큰 소리로 말하고 있지 않아. 그녀의 말이 안 들려.

문장으로 이해하기

This food isn't hot enough to eat.
이 음식은 먹기에 충분히 따뜻하지 않아.

The traffic isn't moving quickly enough.
차량들이 충분히 빨리 움직이지 않아.

My bag is big enough for my books.
내 가방은 책들이 들어갈 정도로 충분히 커.

I didn't read the instructions carefully enough.
설명서를 충분히 주의깊게 읽지 않았어.

79.2 충분한 ~ (명사 + enough)

enough는 셀 수 있는
명사와 셀 수 없는 명사
앞에 쓰여 양의 적당함을,
not enough는 양의
부족함을 나타내요.

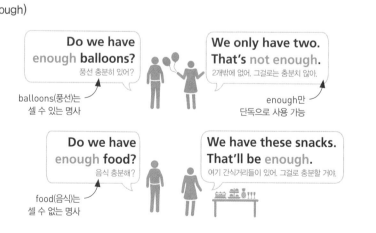

Do we have enough balloons?
풍선 충분히 있어?

balloons(풍선)는
셀 수 있는 명사

We only have two. That's not enough.
2개밖에 없어. 그걸로는 충분치 않아.

enough만
단독으로 사용 가능

Do we have enough food?
음식 충분해?

food(음식)는
셀 수 없는 명사

We have these snacks. That'll be enough.
여기 간식거리들이 있어. 그걸로 충분할 거야.

79.3 너무 ~한/~하게 (too + 형용사/부사)

형용사나 부사 앞에 too를 쓰면
과도함을 나타내요.

too + 형용사

That meal was too big. I'm so full.

그 식사 너무 양이 많았어. 정말 배불러.

too + 부사

This bus is going too slowly. I'm going to be late.

이 버스는 너무 천천히 가고 있어. 지각하겠어.

문장으로 이해하기

too 앞에
far/much를 쓰면 강조

In winter my house is far too cold.

우리집은 겨울에 정말 너무 추워.

My coat is too big for me.

코트가 나한테 너무 커.

**Don't go swimming in the lake.
It's too dangerous.**

호수로 수영 가지 마. 너무 위험해.

Jo takes her job much too seriously.

조는 본인의 업무를 정말 너무 진지하게 받아들여.

Jessica talks far too quietly.

제시카는 정말 너무 조용하게 이야기해.

**I'm never on time for work.
I always wake up too late.**

나는 정시에 출근하지 않아. 항상 너무 늦게 일어나.

79.4 …할 만큼 충분히 ~한/너무 ~해서 …할 수 없는 (enough/too ~ to부정사)

부사 enough와 too를 to부정사와
함께 쓰면, to부정사가 나타내는
행동을 하기에 충분한지 혹은
과하거나 부족한지를 나타내요.

Is this mango ripe enough to eat?
이 망고가 먹을 만큼 충분히 익었나요?

Yes, it's ripe enough to eat.
네, 먹기에 충분히 익었어요.

No, it's not ripe enough to eat.
아니요, 먹을 만큼 충분히 익지 않았어요.

No, it's too ripe to eat.
아니요, 너무 익어서 먹을 수 없어요.

80 '대등한' 것끼리 연결하는 등위접속사

우리가 잘 아는 and나 but 같은 말은 중요도가 같아 대등한 관계에 있는 단어, 구, 절들을 연결해요. 이런 말들을 '등위접속사'라고 하며, 등위접속사를 쉼표와 함께 사용할 경우에는 지켜야 할 규칙이 있어요.

80.1 ~과/~하고 (문장을 연결하는 and)

두 문장을 하나로 합칠 때 각 문장에 중복으로 들어가는 단어는 and를 사용해 반복하지 않고 간단명료한 문장을 만들어요.

There is

There's a library. There's a restaurant.

도서관이 있어요. 식당이 있어요.

There's a library and a restaurant.

도서관과 식당이 있어요.

and로 연결할 때 두 번째 문장의 There's는 생략

문장으로 이해하기

Jazmin's sister lives and works in Paris.

재즈민의 여동생은 파리에서 살며 일해.

My father and brother are both engineers.

아빠랑 오빠 둘 다 기술자야.

Simon plays video games and watches TV every night.

사이먼은 매일 밤 비디오 게임을 하고 TV를 봐.

I bought a dress and some shoes for the party tonight.

오늘 밤 파티를 위해서 드레스와 신발을 샀어.

My sister called earlier and told me she's pregnant!

언니가 먼저 전화해서 임신했다고 말했어!

I feel sick, I ate two sandwiches and a large slice of cake for lunch.

속이 안 좋아. 점심으로 샌드위치 두 개와 조각 케이크 큰 것 하나를 먹었거든.

80.2 and를 대신하는 쉼표

두 가지를 넘는 항목을 나열할 때 쉼표가 and를 대신할 수 있어요.

and를 대신하는 쉼표

and 앞에도 쉼표를 써야 함

There's a library, a store, and a café.

도서관, 상점, 그리고 카페가 있어요.

and는 마지막 두 항목 사이에 위치

80.3 아니면 / 안 그러면 ('선택'과 '결과'의 or)

or는 두 가지 이상의 선택사항이나 대안을 제시할 때 사용해요.

다른 선택사항을 제시 →

Do you want to go to Germany or France?
독일에 가고 싶으세요. 아니면 프랑스에 가고 싶으세요?

어떤 행동의 결과를 언급할 때도 or를 사용하는데 대개 부정적인 결과예요.

'늦는 것'의 결과인 '기차를 놓치는 것'을 언급 ↓

Don't be late, or you will miss the train.
늦지 마. 안 그러면 기차 놓칠 거야.

문장으로 이해하기

Should we go out or should we stay at home instead?
우리 외출할까, 아니면 그러지 말고 집에 있을까?

I can't decide whether to get a dog or a cat.
개를 키울지, 아니면 고양이를 키울지 결정 못 하겠어.

Should we paint the kitchen blue or green?
주방을 파란색으로 칠할까, 아니면 초록색으로 칠할까?

Be careful when cooking, or you might burn yourself.
요리할 때 조심해. 안 그러면 화상 입을지도 몰라.

80.4 ~하지도 …하지도 않아요 (둘 이상의 부정적인 내용을 연결하는 nor)

nor는 두 가지 이상의 부정적인 내용을 표현하는 데 사용해요. nor 다음에 나오는 동사의 형태는 긍정형이어야 하고 의문문처럼 어순을 바꿔야 해요.

I've never eaten lobster, nor do I want to.
랍스터 먹어본 적도 없지만 먹고 싶지도 않아.

'nor + 동사 + 주어'의 어순으로 바뀜

TIP

nor는 일상회화에서는 잘 쓰지 않음

문장으로 이해하기

He can't play the guitar, nor can he sing.
그는 기타 칠 줄도 모르고 노래도 못 불러.

Fiona didn't turn up to dinner, nor did she answer my calls.
피오나는 저녁식사에 나타나지도 않았고 내 전화도 받지 않았어.

My television doesn't work, nor does my stereo.
TV도 안 나오는데 스테레오도 작동 안 돼.

80.5 ~하지만 (대비되는 내용을 연결하는 but)

but은 긍정적인 내용과 부정적인 내용을 연결할 때, 혹은 두 문장이 서로 대비되는 내용임을 보여줄 때 사용해요.

There's a hotel. There isn't a store.
호텔이 있어요. 상점은 없어요.

There's a hotel, but there isn't a store.
호텔은 있지만 상점은 없어요.

문장으로 이해하기

My daughter likes to eat apples, but she doesn't like pears.
내 딸은 사과는 즐겨 먹지만 배는 안 좋아해.

I wanted to be an architect, but I didn't pass my exams.
건축가가 되고 싶었지만 시험에 합격하지 못했어.

 I went to the supermarket, but I forgot my purse.
슈퍼마켓에 갔지만 지갑을 깜박하고 안 가져갔어.

 I'm on a diet, but I find it hard to avoid chocolate.
다이어트 중인데 초콜릿을 안 먹기란 너무 힘들어.

My friend does tap dancing, but she doesn't do ballet.
내 친구는 탭댄스는 추지만 발레는 출 줄 몰라.

My friends invited me out tonight, but I don't feel well enough to go.
친구들이 오늘 밤에 나가자고 했지만 나가 놀기엔 컨디션이 별로야.

80.6 ~인데도 (모순되는 내용을 연결하는 yet)

yet은 but과 비슷한 의미를 가지고 있지만, 어떤 상황이나 사실에도 불구하고 예상을 벗어나는 모순된 내용을 보여줄 때 사용해요.

It's a warm day, yet Raymond's wearing a coat.
날씨가 좋은데도 레이먼드는 코트를 입고 있어.

문장으로 이해하기

George lives in the countryside, yet he works in a nearby city.
조지는 시골에 사는데도 일은 인근 도시에서 해.

There was a school near my house, yet I went to one on the other side of town.
집 근처에 학교가 있었지만 동네 반대편에 있는 학교에 다녔어.

I've asked him to be quiet, yet he continues to talk during lessons.
걔한테 조용히 해 달라고 부탁했는데도 수업 중에 계속 이야기해.

80.7 ~해서 (원인과 결과를 연결하는 so)

so는 인과관계를 나타내는 접속사로
so 앞에 나온 내용에 대한 결과가 뒤에 연결돼요.

It was a lovely day, so we went for a walk.
날씨가 정말 좋아서 우리는 산책했어.

문장으로 이해하기

My house was a mess, so I spent the weekend cleaning.
집이 난장판이어서 청소하며 주말을 보냈어.

The cathedral is very famous, so it attracts a lot of tourists.
그 대성당은 매우 유명해서 많은 관광객이 몰려요.

I don't like pasta, so I rarely go to Italian restaurants.
파스타를 좋아하지 않아서 이탈리아 식당은 거의 안 가.

I work outside, so I have to be careful that I don't get sunburned.
야외에서 일해서 햇볕에 타지 않도록 조심해야 해요.

Stephen moved to London, so he speaks English quite well now.
스테판은 영국으로 이사 가서 이제는 영어를 잘해요.

I ate before I came out, so I will only have a coffee.
나오기 전에 밥을 먹어서 커피만 마실게요.

80.8 접속사와 함께 쓰는 쉼표 사용법

접속사가 두 문장 사이에 위치할 때 접속사 앞에 쉼표가 와요.

It was raining, and there was lightning.
비가 내리고 번개가 치고 있었어.

접속사가 두 개의 단어만을 연결할 땐 쉼표를 사용하지 않아요.

I'm going to wear jeans and a shirt.
청바지와 셔츠를 입을 거야.

접속사가 세 단어 이상을 연결할 땐 각 단어 사이마다 쉼표를 넣고 마지막 단어 앞에는 '쉼표 + 접속사'를 넣어요.

I need eggs, flour, and milk.
계란, 밀가루, 그리고 우유가 필요해.

Would you like tea, coffee, or juice?
차, 커피, 아니면 주스 마실래?

'대등하지 않은' 것을 연결하는 종속접속사

서로 대등한 관계에 있지 않은 단어, 구, 절들을 연결하는 말을 '종속접속사'라고 해요. 어떤 일이
언제, 왜 발생했는지 나타내는 when, because를 비롯하여 다양한 종속접속사들이 있어요.

81.1 ~할 때/~하면 ('시점'을 나타내는 when)

종속접속사 when은 미래에 어떤 사건/행동이 선행되어야 다른 사건/행동이 진행된다고 말할 때
사용돼요. 이때 '시간의 종속절'이라고 불리우는 when 다음에 나오는 절의 동사는 주로 현재형으로 써요.
이 규칙은 until, before, after 등에도 동일하게 적용돼요.

첫 번째 사건   두 번째 사건

When it gets dark, he'll light the fire.

첫 번째 사건이 아직 일어나지 않은
미래의 상황임을 나타냄   어두워지면 그는 불을 붙일 거야.

문장으로 이해하기

종속절은 의문문과
연결되기도 함

When I finish my report, I'll call you.
보고서 작성 마치면 네게 전화할게.

When you get home, will you make dinner?
집에 도착하면 저녁 만들 거야?

I'll put up shelves when the paint dries.
페인트가 마르면 선반을 올릴게.

When it stops raining, I'll go out.
비 그치면 외출할 거야.

81.2 ~하자마자 ('시점'을 나타내는 as soon as)

종속접속사 as soon as는
when과 비슷한 의미를 갖지만
as soon as 절의 사건이
완료되면 주절의 사건이
즉각적으로 일어날 것임을
나타내요.

지금

I'll call you as soon as I leave work.

퇴근하자마자 전화할게.

[퇴근할 때 바로 전화를 걸 것임]

⚠ 왕초보의 흔한 실수: 시간의 종속절 안에서 미래시제를 쓰는 것

when, as soon as 등의
시간의 접속사절에서는
의미상 미래의 일이더라도
미래시제를 사용하지
않아요.

미래 대신 현재로 표현

When it gets dark, he'll light the fire. ✅

어두워지면 그는 불을 붙일 거야.

When it will get dark, he'll light the fire. ❌

미래의 의미이더라도 미래로 쓰면 틀림

81.3 ~하는 동안 ('동시 동작'을 나타내는 while)

종속접속사 while은 동시에 발생하는
두 가지 사건을 연결해서 나타내요.

I watered the plants while my husband mowed the lawn.

남편이 잔디를 깎는 동안 나는 화초에 물을 줬어.

문장으로 이해하기

I chopped the vegetables while Ted washed the potatoes.

테드가 감자를 씻는 동안 나는 야채를 잘게 썰었어.

I didn't get any sleep while the owl was hooting outside.

부엉이가 밖에서 부엉부엉 우는 동안 한잠도 못 잤어.

I read the newspaper while I waited for the kettle to boil.

주전자가 끓기를 기다리는 동안 신문을 읽었어.

81.4 ~하기 때문에 ('원인과 이유'의 because)

because는 어떤 사건이 발생한 원인이나 어떤 결정의 이유를 이야기할 때 사용해요.

결과 ← 원인

He got a refund because he complained.

그는 불만 제기를 했기 때문에 환불 받았어.

주절이 결과에 해당   because는 원인에 해당하는 절 앞에 위치   원인

문장으로 이해하기

It's a noisy town because there are lots of cars.
여기는 자동차가 많아서 시끄러운 동네야.

My village is quiet because there are only a few families here.
몇 가구밖에 없어서 우리 동네는 조용해.

I decided to move to the country because it's beautiful.
그 나라가 너무 예뻐서 거기로 이주하기로 결정했어.

81.5 ~함에도 불구하고 ('대조와 양보'의 although / even though)

although는 어떤 일이 예상과 다르다고 말할 때 사용해요. 동일한 의미의 even though는 회화에서 많이 사용해요.

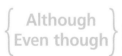

{ Although / Even though } **I got up early, I was late to work.**
일찍 일어났는데도 회사 지각했어.

문장으로 이해하기

Although I've done it before, I found the run very difficult.
전에 해봤는데도 그 경주는 매우 힘들게 느껴졌어.

Even though I have two cousins, I've never met them.
사촌이 둘 있지만 한 번도 걔들을 만나본 적 없어.

I'm going to the beach this weekend even though I can't swim.
수영은 못하지만 이번 주말에 바닷가에 갈 거야.

---

234 Subordinating conjunctions

81.6 〜하려고 ('목적'의 so that)

so that은 어떤
행동의 목적을
나타내고 뒤에
절이 와요.

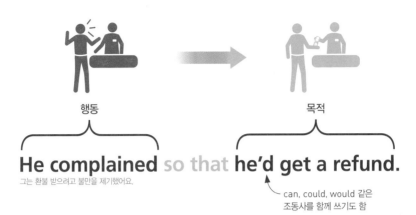

행동   목적

He complained so that he'd get a refund.
그는 환불 받으려고 불만을 제기했어요.

can, could, would 같은
조동사를 함께 쓰기도 함

in order to는 so that과
비슷한 의미를 갖지만 접속사가
아니기 때문에 뒤에 절이 아닌
동사의 기본형이 와요.

He called the company in order to complain.
그는 불만을 제기하려고 그 회사에 전화했어요.

문장으로 이해하기

She went back to the store in order to show them her receipt.
그녀는 영수증을 보여주려고 상점으로 다시 갔어.

일상회화에서는 보통
in order를 생략

The assistant took the receipt to process the refund.
판매원이 환불 절차를 진행하려고 영수증을 가져갔어.

so that 앞에 오는 주절의 동사 시제가 과거라면,
대개 뒤에 오는 절의 시제도 과거

She reported the problem so that it could be fixed.
그녀는 그 문제가 해결되도록 그것을 보고했어.

They check everything so that customers don't receive broken items.
그들은 고객들이 고장난 물건을 받지 않게 하려고 모든 상품을 확인해.

한눈에 보는 접속사

1   등위접속사 vs. 종속접속사

등위접속사는 대등한
관계에 있는 두 단어,
구, 절을 연결해요.

등위접속사

I like roses and sunflowers.
장미와 해바라기를 좋아해요.

**I like gardening, but I
hate mowing the lawn.**
정원 가꾸는 건 좋아하지만 잔디 깎는 건 싫어해요.

주어가 다른 두 절을
연결할 때 쉼표는 접속사
앞에서 한 절의 끝과 다른
절의 시작을 구분해줘요.

첫 번째 절의 주어

쉼표는 접속사 앞에 위치

**Flora tried to water her flowers,
but the hose burst.** 플로라는 꽃에 물을 주려 했지만 호스가 터져버렸어.

두 번째 절의 주어가 다름

2   접속사의 용도와 종류

접속사는 두 단어, 구, 절 사이의
다양한 관계를 나타내요.

조건	시점
if ~하면	**after** ~한 후에
in case ~할 수도 있으니까	**until** ~할 때까지
unless ~하지 않으면	**when** ~할 때
as long as ~하기만 하면	**before** ~하기 전에
so long as ~하기만 하면	**while** ~하는 동안에
	as soon as ~하자마자

종속접속사는 서로 동등하지 않은 단어, 구, 절을 연결하고, 종속절은 시점, 이유 등의 정보를 더해줘요.

주절

She had to cut the tree down
because it was too tall.

나무가 너무 많이 자라서 그녀는 나무를 베야 했어.

종속접속사 ← 종속절

종속절　주절

Before she started, she put on gloves.

그녀는 시작하기 전에 장갑을 꼈어.

종속절이 문장 맨 앞에 위치하기도 함

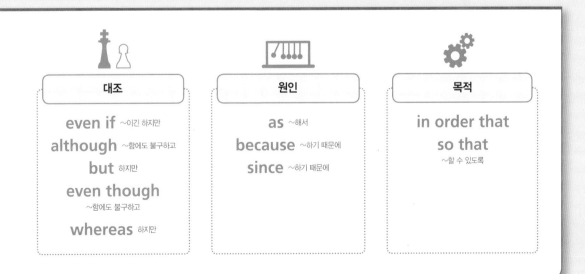

대조	원인	목적
even if ~이긴 하지만 **although** ~함에도 불구하고 **but** 하지만 **even though** ~함에도 불구하고 **whereas** 하지만	**as** ~해서 **because** ~하기 때문에 **since** ~하기 때문에	**in order that** **so that** ~할 수 있도록

82 '중복'을 피하는 대체어

'빨간색 펜 있어요?'라는 질문에 '네, 빨간색 펜 하나 있어요.'보다는 '네, 하나 있어요.' 하죠.
이렇게 문장을 말할 때 중복을 피하기 위해 더 간단한 말로 바꿔쓰는 것을 '대체어'라고 해요.

82.1 명사의 대체어 one/ones와 some

대화 중에 중복되는 명사를 대체하는 말 중 one/ones는 각각 단수형 가산명사와 복수형 가산명사를 대체하는데,
ones는 특정 집단을 나타낼 때만 사용할 수 있어요. 그래서 앞에 형용사 같은 수식어가 오는 경우가 많아요.
특정 집단이 아닌 복수형 가산명사나 불가산명사는 some으로 대체 가능해요.

단수형 가산명사

Does anyone have a copy of the book?
누가 그 책 가지고 있나요?

Yes, I have one.
네, 제가 한 부 가지고 있어요.

'그 책 한 부
(a copy of the book)'

복수형 가산명사

Are there any bookstores near here?
이 근처에 서점 있나요?

Yes, there are some on Main Street.
네, 메인 가에 몇 군데 있어요.

There are a few great ones across town.
도시 전역에 좋은 서점 몇 군데가 있어요.

그냥 '서점'이 아니라
'좋은 서점(great bookstores)'이라서 ones

문장으로 이해하기

I got a raise at work, even though I didn't ask for one.

회사에서 급여 인상을 받았어. 요구하지도 않았는데 말이야.

I knitted some scarves and sold a few.
목도리를 몇 개 떠서 일부는 팔았어.

some 대신에 a few 사용 가능

Those new computers look great. I want one for my birthday.
저 신형 컴퓨터들 좋아 보인다. 생일 선물로 하나 받고 싶어.

I went shopping for dresses and found some lovely ones.

옷 사러 갔다가 예쁜 옷을 몇 벌 발견했어.

I need a new phone, but I don't know where would be the best place to buy one.
새 휴대폰이 필요한데, 가장 좋은 구매처가 어딘지 모르겠어.

I saw there were new pastries at the bakery, so I thought I'd try some.
그 빵집에서 새로운 패스트리 나온 거 봤어. 그래서 좀 먹어볼까 생각했어.

82.2 동사의 대체어 do

중복되는 동사는 현재시제의 경우에는 do,
과거 시제의 경우에는 did로 대체해요.

do로 '생각하다(think)'를
대체해야 하는데 '생각했다'는
과거이므로 did로 대체

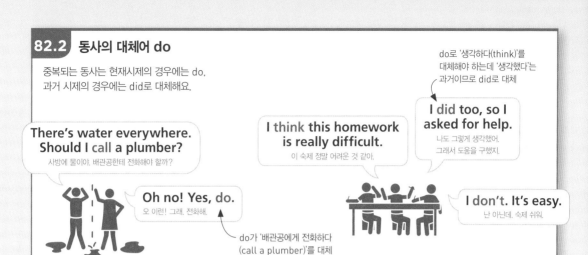

**There's water everywhere.
Should I call a plumber?**
사방에 물이야. 배관공한테 전화해야 할까?

**I think this homework
is really difficult.**
이 숙제 정말 어려운 것 같아.

**I did too, so I
asked for help.**
나도 그렇게 생각했어.
그래서 도움을 구했지.

Oh no! Yes, do.
오 이런! 그래, 전화해.

I don't. It's easy.
난 아닌데, 숙제 쉬워.

do가 '배관공에게 전화하다
(call a plumber)'를 대체

문장으로 이해하기

I need to brush my teeth more.
양치를 더 해야겠어.

Yes, it's important that you do.
응, 그렇게 하는 게 중요해.

I thought the exam was really easy.
시험 정말 쉬운 것 같았어.

I didn't. I really struggled.
난 아니었어. 정말 고생했어.

82.3 문장 전체의 대체어 so와 not

상대방이 한 말 전체를 '그런 것
같아요.', '안 그런 것 같아요.'라고
말할 때 so와 not으로 대체할 수
있어요. 긍정으로 말할 땐 so로,
부정으로 말할 땐 not이나 not…
so로 대체해요.

**Will she be signing
copies of her book?**
그녀가 책에 사인해줄까?

No, I don't think so.
아니, 안 해줄 것 같아.

I hope so!
그랬으면 좋겠다!

I'm afraid not.
(유감스럽게도) 아닐 것 같아.

함께 알아두기: not/not… so로 부정문 대체

think, believe, expect, imagine
같은 동사와 not… so가 함께 잘 쓰임

It appears not. 안 그런 것 같아요.

I don't imagine so. 그렇게 생각하지 않아요.

It doesn't seem so. 그럴것 같지 않아요.

I hope not. 안 그러면 좋겠어요.

appear, seem, suppose
같은 동사는 not과
not… so 모두 함께 잘 쓰임

hope, assume, be afraid 같은 동사와 not이
함께 잘 쓰임 (이때 afraid의 의미는 '유감인(sorry)')

83 영어 대화의 '밀당 기술'

남녀간의 연애에만 밀당이 필요한 게 아니라 영어로 대화할 때도 밀당이 필요해요.
상대방의 말에 공감해주면서도 대화의 흐름을 주도적으로 이끌어가는 데 꼭 필요한
정리하는 말, 맞장구 치는 말, 시간을 끄는 말이 있어요.

83.1 가볍게 정리하는 말

영어 대화 중 한 주제에서
다른 주제로 전환할 때
사용되는 말로 회화적인
상황에서 많이 사용돼요.

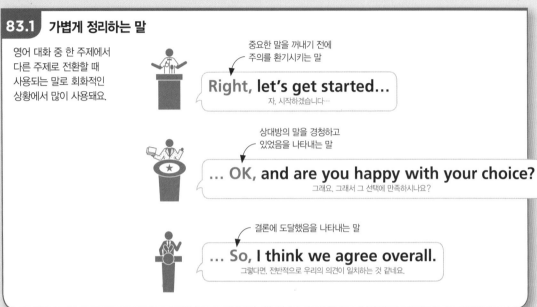

중요한 말을 꺼내기 전에
주의를 환기시키는 말

Right, let's get started...
자, 시작하겠습니다…

상대방의 말을 경청하고
있었음을 나타내는 말

... OK, and are you happy with your choice?
그래요. 그래서 그 선택에 만족하시나요?

결론에 도달했음을 나타내는 말

... So, I think we agree overall.
그렇다면, 전반적으로 우리의 의견이 일치하는 것 같네요.

83.2 맞장구 치는 말

상대방의 말을 듣고 있을
땐 다음과 같은 말을 하여
동감한다거나 경청하고
있다는 표시를 해야 해요.

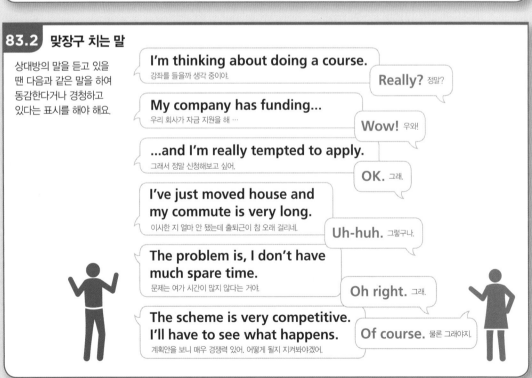

I'm thinking about doing a course.
강좌를 들을까 생각 중이야.

Really? 정말?

My company has funding...
우리 회사가 자금 지원을 해 …

Wow! 우왜!

...and I'm really tempted to apply.
그래서 정말 신청해보고 싶어.

OK. 그래.

**I've just moved house and
my commute is very long.**
이사한 지 얼마 안 됐는데 출퇴근이 참 오래 걸리네.

Uh-huh. 그렇구나.

**The problem is, I don't have
much spare time.**
문제는 여가 시간이 많지 않다는 거야.

Oh right. 그래.

**The scheme is very competitive.
I'll have to see what happens.**
계획안을 보니 매우 경쟁력 있어. 어떻게 될지 지켜봐야겠어.

Of course. 물론 그래야지.

83.3 시간을 끄는 말

까다로운 질문에 답하기 전 생각할 시간이 필요하다면, 지금 답변을 생각 중이라는 표시로
시간을 끄는 말을 사용하는 것이 좋아요.

Would you be happy to work weekends?
주말 근무 괜찮겠어요?

Well, I do have two children.
그게 말이죠, 애가 둘이라서.

What are your strengths?
본인의 장점은 무엇인가요?

Good question. I have excellent computer skills.
좋은 질문이네요. 저는 컴퓨터를 다루는 기술이 뛰어나요.

Why should we hire you?
왜 당신을 뽑아야 할까요?

Let's see... I think my experience would be very useful.
그러니까…, 제 경력이 아주 유용할 것 같아요.

문장으로 이해하기

So, I'm thinking of quitting my job.
그래서, 일 그만둘까 생각 중이야.

You know, that might be a bad idea.
있잖아, 그거 안 좋은 생각일 수도 있어.

I mean, the change would be good.
내 말은, 그런 변화는 도움이 될 거야.

Sort of, but you've always wanted to work where you are now.
그럴 수도 있지, 하지만 넌 계속 지금 회사에서 일하고 싶어 했잖아.

Now, I didn't think of it that way.
지금은 그렇게 생각 안 해.

I kind of think in the long run you'd be much happier staying where you are.
결국엔 난 네가 지금 있는 곳에 계속 있는 편이 훨씬 더 행복할 것 같아.

84 '순서'와 '흐름'을 나타내는 표현

말을 잘하거나 글을 잘 쓰는 사람들을 가만히 살펴보면, 상대방이 잘 알아듣도록 순서에 맞게 말하거나
어디가 서론이고 어디가 결론인지가 명확해요. 연속적인 사건들을 나열하여 말할 때 그 사건들간의
순서를 나타내거나 긴 글이나 말을 흐름에 맞게 잘 정돈하는 유용한 표현들이 있어요.

84.1 순서를 나타내는 말

연속적인 사건들 중 어떤 것이 어느 시점에 발생했는지를 나타내는 말들이 있어요.

First, he woke up.	**Then he ate breakfast.**	**Next, he had a shower.**	**After that, he got dressed.**	**Finally, he went to work.**
맨 처음, 그는 잠에서 깼어.	그리고 나서 아침을 먹었어.	그 다음으로 샤워를 했어.	그 후에 옷을 입었어.	마지막으로 출근을 했어.

문장으로 이해하기

In the morning, we watched the sun rise over the Serengeti.	**Meanwhile, we got ready to go on safari.**	**Finally, we saw some lions.**
아침에 우리는 세렝게티 너머로 해가 떠오르는 걸 봤어.	그러는 사이 사파리를 갈 준비가 다 됐어.	마침내 우리는 사자를 봤어.

First, I got some money out of the bank.	**Second, I bought some food from the supermarket.**	**After that, I had some coffee.**
우선, 은행에서 돈을 인출했어.	두 번째로, 슈퍼마켓에서 먹을 것을 샀어.	그 후, 커피를 마셨어.

First of all, the chef mixed together butter and sugar.	**After that, she added eggs and flour.**	**Finally, she put the mix in the oven.**
먼저 요리사는 버터와 설탕을 같이 섞었어.	그 후, 계란과 밀가루를 추가했어.	마지막으로, 오븐에 그 반죽을 넣었어.

격식을 갖춘 긴 말이나 글에서는 다음에 어떤 내용이 나올 것인지
알려주는 말들이 있어야 해요. 그래야 단락간이나 긴 단락 안의
내용들이 체계를 갖출 수 있어요.

정보를 순서대로 나열

First of all,
To begin with, } **it is important to consider which courses you want to study.**
우선, 어느 수업들을 공부하고 싶은지 생각해보는 게 중요해.

새로운 내용이나
부가적인 정보를 제시

Additionally,
Furthermore,
Moreover, } **you should keep in mind where you want to study.**
더욱이, 어디서 공부하고 싶은지 염두에 두는 것이 좋아.

예시를 들 때 사용

For example,
For instance, } **you should consider whether you want to study abroad.**
예를 들어서, 외국에서 공부하고 싶은지 생각해보는 게 좋겠지.

such as는 문장이나
절의 중간에만 위치 가능

You can also look at other activities, { such as
for example
for instance } **a club or society.**
동아리나 친교모임 같은 다른 활동들도 살펴볼 수 있어.

요약하여 결론을 내림

In conclusion,
Overall, } **several factors will affect your choice of college.**
결론적으로, 네 대학 선택에 몇 가지 요소들이 영향을 미칠 거야.

85 '정정'과 '화제 전환'의 표현

'그런데 말입니다' 하는 TV 프로그램 진행자의 멘트처럼 화제를 전환하거나, 상대방의 말을
정정, 반대하거나 인정할 때 쓸 수 있는 다양한 표현들이 있어요. 그리고 이런 말들은 대개
문장의 맨 앞에 위치해요.

85.1 정정 및 반대하는 말

상대방의 말에 반대하거나 상대방이
잘못 알고 있는 내용을 정정해줄 때
사용할 수 있는 표현들이 있어요.

> **TIP**
> 너무 강조해서 말하면
> 무례하게 들릴 수
> 있으므로 유의할 것

I don't think this painting is worth that much.
이 그림이 그만한 가치는 없다고 봐.

Wow! Do you like it?
우와! 넌 이 그림이 마음에 들어?

Actually, it sold at auction for $2 million.
사실, 이 그림이 경매에서 2백만 달러에 팔렸어.

I don't, actually. It's not very impressive.
사실 별로야. 그렇게 인상적이지 않은걸.

문장으로 이해하기

That play was really good, wasn't it?
그 연극 정말 훌륭했어, 그렇지?

Well, I found the plot quite hard to follow, to be honest.
글쎄, 솔직히 말해 줄거리 따라가기가 무척 힘들었어.

But the actors were excellent!
하지만 배우들 연기가 훌륭했어!

I'm afraid I don't think so. I thought they were terrible.
유감스럽게도 난 그렇게 생각하지 않아. 정말 형편없다고 생각했어.

Did you enjoy the book I gave you?
내가 준 책 재밌게 읽었니?

Actually, I found it quite boring.
사실, 무척 지루했어.

Really? It's so well written!
진짜? 아주 잘 쓴 책인데!

I don't agree. I prefer thrillers.
동의할 수 없어. 난 스릴러물이 더 좋아.

85.2 화제를 전환하는 말

By the way는 화제를
전환할 때 사용해요.

> I think this gallery is fantastic.
> Oh, by the way, did you read the
> article about this exhibit in *The Times*?
> 이 미술관 근사한 것 같아. 그나저나 이 전시회에 관한 〈타임즈〉 기사 읽어봤어?

As I was saying은 화제 전환
이후 또는 이야기가 중단되었다가
다시 이전의 화제로 돌아갈 때
사용해요.

> As I was saying, this is a
> fantastic exhibit. I really like
> the range of artwork.
> 말했다시피, 이 전시회 근사하다. 다양한 작품들이 정말 마음에 들어.

Anyway는 원래 화제로
돌아가거나, 하나의 화제나 대화
자체를 마무리할 때 사용해요.

> Anyway, I should say goodbye.
> I want to visit the gallery shop
> before it closes.
> 어쨌거나, 작별인사 해야겠다. 미술관 상점이 문 닫기 전에 들르고 싶거든.

85.3 인정 및 동의하는 말

상대가 한 말, 특히 처음에 틀리다고 생각했던 내용에
대해 인정하거나 동의할 때 사용하는 표현들이 있어요.

> I told you this
> museum is very
> expensive.
> 이 박물관 아주 비싸다고 말했잖아.

> You're right! I
> expected it to
> be cheaper.
> 네 말이 맞네! 좀 더 저렴할
> 줄 알았는데.

문장으로 이해하기

> I think this sculpture
> is made of stone.
> 이 조각품은 돌로 만든 것 같아.

> You have a
> good point. At
> first I thought it
> was metal.
> 좋은 지적이야. 처음엔 금속인
> 줄 알았어.

> This painting could
> be by Picasso.
> 이 그림 피카소가 그린 걸 수도 있겠다.

> I see your point.
> The style is similar.
> 네가 왜 그렇게 생각하는지 알겠어.
> 스타일이 비슷하네.

R Reference

1 품사

품사	정의	예
명사	이름이나 사물, 사람, 개념을 나타낸다.	cat, Evie, girl, house, water, happiness
형용사	명사와 대명사를 수식한다.	big, funny, light, red, young
동사	동작이나 상태를 나타낸다.	be, go, read, speak, swim, walk
부사	동사와 형용사, 다른 부사를 수식하면서 장소, 시간, 방법, 양 등에 대한 정보를 제공한다.	briskly, easily, happily, here, loudly, quite, rather, soon, together, very
대명사	명사를 대신하는 자리에 쓴다.	he, she, you, we, them, it
전치사	명사(또는 대명사)와 문장 안에 있는 다른 단어의 관계를 묘사한다.	about, above, from, in
접속사	연결어로서 단어와 단어, 구와 구, 절과 절을 연결한다.	and, because, but, while, yet
감탄사	감탄이나 응답을 나타낸다.	ah, hey, hi, hmm, wow, yes
관사	명사 앞에 쓰며, 명사에 쓰인 사람/사물이 특정한 것인지, 일반적인 것인지 명확히 해준다.	a, an, the
한정사	명사 앞에 쓰며, 명사의 범위나 개념을 명확히 해준다.	all, her, my, their, your

2 구두법

구두점	명칭	용법
.	마침표	• 문장이 완전하게 끝났을 때 쓴다. • 약어 뒤에 쓴다. John Jones **Jr.**, **Dec.**6, 2008
...	줄임표	• 문장의 일부를 중략했거나 문장이 끝나지 않았음을 표시한다.
,	쉼표	• 문장 앞에 오는 도입 부분(단어, 구, 절) 뒤에 쓴다. **Previously,** he worked as a janitor. • 문장에서 부수적인 부분을 분리할 때 쓴다. The man**, who works at MYB,** is very friendly. • 두 개의 독립절을 연결할 때 접속사와 함께 쓴다. I went running**, and** I saw a duck. • 단어 또는 구를 나열할 때 각각 구분하기 위해 쓴다. Julie loves **ice cream, books, and kittens**. • 문장 안에서 반복을 피하려고 생략한 단어를 대신한다. John won two prizes; **Martha, three**. • 문장 앞에 오는 도입 부분과 직접 인용문 사이에 쓴다. **She said,** "I was in London last year."

구두점	명칭	용법
;	세미콜론	• 서로 관련성이 높은 두 개의 독립절 사이에 쓴다. He ran to escape the falling tree; he didn't make it. • 나열한 항목이 문법적으로 복잡한 경우 각각을 구분하기 위해 쓴다. London, England; Paris, France; Dublin, Ireland; Madrid, Spain
:	콜론	• 주절 뒤에 주절을 설명하거나 주절의 요지를 강조하는 단어나 구, 절이 올 때 쓴다. I had a rough weekend: **I had chest pain and spent all Saturday and Sunday in the emergency room**. • 완전한 문장 뒤에 구체적인 예를 나열할 때 쓴다. Jim was so hungry he ate everything in the house: **chips, cold pizza, and candy**. • 인용문 앞에 쓴다. **The minister shouted:** "The next time I stand up here, I will have answers to these questions."
'	아포스트로피	• 생략된 글자가 있음을 나타낸다. **ma'am** = madam • 소유격을 나타낸다. **Tom's** car
-	붙임표(하이픈)	• 합성 수식어와 복합명사에서 두 단어를 연결할 때 쓴다. **American-football** player • 분자와 분모 사이에, 또 21부터 99까지 숫자를 나타낼 때 쓴다. • 특정 접두사를 단어 앞에 붙일 때 쓴다. **anti**-inflammatory
" "	큰따옴표	• 직접 인용문과 인용된 내용의 앞뒤에 한 쌍으로 쓴다. Jamie said **"Go ahead."** • 문장 안에서 특정 단어나 구를 강조할 때 쓴다. The **"fresh"** apples were full of worms. • 짧은 소제목 앞뒤에 쓴다. **"Encounter at Farpoint"** was the pilot episode of Star Trek: The Next Generation.
?	물음표	• 의문문 끝에 쓴다.
!	느낌표	• 강한 감정을 표현하는 문장 끝에 쓴다. • 강조의 의미를 덧붙이는 삽입어구 끝에 쓴다. "If only I could have saved him—**if only!**—he'd still be alive."
( )	괄호	• 문장 안에서 부수적인 정보를 분리할 때 쓴다. While walking down the street **(paying more attention to her phone than to her feet)**, Jacinta tripped over the curb. • 설명을 덧붙일 때 앞뒤에 짝으로 쓴다. Tony Blair **(the former British prime minister)** resigned from office in 2007.
—	줄표(대시)	• 삽입어구 앞뒤에 한 쌍으로 쓴다. The last piece of advice we can give—**and this is important**—is to bring bottled water on the trip. • 숫자의 범위를 표시할 때 쓴다. **5—6** hours • 어떤 경로의 시점과 종점을 표시할 때 쓴다. **Paris—Dover** rally
●	글머리 기호	• 목록에서 각 항목을 나타낼 때 쓴다.
/	빗금(슬래시)	• '또는'이라는 단어가 들어갈 자리에 대신 쓴다. **his/her** backpack

3 접두사

접두사란 여러 단어의 앞부분에 붙어서 단어의 의미를
바꿀 수 있는 말이다.

접두사	의미	예
anti-	~에 대항하여	**anti**bacterial 항균성의 **anti**social 반사회적인
co-	함께	**co**worker 동료 **co**operate 협력하다, 협조하다
dis-	부정·반대	**dis**approve 못마땅해하다 **dis**agree 동의하지 않다
ex-	이전의	**ex-**president 전 대통령 **ex-**husband 전 남편
im-, in-, ir-	부정·반대	**im**moral 비도덕적인 **in**correct 부정확한 **il**logical 비논리적인
inter-	사이에	**inter**national 국제적인 **inter**act 상호 작용을 하다
mid-	중간의	**mid**term 중간의 **mid**day 정오, 한낮
mis-	잘못된	**mis**judge 잘못 판단하다, 오해하다 **mis**behavior 나쁜 행실, 비행
non-	부정·결여	**non**sense 말도 안 되는 생각, 허튼소리 **non**fiction 비소설
out-	~보다 능가하는	**out**perform 능가하다 **out**grow ~보다 커지다
over-	지나치게 많은	**over**do 과장하다, 지나치게 하다 **over**act 과장해서 행동하다
post-	이후의	**post**natal 출생 후의 **post**graduate 대학원생
pre-	미리, 먼저	**pre**arranged 미리 계획된 **pre**pare 준비하다
re-	반복	**re**apply 다시 지원하다 **re**election 재선
self-	자기 자신의	**self-**confident 자신감 있는 **self-**esteem 자부심
sub-	이하의, 아래의	**sub**standard 수준 이하의 **sub**marine 잠수함
super-, sur-	위의, ~보다 많은/나은	**super**vise 감독하다, 지도하다 **sur**charge 추가 요금
un-	반대 동작·제거·부정	**un**lock 열다 **un**tie 풀다
under-	아래의, 불충분한	**under**charge 대가 이하로 청구하다 **under**ground 지하의

접미사란 여러 단어의 끝부분에 붙어서 단어의 의미를
바꿀 수 있는 말이다.

접미사	의미	예
-able, -ible	가능한	accept**able** 받아들일 수 있는　flex**ible** 유연한
-al, -ial	~의 성질을 띠는	magic**al** 마술의　verb**al** 말의　circumstant**ial** 상황과 관련된
-ance, -ence	~한 상태	domin**ance** 지배　assist**ance** 원조　confid**ence** 자신감
-ate	~이 되게 하다	activ**ate** 작동시키다　isol**ate** 고립시키다
-dom	장소·존재하는 상태	free**dom** 자유　king**dom** 왕국
-en	~이 되게 하다	wid**en** 넓히다　sharp**en** 날카롭게 하다
-er, -or	행위를 하는 사람	writ**er** 작가　sing**er** 가수　direct**or** 감독, 임원
-ful	가득 찬, 풍부한	use**ful** 쓸모 있는, 유능한　thought**ful** 사려 깊은
-ic, -tic, -ical	~의 성질을 띠는	magne**tic** 자석의, 자성을 띠는　phone**tic** 음성의　phys**ical** 신체의
-ism	행위·상태·체제	surreal**ism** 초현실주의　critic**ism** 비평, 비판　terror**ism** 테러리즘
-ist, -ian	~을 하는 사람	pian**ist** 피아니스트　magic**ian** 마술사
-ity, -ty	~한 특성	equal**ity** 평등, 균등　pur**ity** 순수함　liber**ty** 자유
-ize	만들다	maxim**ize** 극대화하다　civili**ize** 개화시키다, 교화하다
-less	~이 없는	limit**less** 무한한, 제한이 없는　meaning**less** 의미 없는
-ment	~한 상태, ~하는 행위	invest**ment** 투자　move**ment** 이동
-ness	~한 상태	fit**ness** 건강, 신체 단련　dark**ness** 어둠
-ous	~의 성질을 띠는	venom**ous** 독이 있는　poison**ous** 유독한　nerv**ous** 불안해하는
-sion, -tion	존재하는 상태, ~하는 행위	conclu**sion** 결론　contribu**tion** 기부, 공헌
-y	~의 경향이 있는	cloud**y** 흐린　greed**y** 욕심 많은

5 기수

기수란 숫자를 세거나 사물의 수를 말할 때 사용하는 수 개념이다.

1 one	**2** two	**3** three	**4** four	**5** five	**6** six
7 seven	**8** eight	**9** nine	**10** ten	**11** eleven	**12** twelve
13 thirteen	**14** fourteen	**15** fifteen	**16** sixteen	**17** seventeen	**18** eighteen
19 nineteen	**20** twenty	**21** twenty-one	**22** twenty-two	**30** thirty	**40** forty
50 fifty	**60** sixty	**70** seventy	**80** eighty	**90** ninety	**100** one hundred

6 0과 반복된 숫자 말하기

숫자 '0'은 보통 'zero'로 읽지만, 영국 영어에서는 다양한 방법으로 읽는다. 전화번호 등에서 반복된 숫자를
나열할 때 미국에서는 각 숫자를 하나씩 발음하는 반면, 영국 영어에서는 다양한 방법으로 읽는다.

0 zero / oh / nought	**44** four four / forty-four / double four	**555** five five five / treble five / triple five / five double five

7 큰 숫자 말하기

'100'이라는 수를 말할 때 'one hundred'라고 해도 되고 'a hundred'라고 해도 된다.
hundred(백), thousand(천), million(백만) 단위에는 복수형 접미사 -s를 붙이지 않는다.
영국 영어에서는 100보다 큰 숫자를 말할 때 끝 두 자리 앞에 'and'를 넣는데, 미국 영어에서는 보통 생략한다.

100
one hundred /
a hundred

1,000
one thousand /
a thousand

1,000,000
one million /
a million

101
one hundred
and one

1,200
one thousand,
two hundred

1,300,000
one million, three hundred
thousand

200
two hundred

3,000
three thousand

40,000,000
forty million

2,876
two thousand, eight
hundred and seventy-six

54,041
fifty-four thousand
and forty-one

100,922
one hundred thousand,
nine hundred and
twenty-two

296,308
two hundred and ninety-
six thousand, three
hundred and eight

1,098,283
one million, ninety-eight
thousand, two hundred
and eighty-three

8 발음이 유사한 숫자

다음 숫자들은 혼동을 줄 우려가 있으므로
정확한 음절에 강세를 넣어 읽도록 주의해야 한다.

13 thir<u>teen</u>   14 four<u>teen</u>   15 fif<u>teen</u>   16 six<u>teen</u>

30 <u>thir</u>ty   40 <u>for</u>ty   50 <u>fif</u>ty   60 <u>six</u>ty

17 seven<u>teen</u>   18 eigh<u>teen</u>   19 nine<u>teen</u>

70 <u>seven</u>ty   80 <u>eigh</u>ty   90 <u>nine</u>ty

서수

서수는 순서상에서 위치를 나타내는 수 개념으로
날짜나 분수를 읽을 때도 사용된다.

1st	2nd	3rd	4th	5th	6th
first	second	third	fourth	fifth	sixth

7th	8th	9th	10th	11th	12th
seventh	eighth	ninth	tenth	eleventh	twelfth

13th	14th	15th	16th	17th	18th
thirteenth	fourteenth	fifteenth	sixteenth	seventeenth	eighteenth

19th	20th	21st	22nd	30th	40th
nineteenth	twentieth	twenty-first	twenty-second	thirtieth	fortieth

50th	60th	70th	80th	90th	100th
fiftieth	sixtieth	seventieth	eightieth	ninetieth	one-hundredth

10 날짜

미국 사람들은 날짜를 기수로 쓰고 서수로 읽는 경향이 있다.
영국 사람들은 날짜를 쓸 때와 말할 때 모두 서수로 쓴다.

His birthday is on
{
May 18 (미국)
May the 18th (영국)
the 18th of May (영국)
}

11 분수

분수를 숫자가 아닌 글로 적는 경우도 있다. 절반을 나타내는
'half'와 4분의 1을 나타내는 'quarter'를 제외한 분모는 서수로 쓰고 읽는다.

¼	⅓	½	⅗	1½
a quarter	a third	a half	three fifths	one and a half

12 소수

소수는 글로 적지 않고 반드시 숫자로만 적는다. 소수점은 'point'라고 읽으며
소수점 뒤에 있는 각 숫자는 하나씩 읽는다.

0.5	1.7	3.97
point five / nought point five / zero point five	one point seven	three point nine seven

13 백분율

백분율을 나타내는 '%' 기호는 'percent'라고 쓰거나 읽는다. 영국 영어에서는
'per cent'로 쓰는 경우도 있다. 백분율은 일반적으로 글로 적지 않고 숫자로 적는다.

1%	99%	55.5%
one percent	ninety-nine percent	fifty-five point five percent

12%	70%	100%
twelve per cent	seventy per cent	one hundred per cent

14 현재시제

현재시제는 사실에 대한 진술, 반복적으로 일어나는 일,
변함없는 진리를 말할 때 사용한다.

주어	동사	나머지
I / You / We / They	play	tennis every day.
He / She	plays	

현재진행시제는 현시점에 일어나고 있는 지속적인 행위를 표현한다.
'be동사 + 현재분사(동사의 기본형 + -ing)' 형태로 이루어진다.

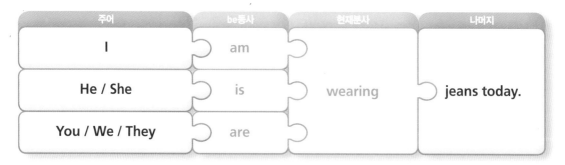

주어	be동사	현재분사	나머지
I	am		
He / She	is	wearing	jeans today.
You / We / They	are		

15 명령문

명령문은 지시사항을 전달하거나 요청을 할 때 사용한다.
동사원형으로 문장이 시작한다.

동사	나머지
Turn	right.

Don't	동사	나머지
Don't	turn	right.

부정문을 만들 때에는
Do not 또는 Don't를 붙임

16 과거시제

과거시제는 과거에 한 번 일어났고 이미 끝난 행위를 묘사한다.
영어에서 가장 자주 쓰이는 시제가 바로 과거시제이다.

과거진행시제는 과거의 한 시점에 지속되던 행위나 사건을 표현한다.
'be동사의 과거형 + 현재분사(동사의 기본형 + -ing)' 형태로 이루어진다.

17 현재완료시제

현재완료시제는 과거에 일어난 사건이 현재에도 영향을 미치고 있을 때 사용한다.
'have / has + 과거분사' 형태로 이루어진다.

현재완료진행시제는 멀지 않은 과거의 일정 기간에 걸쳐 일어난 행위를 표현할 때 사용한다.
그 행위는 현재를 기준으로 방금 중단되었을 수도 있고, 계속 진행 중일 수도 있다.

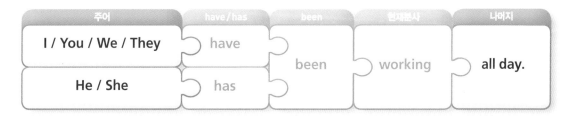

18 과거완료시제

과거완료시제는 과거에 완료된 두 가지 일 중
먼저 발생한 사건을 표현할 때 사용한다.

주어	had	과거분사	나머지
I / You / He She / We / They	had	gone	to work already.

과거완료진행시제는 과거에 완료된 어떤 사건보다 먼저 발생하여
반복되거나 지속되고 있던 행위를 표현할 때 사용한다.

주어	had been	현재분사	나머지
I / You / He She / We / They	had been	studying	English for two years.

19 used to/would

used to는 과거의 습관 또는 상태에 관해 말할 때 동사의 기본형과 함께 사용한다.
would 역시 동사의 기본형과 함께 사용되지만 과거의 습관에 관해서만 나타낼 수 있다.

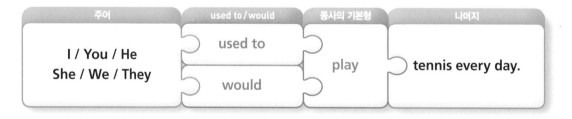

주어	used to / would	동사의 기본형	나머지
I / You / He She / We / They	used to / would	play	tennis every day.

256

be going to를 사용하는 미래시제는 이미 결정된 사항에 대해 말할 때 사용하거나
현재 그 결정을 뒷받침할 만한 근거가 있는 상황에서 미래를 예측할 때 사용한다.

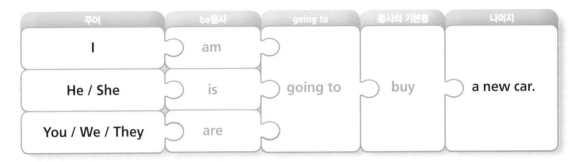

will을 사용한 미래시제는 말하는 순간에 결정된 사항에 대해 말할 때 사용하거나 근거로 뒷받침되지
않는 상황에서 미래를 예측할 때, 무언가를 해주겠다고 제안할 때, 약속할 때 사용한다.

대명사	be동사	will	would	have	had
I	I am ➡ **I'm**	I will ➡ **I'll**	I would ➡ **I'd**	I have ➡ **I've**	I had ➡ **I'd**
you	you are ➡ **you're**	you will ➡ **you'll**	you would ➡ **you'd**	you have ➡ **you've**	you had ➡ **you'd**
he	he is ➡ **he's**	he will ➡ **he'll**	he would ➡ **he'd**	he has ➡ **he's**	he had ➡ **he'd**
she	she is ➡ **she's**	she will ➡ **she'll**	she would ➡ **she'd**	she has ➡ **she's**	she had ➡ **she'd**
it	it is ➡ **it's**	it will ➡ **it'll**	it would ➡ **it'd**	it has ➡ **it's**	it had ➡ **it'd**
we	we are ➡ **we're**	we will ➡ **we'll**	we would ➡ **we'd**	we have ➡ **we've**	we had ➡ **we'd**
they	they are ➡ **they're**	they will ➡ **they'll**	they would ➡ **they'd**	they have ➡ **they've**	they had ➡ **they'd**
that	that is ➡ **that's**	that will ➡ **that'll**	that would ➡ **that'd**	that has ➡ **that's**	that had ➡ **that'd**
who	who is ➡ **who's**	who will ➡ **who'll**	who would ➡ **who'd**	who has ➡ **who's**	who had ➡ **who'd**

동사 + not	축약형
is not	isn't
are not	aren't
was not	wasn't
were not	weren't
have not	haven't
has not	hasn't
had not	hadn't
will not	won't
would not	wouldn't
do not	don't
does not	doesn't
did not	didn't
cannot	can't
could not	couldn't
should not	shouldn't
might not	mightn't
must not	mustn't

조동사 + have	축약형
would have	would've
should have	should've
could have	could've
might have	might've
must have	must've

⚠️ **왕초보의 흔한 실수: 축약형과 다른 단어를 혼동**

다음 축약형은 모양과 소리가 비슷한 다른 단어와 혼동하여 철자를 잘못 쓰는 경우가 많으므로 주의하자. 축약할 때는 반드시 아포스트로피를 써야 한다.

You are	They are
⬇	⬇
You're ✓	They're ✓
Your ✗	Their ✗
	There ✗

시제	긍정문	부정문
be동사의 현재	I am interested in politics.	I am **not** interested in politics.
일반동사의 현재	I play tennis every day.	I **do not** play tennis every day.
현재진행	He is wearing jeans today.	He is **not** wearing jeans today.
be동사의 과거	She was at the lecture yesterday.	She was **not** at the lecture yesterday.
일반동사의 과거	We cooked enough food last night.	We did **not** cook enough food last night.
과거진행	It was raining this morning.	It was **not** raining this morning.
현재완료	I have seen the new movie.	I have **not** seen the new movie.
현재완료진행	I have been waiting for a long time.	I have **not** been waiting for a long time.
과거완료	Sam had cooked dinner for me.	Sam had **not** cooked dinner for me.
과거완료진행	Fey had been looking for a new job.	Fey had **not** been looking for a new job.
be going to를 사용한 미래	It is going to be sunny tomorrow.	It is **not** going to be sunny tomorrow.
will을 사용한 미래	They will be here before 5pm.	They will **not** be here before 5pm.
미래진행	Tania will be arriving soon.	Tania will **not** be arriving soon.
미래완료	The play will have finished by 7pm.	The play will **not** have finished by 7pm.
미래완료진행	I will have been working for a long time.	I will **not** have been working for a long time.

조동사	긍정문	부정문
can	I can play the piano.	I **cannot** play the piano.
could	I could sing when I was younger.	I could **not** sing when I was younger.
should	We should buy a new house.	We should **not** buy a new house.
might	He might come to the party tonight.	He might **not** come to the party tonight.
must	You must write in pencil.	You must **not** write in pencil.

23 명사의 불규칙 복수형

영어에서 명사의 복수형의 대부분은 단수 명사의 끝에 -s를 붙여서 만든다.
일부 복수형은 불규칙하게 변해서 마지막 철자가 다르거나 전혀 변화가 없을 수도 있다.

단수	복수		단수	복수
aircraft	aircraft		loaf	loaves
analysis	analyses		medium	media
appendix	appendices		medium	media
axis	axes		mouse	mice
bureau	bureaux		ox	oxen
cactus	cacti		person	people
child	children		phenomenon	phenomena
crisis	crises		scarf	scarves
deer	deer		series	series
fish	fish		sheep	sheep
foot	feet		species	species
formula	formulae		tooth	teeth
fungus	fungi		wife	wives
larva	larvae		wolf	wolves
leaf	leaves		woman	women

24 현재분사/과거분사형의 규칙

현재분사와 동명사는 기본형에 -ing를 붙여 만든다. 일부 동사는 다음과 같은 방법으로 -ing를 붙인다.

동사의 기본형	규칙	현재분사
choose	-e를 빼고 -ing를 붙인다.	choosing
tie	-ie를 y로 고치고 -ing를 붙인다.	tying
forget	마지막 철자가 '자음-모음-자음'이고 강세가 있다면 마지막 철자를 한 번 더 쓰고 -ing를 붙인다.	forgetting

규칙적으로 변하는 과거분사는 기본형에 -ed를 붙인다. 일부 동사는 다음과 같은 방법으로 -ed를 붙인다.

동사의 기본형	규칙	과거분사
like	마지막 철자가 -e이면 -d만 붙인다.	liked
cry	'자음＋y'로 끝나면 -ied로 바꾼다.	cried
drop	마지막 철자가 '자음-모음-자음'이고 강세가 있다면 마지막 철자를 한 번 더 쓰고 -ed를 붙인다.	dropped

불규칙 과거분사형

영어에서 많은 동사들이 불규칙 변화를 하는데,
기본 형태와 매우 다른 형태를 가질 때도 있다.

동사의 기본형	과거형	과거분사형
be	was/were	been
become	became	become
begin	began	begun
buy	bought	bought
choose	chose	chosen
do	did	done
drink	drank	drunk
drive	drove	driven
eat	ate	eaten
feel	felt	felt
find	found	found
forget	forgot	forgotten
give	gave	given
go	went	gone
grow	grew	grown
have	had	had
know	knew	known
leave	left	left
make	made	made
say	said	said
see	saw	seen
sing	sang	sung
speak	spoke	spoken
take	took	taken
tell	told	told
think	thought	thought
understand	understood	understood
write	wrote	written

전치사는 문장 안에서 시간, 장소, 이유 등의 관계를 나타내기 위해 사용한다.
전치사 뒤에는 명사, 대명사, 명사구, 동명사만 올 수 있다.

전치사	의미	예문
about	~에 대한	Today's lecture is **about** art.
above	~ 위로	The balloon flew **above** the city.
after	~ 후에	We can go to the park **after** lunch.
against	~에 반대하여, 맞서	I'm **against** the proposal.
among	~ 중에, 사이에	The memo is **among** these papers.
at	~에	Let's meet **at** the bank.
because of	~ 때문에	I'm late **because of** traffic.
before	~ 전에	Could you get here **before** lunch?
behind	~ 뒤에	The park is **behind** that building.
below	~ 아래에	He lives in the apartment **below** mine.
beneath	~ 아래에	Potatoes grow **beneath** the ground.
between	사이에	The girl sat **between** her parents.
between... and	~와 … 사이에	They'll arrive **between** 7pm **and** 8pm.
by	~까지	Please pay **by** Friday.
despite	~에도 불구하고	The café is busy **despite** its high prices.
during	~ 동안에	Don't talk **during** the show.
due to	~ 때문에	**Due to** the rain, the game was canceled.
except (for)	~을 제외하고	Everyone came **except** Liam.
following	~ 후에	Mr. May spoke **following** dinner.
for	~ 동안	I lived in Delhi **for** years.
from	~로부터	Justina is **from** Lithuania.
from ... to	~부터 …까지	I work **from** 9am **to** 5pm.
in	~ 안에	There's food **in** the cupboard.

전치사	의미	예문
in front of	~ 앞에	Don't stand **in front of** the TV!
instead of	~ 대신에	We had pizza **instead of** pasta.
like	~ 같은, ~처럼	This tastes **like** garlic.
near	~ 가까이에	We live **near** the airport.
next to	~ 옆에	The bank is **next to** a hotel.
on	(요일·날짜)에	I work out **on** Tuesdays.
on top of	~의 위에	Put the vase **on top of** the bookcase.
out of	~의 밖으로	The cat ran **out of** the house.
over	~위에, 넘어	Many planes fly **over** my village.
past	지나서	It's ten **past** nine.
regarding	~에 관하여	I'm calling **regarding** your ad.
since	~이래로	I haven't eaten **since** noon.
thanks to	~ 덕분에	**Thanks to** you, we won a prize.
through	~을 통해	Shall we walk **through** the park?
throughout	~동안 쭉, 내내, 도처에	I laughed **throughout** the movie.
to	~로, 쪽으로	When are you going **to** Canada?
toward	~ 쪽으로	The child ran **toward** his mother.
unlike	~와 다른	It's **unlike** Karen to be rude.
until	~까지	We'll be in Portugal **until** Friday.
under(neath)	~의 아래에	The ball's **under(neath)** the bush.
with	~와 함께	Will you come **with** us to the concert?
within	~ 안에	Return the book **within** two weeks.
without	~ 없이	I left home **without** my phone.

일부 형용사는 특정 전치사를 동반한다.

be동사 + 형용사 + 전치사	의미	예문
be afraid of	~을 무서워하다	Many children **are afraid of** the dark.
be ashamed of	~을 부끄러워하다	You should **be ashamed of** these sales results.
be bored with	~을 지루해하다	If you**'re bored with** that book, stop reading it.
be close to	~와 가까이에/근처에 있다	I'm very **close to** my cousins.
be crazy about	~에 열광하다	She**'s crazy about** reality TV.
be different from (영국) / than (미국)	~와 다르다	He**'s different from / than** other boys of his age.
be excited about	~에 흥분하다, 들뜨다	Max **is excited about** the football game.
be famous for	~으로 유명하다	She **was famous for** her political activities.
be good / bad at	~을 잘하다 / 못하다	I'm **good at** geography, but bad at history.
be good / bad for	~에 좋다 / 나쁘다	Too much sugar **is bad for** you.
be good / bad of	~하니 좋다 / 나쁘다	It **was good of** you to look after the children.
be guilty of	유죄 판결을 받다	He **was** found **guilty of** vandalism.
be impressed by	~에 감동을 받다	I'm **impressed by** your kindness.
be interested in	~에 관심이 있다	Students **are** becoming **interested in** media studies.
be jealous of	~을 시기하다	Children **are** often **jealous of** their siblings.
be keen on	~에 열정적이다	My parents **aren't keen on** classical music.
be nervous of	~에 예민하다, 초조하다	I've **been nervous of** dogs since one bit me.
be pleased at / with	~에 기뻐하다	We **were pleased at / with** the gardener's work.
be proud of	~을 자랑스러워하다	The coach **was proud of** his team's hard work.
be responsible for	~에 책임이 있다	I'm **responsible for** answering the phones.
be similar to	~와 유사하다	Don't you want a car that**'s similar to** mine?
be surprised at / by	~에 놀라다	We **were surprised at / by** the election results.
be suitable for	~에 적합하다	This road **isn't suitable for** heavy trucks.
be tired of	~에 싫증 나다	We**'re tired of** city life and would like to move.
be wrong with	~에 문제가 있다	What **was wrong with** my suggestion?

28 명사 + 전치사

일부 명사는 특정 전치사를 동반한다.

명사 + 전치사	의미	예문
advantage in	~의 장점	Speed is one **advantage in** taking a taxi.
aim of	~의 목표	The **aim of** this meeting is to plan the banquet.
amazement at	~에 대한 놀라움	I gasped in **amazement at** the price tag!
anger at	~에 대한 분노	Sally expressed **anger at** Mike's rudeness.
apology for	~에 대한 사과	The mayor gave a public **apology f**or his mistake.
belief in	~에 대한 믿음	We share a **belief in** the goodness of people.
cause of	~의 원인	Money is the **cause of** many arguments.
danger of / in	~의 위험	The **danger in / of** staying up late is that you may oversleep.
demand for	~에 대한 수요	**Demand for** ice cream increases in hot weather.
difficulty in	~의 어려움	Air pollution causes **difficulty in** breathing.
excitement about / at	~에 대한 흥분	There was great **excitement about / at** the new stadium.
fear of	~에 대한 두려움	Many people experience a **fear of** flying.
hope of	~에 대한 희망	There is growing **hope of** a cure for cancer.
interest in	~에 대한 관심	Several teams have expressed **interest in** the player.
lack of	~의 부족	The **lack of** snow will make skiing difficult.
photograph of	~의 사진	Have you seen this **photograph of** my cat?
point in	~의 요점	There's no **point in** arguing; we'll never agree.
possibility of	~의 가능성	The film's profits raise the **possibility of** a sequel.
problem with	~의 문제점	There was a **problem with** the product's packaging.
reason for	~의 이유	Poor service was the **reason for** the complaint.
response to	~에 대한 반응, 응답	We had a terrific **response to** our tax proposal.
solution to	~에 대한 해결책	I can offer a simple **solution to** this problem.
success in / at	~에서의 성공	His **success in / at** the sport was due to his training.
surprise at	~에 놀람	There was huge **surprise at** the show's cancelation.
way of	~하는 방법	What's the best **way of** removing grass stains?

동사 + 전치사

일부 동사는 특정 전치사를 동반한다.

동사 + 전치사	의미	예문
accuse (someone) of	~를 …으로 고소하다, 비난하다	The clerk **accused the girl of** shoplifting.
apologize for	~을 사과하다	I'd like to **apologize for** that last comment.
appeal to	~에게 호소하다	The magazine needs to **appeal to** teenagers.
apply for	~에 지원하다, 신청하다	Are you going to **apply for** that sales job?
approve of	~을 찬성하다, 승인하다	Matt doesn't **approve of** his daughter's boyfriend.
ask (someone) about	~에게 …을 요청하다	Can you **ask the server about** dessert?
believe in	~을 믿다	A lot of people **believe in** ghosts.
belong to	~에게 속하다, ~의 소유이다	Does this coat **belong to** you?
blame (someone) for	~을 …으로 비난하다	Don't **blame me for** Eric's mistake.
compare (someone) to / with	~을 …와 비교하다	The new **teacher** was **compared to / with** Mr. Hockly.
concentrate on	~에 집중하다	It's difficult to **concentrate on** my homework.
congratulate (someone) on	~에게 …을 축하하다	I want to **congratulate you on** your new baby.
count on	~을 믿다, 기대하다	We're **counting on** your support.
criticize (someone) for	~을 …에 대해 비난하다	**The politician** was **criticized for** his views.
deal with	다루다, 처리하다	Exercise can help you **deal with** stress.
decide against	~하지 않기로 결정하다	We've **decided against** floor-to-ceiling closets.
decide on	~으로 결정하다	We've **decided on** blue paint for the bedroom.
happen to	~에게 일어나다	Accidents always seem to **happen to** Paul.
insist on	~을 주장하다	The club **insists on** its members dressing up.
remind (someone) of	~에게 …을 상기시키다	Doesn't Ellie **remind you of** her mother?
shout at	~에게 소리지르다	Stop **shouting at** the dog! He's deaf.
stop (someone) from	~가 …하지 못하게 막다	The sign **stops people from** smoking here.
succeed in	~을 성공하다	Fran barely **succeeded in** passing her exams.
think about	~에 대해 생각하다	Take time to **think about** the proposal.
worry about	~에 대해 걱정하다	It's natural to **worry about** your children.

30 to부정사/동명사를 취하는 동사

일부 동사는 to부정사나 동명사를 취하거나 둘 다 취할 수 있다.

advise	compel	hope	promise
afford	dare	instruct	refuse
agree	decide	intend	remind
aim	demand	invite	seem
allow	deserve	learn	teach
appear	enable	manage	tell
arrange	expect	offer	tend
ask	encourage	order	threaten
beg	fail	persuade	wait
cause	forbid	plan	want
choose	guarantee	prepare	warn
claim	help	pretend	wish

admit	discuss	involve	recommend
avoid	dislike	justify	resent
appreciate	enjoy	keep	risk
complete	fancy	mind	see someone
consider	feel like	miss	spend time / money
delay	finish	practice	suggest
deny	imagine	prevent	understand

begin	cease	like	prefer
can't bear	continue	love	propose
can't stand	hate	need	start

31 상태동사

상태동사는 감정, 감각, 생각과 같은 상태를 묘사한다. 일반적으로 상태동사는 진행형으로 사용하지 않는다.

의미	상태동사	예문
감정	like / love	I **like** / **love** ice cream.
	need	We **need** to spend more time together.
	prefer	Most people **prefer** summer to winter.
	want	The band **wants** to become famous.
생각	believe	I **believe** your story, even though it's unlikely.
	doubt	Lots of people **doubt** that he can win.
	know	Do you **know** where we parked the car?
	mean	What did you **mean** when you said that?
	think	What do you **think** about the proposal?
	understand	Some of these ideas are hard to **understand**.
존재	appear / seem	It **appears** / **seems** that the store has closed.
	exist	Strange fish **exist** at the bottom of the sea.
소유	belong	Excuse me, that book **belongs** to me.
	have / own	My neighbor **has** / **owns** three classic cars.
	include	Did you **include** Lucy on the guest list?
감각	feel	Does your leg **feel** better today?
	hear	I can't **hear** you because of the TV.
	hurt	My arm has been **hurting** since I fell down.
	see	Can you **see** the bird on that branch?
특성	feel	This rug **feels** so soft.
	smell	Something **smells** delicious. Is it the soup?
	sound	The train passing by **sounds** like thunder.
	taste	This milk is starting to **taste** sour.

32 분리 가능한 구동사

일부 구동사는 목적어를 사이에 쓸 수 있다. 이런 경우 '동사 + 목적어 + 부사/전치사' 순이 되는데, 반드시 이렇게 써야 하는 것은 아니다. 단, 목적어가 대명사인 경우에는 반드시 대명사를 가운데 넣어야 한다.

구동사	의미	예문
bring up	(아이를) 보살피다	Samira's grandparents **brought** her **up**.
bring up	언급하다	You should **bring** any problems **up** with your manager.
carry out	(행동을) 취하다	If you give me instructions, I'll **carry** them **out**.
clean up	완전히 치우다	Can you help me **clean** the kitchen **up** please?
do up	복원하다, 개조하다	We've bought an old house and we're going to **do** it **up**.
fill in / out	(양식에 정보를) 적다	Could you just **fill** this short form **in / out** for me, sir?
fill up	완전히 채우다	I'm just going to the gas station to **fill** the car **up**.
get back	(분실한, 빌려준 물건을) (되)찾다	The police **got** my car **back** after it had been stolen.
give up	중단하다	Smoking is really bad for you. You should **give** it **up**.
hand out	나눠주다	Be quiet! I'm about to **hand** the exam papers **out**.
leave out	~을 빼다	I can't believe that they **left** you **out** of the team!
let out	~을 풀어주다, 내보내다	The school's going to **let** the children **out** early today.
look up	(정보를) 찾아보다	When does the show start? Can you **look** it **up** for me?
make up	만들어내다	I didn't believe Dave's story. I think he **made** it **up**.
pick up	잡다, 집어 올리다	**Pick** that paper bag **up**!
pull down	허물다, 해체하다	They're going to **pull** all those old apartments **down**.
put off	(일을) 뒤로 미루다	I'm going to **put** the party **off** until Dad feels better.
set up	준비하다, 조직하다	We're helping to **set** the music festival **up**.
take up	(새로운 취미를) 시작하다	I never thought I'd **take** birdwatching **up**, but I love it!
throw away	버리다, 없애다	We never **throw** any food **away**.
turn down	~을 거절하다, 반려하다	It was a great job offer but I **turned** it **down**.
turn on	작동시키다	Quick! **Turn** the TV **on**. The final is about to start.
wake up	깨우다	Will you **wake** me **up** at 8am if I oversleep?
write down	(종이에) 적다	Could you **write** your email address **down** for me?

일부 구동사는 반드시 연결해서 써야 하는데, 이때 목적어가 대명사이더라도 무조건 구동사 뒤에 와야 한다.

구동사	의미	예문
check in / into	입실 수속을 하다	Guests may **check into** the hotel from 4pm.
come across	(우연히) 발견하다	I **came across** some old photographs while cleaning up.
cut back on	줄이다, 감소하다	The government wants to **cut back on** spending.
deal with	다루다, 관리하다	We learned how to **deal with** difficult customers.
do without	～없이 지내다, 견디다	We can **do without** a vacation this year.
get along / on with	～와 사이좋게 지내다	I find it easy to **get along / on with** people.
get on / off	～에 올라타다/내리다	Please take care when you **get off** the plane.
get out of	～에서 나오다	Be careful when you **get out of** the car.
get over	회복되다	It took me a long time to **get over** the last cold I had.
get through	완료하다	The trial was very stressful, but we **got through** it.
go over	확인하다, 검사하다	Remember to **go over** your answers carefully.
go with	(옷이) 잘 어울리다	Does this scarf **go with** my jacket?
hear from	(소식을) 듣다	Have you **heard from** your cousins recently?
keep up with	(다른 사람과) 보조를 맞추다	Slow down! I can't **keep up with** you!
look after	～을 돌보다	Marie **looks after** her younger sister after school.
look for	찾아보다, 수색하다	Peter is going to **look for** a job when he leaves school.
look forward to	(미래에 일어날 일을) 기대하다	My children are **looking forward to** the holidays.
look into	자세히 조사하다	The police are **looking into** the case.
look up to	존경하다, 흠모하다	Lots of young people **look up to** sports stars.
run into	～와 우연히 마주치다	I **ran into** Dave earlier. I hadn't seen him for ages.
run out of	다 써버리다	We've **run out of** food. Let's go to the store.
stand for	의미하다, 상징하다	What do the initials UNICEF **stand for**?
take after	～와 닮다	Sally's so stubborn. She really **takes after** her mother.
turn into	～으로 변하다	You can sleep here. The sofa **turns into** a bed.

둘 이상의 단어나 구, 절을 연결하는 데는 주로 접속사가 사용되지만 그 밖에 연결하는 말들이 있다.

접속사/연결어	의미	예문
although / even though	비록 ~하더라도	The show went ahead, **even though** it was raining.
and / both... and	둘 다	I can speak **(both)** French **and** English.
as	~하기 때문에	The experiment failed **as** the sample was too old.
as long as	~하는 한	You can go out **as long as** you come home by 11pm.
as well as	뿐만 아니라	Mint is used in savory dishes **as well as** sweet ones.
because	~하기 때문에	I was late again **because** the train was delayed.
but	하지만, 그러나	He's quite heavy **but** he's very fast on his feet.
consequently	따라서, 그 결과	The vote was close. **Consequently**, there was a recount.
furthermore	뿐만 아니라, 더욱이	I love this cream. **Furthermore**, it's great for dry skin.
however	하지만, 그러나	I'd love to come. **However**, I'm away that weekend.
if	만약 ~라면	These plants will grow better **if** you water them daily.
in addition	게다가	I go to the gym a lot. **In addition**, I run 20km a week.
in order to	~하려고	We moved here **in order to** be closer to work.
moreover	게다가, 더욱이	It's quicker to travel by plane. **Moreover**, it's cheaper.
neither... nor	~도 아니고, …도 아닌	These instructions are **neither** helpful **nor** legible.
or / either... or	~이거나 …이거나	We can **(either)** go to the cinema **or** have a meal.
since	~하기 때문에	**Since** dessert is included, we might as well have one.
so	그래서	It was raining, **so** we stayed indoors.
so that	~하도록	I'm saving money **so that** I can buy a house.
therefore	그러므로	It's a very clear night. **Therefore**, you can see the stars.
unless	~하지 않으면	You won't be able to travel **unless** you have a visa.
whereas	~하는 반면	My mother likes tea, **whereas** my father prefers coffee.
yet	그렇지만	Dean is a good musician, **yet** he can't read music.

35 시간 표현

영어에는 사건이 일어나는 시점을 나타내는 표현이 매우 발달해 있는데,
각종 전치사나 접속사, 부사가 여기에 속한다.

시간 표현	의미	예문
be about to	~할 참이다	The train on platform 6 **is about to** leave.
after	~ 후에	Wash your hands **after** you've been gardening.
already	이미, 벌써	Don't worry, I've **already** ordered some food.
as	~하면서	It started raining **as** we were leaving the house.
as soon as	~하자마자	Please call us **as soon as** you arrive in New York.
before	~하기 전에	I was a teacher **before** I became a politician.
by the time	~할 때까지	**By the time** we arrived, the game had started.
eventually	마침내, 결국	It was a long wait, but **eventually** our exam results arrived.
finally	마지막으로	I'd like to thank my family, my team, and **finally** my fans.
in the end	마침내, 결국	Joe took the exam three times, but **in the end** he passed.
just	막, 방금	Quick! I've **just** seen something really amazing!
later	나중에	I can't take you to the mall now. We'll go there **later**.
meanwhile	그 동안에	The show started at 8. **Meanwhile**, we went for dinner.
next	그 다음에	Stir the melted chocolate. **Next**, pour it into the cake pan.
once	일단 ~하면	**Once** you've cleaned the stove, wipe all the handles.
since	~한 이래로	I haven't seen you **since** we were in school!
still	여전히, 아직도	Are they **still** repairing the main road?
then	그 후에	We went to the cinema, **then** we went out for a meal.
until	~할 때까지	I won't stop saving **until** I've bought a new car.
when	~할 때, ~하면	Could you call me **when** all the salespeople have arrived?
while	~하는 동안에	Please don't interrupt me **while** I'm trying to concentrate.
yet	아직	Have you finished the sales report **yet**?